KB125258

오픈 소스로 미래를 연마하라

Forge Your Future with Open Source

Forge Your Future with Open Source
By VM(Vicky) Brasseur

오픈 소스로 미래를 연마하라:
오픈 소스 기술, 인간관계, 문화, 커뮤니티의 모든 것

초판 1쇄 발행 2019년 10월 22일 **지은이** VM(비키) 브라수어 **옮긴이** 송우일 **펴낸이** 한기성 **펴낸곳** 인사이트 **편집** 이지연 **제작·관리** 박미경 **용지** 월드페이퍼 **출력·인쇄** 현문인쇄 **후가공** 이지앤비 **제본** 자현제책 **등록번호** 제2002-000049호 **등록일자** 2002년 2월 19일 **주소** 서울시 마포구 연남로5길 19-5 **전화** 02-322-5143 **팩스** 02-3143-5579 **블로그** http://blog.insightbook.co.kr **이메일** insight@insightbook.co.kr **ISBN** 978-89-6626-251-9 **책값은** 뒤표지에 있습니다. 잘못 만들어진 책은 바꾸어 드립니다. 이 책의 정오표는 http://blog.insightbook.co.kr에서 확인하실 수 있습니다. 이 도서의 국립중앙도서관 출판예정도서목록(CIP)은 서지정보유통지원시스템 홈페이지(http://seoji.nl.go.kr)와 국가자료공동목록시스템(http://www.nl.go.kr/kolisnet)에서 이용하실 수 있습니다.(CIP제어번호: CIP2019036106)

오픈 소스로 미래를 연마하라

오픈 소스 기술, 인간관계, 문화, 커뮤니티의 모든 것

VM(비키) 브라수어 지음 | 송우일 옮김

차례

추천사

소프트웨어 세계는 엄청난 속도로 발전하고 있습니다. 오십여 년 전만 해도 일부 연구자와 애호가의 전유물이었던 소프트웨어는 어느새 IT 혁명과 함께 사회를 지탱하는 거대한 축이 됐습니다. 소프트웨어의 역할과 함께 빠르게 변화한 것이 소프트웨어 개발 방법입니다. 그리고 길게는 삼십여 년, 짧게는 최근 십여 년 동안 오픈 소스 소프트웨어 및 오픈 소스 소프트웨어 개발 방법론은 현대 프로그래밍 및 소프트웨어 생태계의 중심이 됐습니다.

인터넷 시대 이후의 소프트웨어에는 재미있는 특징이 생겼습니다. 물리적인 형태가 없으므로 네트워크를 타고 전파됩니다. 배포에 걸리는 시간이 거의 0에 가깝습니다. 네트워크에 힘입어 예전과 비교할 수 없을 정도로 많은 사람이 전 세계에서 동시에 소프트웨어를 만들고 수정하고 사용할 수 있게 됐습니다. 1980년대부터 싹을 틔웠던 자유 소프트웨어 철학과 오픈 소스 개발 방법론은 인터넷과 결합하여 이전에는 볼 수 없었던 엄청난 오픈 소스 생태계를 이루어 냈습니다.

오픈 소스 소프트웨어 진영과 클로즈드 소스 소프트웨어 진영이 끝없는 전투를 벌였던 것이 무색하게도, 이미 전 세계 유수의 IT 기업은 수많은 오픈 소스를 사용하고 직접 만들어 공개하고 있습니다. 클로즈드 소스 소프트웨어 진영의 대표 주자였던 마이크로소프트는 자사의 웹 브라우저를 오픈 소스인 크로미움 기반으로 재작성하고, 오픈 소스 소프트웨어 개발의 허브라는 깃허브를 인수했습니다. 일반적인 소프트웨어뿐 아니라 윈도우 및 맥OS, 리눅스 및 안드로이드를 비롯한 운영 체제 또한 오픈 소스로 개발되거나 오픈 소스 커뮤니티 방법론을 이용해 테스트되고 있습니다. 딥 러닝이나 블록체인 같은 새로운 소프트웨어 분야는 프레임워크부터 응용 프로그램까지도 오픈 소스로 공개하는 것이 당연시되고 있습니다.

그런데 정작 오픈 소스를 시작하려면 막막해지는 것이 현실입니다. 오픈 소스에 대해 간결하고 명확하게 정리된 텍스트를 찾기가 어렵습니다. 그중 한 가지 이유는 오픈 소스 생태계의 빠른 변화 속도입니다. 오픈 소스 소프트웨어 및 개발 방법론이 기존 컴퓨터 언어 및 개발 과정과 비교했을 때 보이는 가장 큰 차이점이기도 합니다. 오픈 소스 소프트웨어 생태계의 경우 개발 방법론이 등장하고 성숙하는 과정에 걸리는 시간이 기존 컴퓨터 생태계보다 아주 짧으며 발전 속도 또한 엄청나게 빠릅니다. 하나의 오픈 소스 소프트웨어나 개발 방법론이 등장하고 성숙하는 데 걸리는 시간이 대개 일 년 미만입니다. 그래서 오픈 소스에 참여하기 위해 오픈 소스 프로젝트나 프로그램 코드를 보려고 하면 그 변화 속도에 질려 엄두를 내기 쉽지 않습니다. 오픈 소스에 대해 사용자 입장이 아니라 참여자 입장이 되어 이해하기 위해서는 프로그램 코드를 지식의 일종으로 접하는 방법이 아닌 다른 방법이 필요합니다.

정말 다양한 오픈 소스가 존재합니다만 그러한 오픈 소스가 공통으로 지닌 특징이 있습니다. 바로 오픈 소스 소프트웨어 생태계가 한 세대를 지나며 만들어 온 문화입니다. 오픈 소스 문화는 사람의 문화입니다. 그래서 코드만큼 빨리 변하지 않습니다. 오픈 소스 소프트웨어의 코드를 만드는 주체는 서로를 잘 모르는 사람들입니다. 서로 모르는 사람들이 프로그램의 기능이라는 목표를 이루기 위해 지켜야 할 규칙이 존재하고, 한 명의 머리로 따라가기 힘든 방대한 양의 코드를 관리하기 위한 다양한 기술적, 문화적 장치가 있습니다. 그러한 '문화'와 '방법론'에 대해 이해하는 것이 오픈 소스 생태계에 뛰어들기 위해 필요한 일입니다. 하지만 그만큼 복잡하기에 배우기 쉽지 않기도 합니다.

이 책은 오픈 소스 소프트웨어 개발 방법론에 대한 기술적 측면을 풍부한 레퍼런스와 함께 다루면서 동시에 커뮤니티 문화에 대한 부분도 중요하게 다루고 있습니다. 재미있는 일이지만 오픈 소스 생태계에 익숙해지기 위해 결국 배워야 하는 것은 '사람과 사람이 만나는 태도'에 관한 내용입니다. 이 책은 열한 개 장을 통해 오픈 소스의 역사 및 문화, 커뮤니티에 들어가고 나가는 법, 새로운 오픈 소스를 시작하거나 회사에서 오픈 소스에 기여하는 법에 이르기까지, 기술과 문화가 교차하는 어려운 부분을 실타래 풀듯 차근차근 설명합니다. 마지막까지 다 읽는다면 그 과정에서 오픈 소스 '생태계'를 바라보는 자신만의 전체적인 시각을 가질 수 있게 될 것입니다.

지난 삼 년간 교편을 잡고 오픈 소스 소프트웨어 및 개발에 대해 강의하면서 항상 교재가 있었으면 좋겠다고 생각했었습니다. 이 책은 오픈 소스 소프트웨어 생태계라는 방대한 분야에 관심을 두게 된 모든 사람에게 굉장히 좋은 가이드입니다. 기존 소프트웨어 개발 방법론 및 언어를 가르칠 때는 물고기를 잡아 주지 말고 물고기를 잡는 기술을 가르쳐야 한다고 말합니다. 이 책은 물고기를 잡는 기술을 가르치는 기술 서적들 대신 날씨와 바다, 더 나아가서는 지구 온난화 같은 장기적인 변화를 읽는 법을 알려 주는 책입니다. 출간 이후에도 시시각각 변할 오픈 소스 생태계를 마주하는 '내가' 어떻게 행동해야 하는지 알려 줄 것입니다.

십구 년 전 시험공부 하다 지쳐서 리눅스나 설치해 볼까 했다가 컴퓨터에서 소리가 나오지 않아서 사흘 동안 모듈을 컴파일하며 보낸 것이 오픈 소스 활동의 시작이었는데, 어느새 삶의 일부가 되어 버렸습니다. 지금의 오픈 소스 생태계는 그때와 비교할 수 없을 정도로 방대하고 복잡해졌지만, 오픈 소스가 사람을 끌어당기는 호기심과 불편함과 삽질과 공감으로 이어지는 본질은 동일할 것입니다. 이 책은 눈으로 읽는 책이 아닙니다. 따라서 직접 해 보며 손으로 읽고 키보드로 읽는 책입니다. 그래야 의미가 있습니다. 이 책이 오픈 소스를 시작하고 싶은 많은 사람에게 작지만 중요한 나침반이 되어 주기를 기대해 봅니다.

언젠가 오픈 소스 저장소나 커뮤니티에서 다시 만납시다!

— 신정규(래블업 CEO)

옮긴이의 글

1985년 리처드 스톨먼이 GNU 선언문과 함께 자유 소프트웨어 운동을 시작했을 때 소수의 동조자를 제외하고 대부분의 사람들은 이를 한 괴짜의 기행奇行 정도로 여겼을 것이다. 십여 년이 흐른 후 1998년 오픈 소스라는 용어가 고안됐을 때도 이러한 현상이 크나큰 변화를 일으키리라고 확신한 업계 사람들은 많지 않았다.

다시 이십여 년이 지나 오늘날 세상은 사람들의 통념을 거슬러 변했고 FOSSfree and open source software는 인터넷 세계를 떠받치는 한 축이 됐다. 대규모 시스템은 IBM, HP 같은 유력 회사에서 만든 특별한 하드웨어와 소프트웨어로 운영된다고 생각했던 당시에는 상상하기 어려운 변화다.

2013년 한국의 FOSS 개발자들을 취재한 인터뷰집 『꾸준히, 자유롭게, 즐겁게』(인사이트 펴냄)를 쓸 당시에도 그런 변화를 느낄 수 있었다. 취미 정도였던 FOSS 개발이 직접적인 직업이 되거나 개발자 자신의 경력을 뒷받침하는 바탕이 된 것이다. 그리고 직접 FOSS

를 개발하지 않더라도 FOSS를 사용하지 않고 무언가를 처음부터 비밀스럽게 개발하는 일은 점점 드물어지고 있다.

이처럼 FOSS가 흔해졌지만 실제로 FOSS 세계에 들어서는 일은 생소한 세상에 건너가 그곳에서 사는 것과 비슷하다. 잠시 머물든, 정착을 하든 그곳에서 자신이 어떤 가치를 얻으려는지, 거기서 살기 위해 어떤 기술이 필요한지, 낯선 사람을 만나고 그곳의 문화에 적응하려면 어떻게 해야 하는지 배우는 과정이 필요하다.

이 책은 그 과정에 필요한 내용을 적당한 두께, 범위, 깊이로 다룬다. 전체를 조망하면서도 요긴한 팁도 놓치지 않는다. 그리고 낯선 세계에서 사는 일이 늘 순탄치만은 않으니 독자들이 그 과정에서 어려움에 부딪히고 좌절할 때를 대비한 격려도 아끼지 않는다. 어려운 일은 늘 있기 마련이고 혹시 실패하더라도 잘못된 것은 아니며 FOSS 세계에는 더 즐겁고 흥미진진한 일이 많다고 말이다.

이제는 원하든, 원치 않든 사람에 따라 정도는 다르겠지만 FOSS와 관련을 맺을 수밖에 없는 시대가 되어 가고 있다. FOSS 세계에서 어떤 모습으로 살아가면 좋을까? 소프트웨어 개발이라는 지적 즐거움을 온전히 누릴 수도, 평생에 걸친 우정을 쌓을 수도, 경력을 풍부하게 해 주는 고급 기술을 습득할 수도 있다. 그 과정이 즐거울 수도, 험난할 수도 있다. 어떤 경우이든 이 책이 유용한 안내서가 되어 줄 것이다.

바쁜 시간을 쪼개 초고를 검토해 주신 권순선, 김승호, 김준기, 박현우, 허준회 님에게 감사드린다. 끝으로 많은 한국 개발자가 FOSS를 통해 즐겁고 행복한 개발을 할 수 있기를, 바라는 미래를 개척할 수 있기를 기원한다.

— 송우일

머리말

자유 소프트웨어 운동Free Software movement이 시작된 지 40년, 오픈 소스와 관련 운동이 개시된 지 20년이 지났다. 그런데 자유·오픈 소스 소프트웨어Free and Open Source Software, FOSS 프로젝트에 기여하기는 여전히 정말 어렵다. 무언의 규칙, 익숙하지 않은 언어, 훌륭한 문서 부족 같은 점 때문에 어려웠다면 그렇게 유감스럽지는 않았을 것이다. 웹에는 기여 방법을 설명한 글이 가득하지만 어느 것도 첫 기여를 하는 데 필요한 모든 것을 다루고 있지는 않다. 어떻게 돌아가는지 알게 됐다고 생각하는 순간에 두더지 게임의 두더지처럼 새로운 문제나 무언의 규칙이 계속 튀어나와, 기여를 하는 게 아니라 반복적이고 쓸데없는 일만 하게 된다[1]. 이 모든 것 때문에 때로는 실망하기도 한다.

당황하지 말라. 여러분에게 도움이 되기 위해 이 책을 썼다. FOSS에 기여하는 법을 마침내 배울 수 있는 책을 집어든 독자들을 환영한다.

이 책에서 다루는 내용

이 책에서 FOSS 프로젝트에 기여하는 데 필요한 모든 내용을 보게 될 것이다. 우선 FOSS 운동의 역사와 철학을 다룬다. 이러한 지식이 없기 때문에 기여자가 되려는 여정의 첫걸음을 딛는 순간 넘어지는 것이다. 그다음으로 FOSS에 기여해서 얻는 혜택을 살펴보고 자신에게 맞는 프로젝트를 선택할 수 있도록 도와줄 것이다. 그렇게 함으로써 여러분과 프로젝트 양쪽 다 기여의 혜택을 받을 수 있다. 당연히 코드를 기여하는 방법을 다루지만 코드를 짜지 않고도 기여하는 여러 방법 역시 이야기하겠다. 모든 무언의 규칙이 밝혀질 것이고 FOSS 프로젝트를 스스로 직접 시작하는 방법까지 이야기할 것이다.

이 책에서 다루지 않는 내용

이 책은 독자들이 기여를 시작할 수 있는 FOSS 프로젝트 목록을 건네주지 않는다. 그런 목록은 이 책이 발간되는 순간 낡은 것이 될 뿐 아니라 모든 사람에게 적합하지도 않다. 오늘날 세상에는 수많은 FOSS 프로젝트가 있다. 몇 개만 나열하고 나서 거기에 기여하라고 한다면 어리석은 짓이다. 고를 수 있는 프로젝트가 많으니 자신이 잘 아는 특정 기술과 관심 분야에 프로젝트를 찾을 수 있을 것이다. 사실 모든 장의 내용이 자신에게 맞는 프로젝트를 고르는 데 도움이 된다.

이 책은 기여를 하는 데 쓸 도구를 추천하지 않는다. 자신에게 맞는 도구가 가장 효과적인 도구다(최종 결과물이 프로젝트 요구 사항을 만족시키기만 한다면).

스스로 결정하는 데 필요한 정보와 지원을 제공하기는 하지만 여러분이 프로젝트나 도구를 선택하는 데 영향을 끼치지 않으려고 노력했다. 친애하는 독자 여러분, 스스로 하기 바란다.

이 책을 읽어야 할 독자

경험이 풍부한 소프트웨어 전문가부터 신입생에 이르기까지 FOSS 에 기여하고 싶은 누구나 이 책이 가치 있다고 느낄 것이다. 대부분의 사람들은 FOSS 기여가 프로그래머만 참여할 수 있는 영역이라고 생각하는데 전혀 사실이 아니다. 소프트웨어 개발은 여러 분야로 이뤄진 일이다. 문서 작성자, 테스터, 디자이너, 프로젝트 관리자, 마케터 등 모든 사람을 위한 자리가 FOSS에 있다.

이 책에 몇 가지 기술적 개념이 들어 있기는 하지만 독자들이 프로그래머이고 코드를 기여하며 소프트웨어 개발에 익숙하다고 가정하지는 않는다. FOSS에는 온갖 사람들이 제출하는 모든 종류의 기여가 필요하다.

이 책이 오픈 라이선스가 아닌 이유

누군가 그 질문을 할지도 모른다고 생각했다.

해마다 발표되는 새로운 프로젝트가 폭발적으로 늘어나고 FOSS 에 대한 인식과 중요성이 커지면서 그러한 소프트웨어를 유지 보수하는 데 필요한 수많은 신입 기여자를 활성화하고 지원하는 자원이 어느 때보다 중요해졌다. 이 책이 그러한 자원이다.

이 책이 필요하다면 책을 쓸 여건과 환경이 잘 마련되어야 하는데 혼자서는 그걸 할 수 없었다. 외부의 도움이나 동기 부여가 없다면 이 큰 프로젝트를 결코 끝낼 수 없다는 것을 알았다. 책을 쓴다는 건 정말 겁나는 일이다.

책을 집필하려면 도움이 필요했다. 프래그머틱 북셀프_{Pragmatic Bookshelf}가 떠올랐다. 그들의 경험과 지원이 있으면 내가 이 책을 쓰는 데 안내를 받고 동기를 부여받을 수 있을 테고 프래그머틱에서 저작권을 관리하면 내가 경험한 적이 없는 번역 계약이나 비슷한 관리 업무를 대신 해 줄 수 있을 것이다.

선택은 다음과 같았다.

1. 책 저작권 관리를 프래그머틱에 맡겨서 그들의 귀중한 지원을 받아 책을 세상에 내보내고 프래그머틱은 현재 사업 방식에 따라 책 라이선스를 정한다.
2. 내가 저작권을 보유하지만 아무 지원 없이 혼자 하다가 책을 시작하지도, 끝내지도, 어느 라이선스로도 발표하지 못한다.

이 책은 중요한 자원이고 수많은 사람과 FOSS 프로젝트에 도움이 될 것이다. 책이 마침내 존재하게 되는 것이 내 저작권보다 내게 더 중요했다. 그래서 나는 1번 옵션을 택했다. 후회는 없다. 프래그머틱 사람들은 뛰어나다.

제안, 정오표, 질문

FOSS는 멋진 뭔가를 협업해 만들기 위해 모인 커뮤니티다. 이 책도 다르지 않다. 미래 세대 기여자를 위해 이 책을 개선하는 방법에 대한 제안이 있거나 내용에 문제가 있다면 프래그머틱 북셀프 책 카탈로그 페이지 정오표 제출 양식[2]을 이용해 자신의 생각을 나눠 주기 바란다.

또 FOSS에 기여하는 법에 대한 질문이 있다면 프리노드_{Freenode} IRC_{Internet Relay Chat} 네트워크의 #fossforge 대화방에 참여하기 바란다. 쉽게 참여할 수 있는 웹 인터페이스[3]가 있고 IRC에 익숙하지 않다 면 속성 가이드[4]도 있다. 초보자에서 기여자로 가는 여러분의 여 정을 커뮤니티에서 기꺼이 도와줄 것이다.

감사의 말

책은 쉽게 나오지 않고 지은이의 힘만으로 만들어지지 않는다. FOSS 정신에 충실하기 위해 많은 사람이 이 책 집필에 기여했다.

수년간 인내심 있게 관대한 지도와 조언을 해 주고 이 책에 필요 한 내용을 공부할 수 있게 도와준 모든 FOSS 커뮤니티 멤버와 리더 에게 감사한다.

opensource.com 커뮤니티 조정자_{moderator}들의 탁월함과 통찰은 내가 더 나은 사람이자 기여자가 될 수 있게 늘 영감을 주었다. 감 사한다.

기술적 내용 검토자, 특히 2017년 휴가를 일부 포기하고 이 책의 첫 절반을 검토해 준 사람들에게 감사한다. 검토자들은 다음과 같 다(이름의 알파벳순): Alessandro Bahgat, Andrea Goulet, Ashish Bhatia, Ben Cotton, Daivid Morgan, Derek Graham, Donna Benjamin, Emanuele Origgi, Fabrizio Cucci, Glen Messenger, John Strobel, Johnny Hopkins, Karen Sandler, Karl Fogel, Katie McLaughlin, Máirín Duffy, Maricris Nonato, Mark Goody, Matthew

Oldham, Michael Hunter, Mitchell Volk, Nick McGinness, Nouran Mhmoud, Peter Hampton, Raymond Machira, Rikki Endsley, Robin Muilwijk, Scott Ford, Stephen Jacobs, Tibor Simic, Zulfikar Dharmawan. 이 책에 오류나 빠진 부분이 남아 있다면 검토자들의 조언을 무시한, 전적으로 내 잘못이다.

'9장 무언가 잘못되어 갈 때'에 쓰인 칸나다어 번역을 제공한 Chethan R Nayak에게 감사한다.

FOSS 프로젝트에서 일반적으로 발견되는 역할에 관해 '3장 기여 준비하기'에 내용을 추가하라고 현명하게 제안해 준 Sage Sharp에게 감사한다.

제목 선정 과정에서 귀중한 조언을 해 준 Ben, John, Katie, Rikki에게 감사한다.

이 책이 좋은 아이디어임을 믿어 주고 이 책을 위한 행복하고 듬직한 보금자리를 제공한 프래그머틱 팀에 감사한다.

내 편집자이자 친구인 Brian은 끝내주는 아이디어를 주고 그걸 현실로 만들 수 있게 도와주었다. 그가 없었다면 글자 그대로 이 책을 끝내지 못했을 것이다(과장 좀 했다). 감사한다.

나와 관계 있는 모든 사람들. 누굴 말하는지 알 것이다. 날 늘 지지해 주었다. 감사한다. 모두 변함없이 사랑한다.

마지막으로 독자 여러분. FOSS에 기여함으로써 기술의 미래를 만드는 데 도움이 될 사람들에게 감사한다.

자유 소프트웨어·오픈 소스의
기초와 철학

FOSSFree and Open Source Software에 대해 생각하거나 이야기할 때 사람들은 마지막 낱말인 소프트웨어에 집중하려는 경향이 강하다. 모두 알다시피 소프트웨어는 코드로 만들어진다. 따라서 FOSS에서 가장 중요한 것은 코드다. FOSS 프로그래밍은 누구나 '거저' 쓸 수 있는 코드를 짜는 프로그래밍이다. 그게 FOSS에서 free의 의미다. 소프트웨어를 사용할 때 비용을 낼 필요가 없다. 그렇다. 그게 오픈 소스다. 책은 그만 읽어도 된다. 가서 할 일을 하자.

앞 단락의 내용이 오해투성이라고 이미 짐작한 독자들도 있을 것이다. 불행히도 앞 단락은 FOSS에 대한 일반적인 오해를 바탕으로 쓴 내용이다. 이런 오류가 되풀이되어 흔한 지식이 되는 지경까지 왔다. 이 경우에서 보듯이 널리 알려졌더라도 모두 지식으로 인정받을 수 있는 것은 아니다.

〉 사람이 중요하다

예를 들어 많은 사람이 알고 있는 내용과 달리 FOSS에서는 소프트웨어만 중요한 게 아니라 사람도 중요하다. 사람들은 문서 작성, 테스트, 디자인을 비롯한 다양한 기술을 사용해서 소프트웨어를 만든다. 그리고 여기에는 당연히 프로그래밍도 포함된다. 소프트웨어와 사용자를 지원하기 위해 사람들은 소프트웨어를 유지 보수하며 긴밀한 커뮤니티를 만든다. FOSS가 존재하게 된 것은 사람들의 강렬하고 확고한 신념 덕분이었다. 이러한 확신은 "소프트웨어는 자유로워야 한다"는, 세상을 바꾸는 아이디어를 가능하게 한 자유와 공유라는 철학의 기초를 형성했고 오늘날 FOSS로 알려진 거대한 사회 운동으로 발전했다.

FOSS에 참여할 때 꼭 알아야 할 내용이 있다. 바로 FOSS에서 소프트웨어와 기술이 단단히 엮여 있기는 하지만 근본적으로 FOSS는 사회 운동이라는 점이다. 사회 운동은 사람들로 구성되는데, 알다시피 사람들은 까다롭고 질척질척하면서도 놀라운 존재다. FOSS에 기여하는 것은 단순히 코드를 여기에서 저기로 밀어넣는 기계적인 과정이 아니다. 무언가를 기여하려면 FOSS 프로젝트에 공통으로 내재한 사회적 구조와 철학을 반드시 이해해야 한다.

〉 왜 철학을 알아야 할까?

"그런데 철학 같은 걸 배우려고 이 책을 보는 게 아니에요. 난 그저 기여를 하고 싶어요. 왜 철학 이야기를 나한테 하는 거죠?"라고 불쑥 끼어들고 싶은 사람도 있을 것 같다.

이러한 철학 없이는 FOSS도 없다. 늘 명확하게 드러나지는 않지만 FOSS 운동 창시자들의 자유에 대한 믿음이, 여러분이 사용하고 기여하는 각 프로젝트의 모든 부분을 떠받치고 있다. 대부분의 FOSS 프로젝트 참여자는 이러한 철학을 인식하고 있고 여러분도 그러기를 기대할 것이다. 시간을 좀 들여 이 장을 읽으면 FOSS 프로젝트에서 볼 수 있는 많은 행동 뒤에 어떤 동기가 있는지 맥락을 더 잘 이해할 수 있게 되어 유익할 것이다.

기초적인 철학을 배운 후에는 여러분이 무엇에 더 끌리는지 또는 무엇을 어색하게 느끼는지 알 수 있을 것이다. 이 시점에서 이는 중요한 깨달음이다. 이 깨달음은 각자의 철학에 가장 잘 맞는 프로젝트에 참여하거나 여러분의 신념에 맞지 않는 프로젝트를 멀리하거나 또는 아예 기여하지 않을 수 있도록 여러분을 이끌어 줄 것이다. (맘에 안 드는 프로젝트를 멀리하는) 그런 방향을 선택하는 것도 전혀 나쁘지 않다. 끌리지 않는 일에 자유 시간을 낭비하지 않아도 된다는 사실을 대부분의 사람들은 모르기 때문이다. 이러한 철학을 배우고 생각하는 데 시간을 들이면 여러분의 며칠, 몇 주, 몇 달, 미래까지도 절약할 수 있다.

⟩ FOSS는 어디에나 있다

FOSS는 어디에나 있다. 자동차, 텔레비전, 심지어 전구까지도 리눅스Linux 커널과 관련 운영 체제를 사용하는 소프트웨어를 실행한다. 스마트폰도 오픈 소스 플랫폼인 안드로이드Android에서 실행된다. 일부 스마트폰은 사유proprietary 플랫폼(애플 iOS)에서 동작하지만 오픈 소스 프로그래밍 언어인 스위프트Swift로 만든 앱을 실행한다. 여러분이 보는 영화는 블렌더Blender라는 FOSS 3D 렌더링 도구로 만들고 디지털 미디어 파일을 조작하는 자유 소프트웨어 도구인 ffmpeg으로 변환하거나 편집한다. 여러분은 오픈 소스 웹 브라우저 파이어폭스Firefox를 열어서 오픈 브로드캐스터 소프트웨어Open Broadcaster Software로 전송된 라이브 스트림을 볼 것이다. 또 FOSS인 워드프레스Wordpress, 드루펄Drupal, 줌라Joomla로 웹 사이트를 구축한 온라인 상점에서 주문도 할 것이다. OpenSSL이라는 암호화 라이브러리 및 도구 덕분에 여러분의 금융 정보는 안전할 것이다.

FOSS는 많은 기술 범주 중 프로그래밍 언어, 인프라스트럭처, 데이터베이스, 콘텐츠 관리 시스템, 웹 서버 등에서 기본 선택 사항이 되었다. 수많은 FOSS 프로젝트가 수많은 일을 한다. 소프트웨어 개발 호스팅 온라인 서비스이자 오픈 소스의 주요 후원자인 깃허브GitHub는 해마다 깃허브와 오픈 소스 세계에 관한 보고서를 발표한다. 이 보고서를 옥토버스The Octoverse라 부른다. 2017년 옥토버스 보고서[1]에 따르면 깃허브에만 2500만 개가 넘는 온라인 저장소가 있는데 이 숫자는 전체 오픈 소스 프로젝트의 일부일 뿐이다.

앞서 언급했듯이 FOSS는 소프트웨어 그 이상이다. 그 중심에는 사람이 있다. 각 프로젝트는 사람들이 사람들을 위해 만든다. 사람들이 프로젝트를 사용하고 프로젝트에 기여하고 프로젝트를 후원한다. 사람들은 FOSS 운동을 양성하고 발전시키는 데 전념하는 조직을 만든다. 이러한 조직은 전 세계 거의 모든 지역에 있다. 미국에서는 그중 자유 소프트웨어 재단Free Software Foundation[2], SFCSoftware

Freedom Conservancy[3], OSIOpen Source Initiative[4], SPISoftware in the Public Interest[5] 를 후원할 수 있다. 유럽에는 자유 소프트웨어 재단 유럽Free Software Foundation Europe[6], 오픈 소스 프로젝트 유럽Open Source Projects Europe[7], 오 픈 포럼 유럽Open Forum Europe이 있다. 오스트랄라시아Australasia: 오스트레일 리아, 뉴질랜드 및 부근 남태평양 제도에는 리눅스 오스트레일리아Linux Australia[8], Opensource.asia[9], FOSSAsia[10]가 있다. FOSSFAFree and Open Source Software For Africa[11]와 OpenAfrica[12] 같은 그룹은 아프리카의 많은 나 라에서 FOSS 기술을 지원하고 교육하고 전파한다. 중남미 역시 자 유 소프트웨어 브라질[13], 라틴 아메리카 자유 소프트웨어 축제[14], 페루 자유 소프트웨어 사용자 그룹[15] 같은 그룹 덕분에 FOSS 세계 가 매우 활발하다.

⟩ 그 외 운동들

이런 정신은 소프트웨어에 한정되지 않는다. 관련 운동이 지난 수 십 년간 등장해 왔으며 이러한 운동들은 공유, 투명성, 협업을 핵심 가치로 활동하고 있다.

위키백과[16]는 이러한 운동 중 잘 알려지고 참여자 수가 많은 운 동이다. 전 세계 누구든 위키백과의 끊임없이 성장하는 지식 기반 에 기여할 수 있다. 위키백과 내용의 대부분은 크리에이티브 커먼 즈Creative Commons[17]에서 제공하고 유지하는 라이선스에 따라 사용할 수 있다. 크리에이티브 커먼즈는 음악, 저술, 미술, 데이터 같은 창 작물의 자유로운 공유와 재사용을 촉진하는 조직으로 창작물에 적 용할 수 있는 저작권 라이선스를 제공한다. 이러한 표준과 이해하기 좋은 라이선스 본문 덕분에 사람들이 자신의 귀중한 저작권을 보호하면서도 자신의 창작물을 공유할 수 있다.

비소프트웨어 계열 운동으로 위키백과와 크리에이티브 커먼즈만 있는 게 아니다. OKIOpen Knowledge International[18]는 오픈 데이터를 통해 사회에 또 다른 능력을 제공하려 한다. 인터넷 아카이브Internet Archive[19]는 세상의 모든 지식에 자유롭고 개방적으로 접근할 수 있게 하는 것을 목표로 한다. 오픈 액세스Open Access 학술지들은 자유롭고 개방적인 기초 연구를 가능하게 한다. OSSIOpen Source Seed Initiative[20]는 특허 때문에 봉쇄됐을지도 모르는 식물 유전 자원plant genetic resource에 접근하게 해 준다. 이러한 예는 우리 문화에 스며든 FOSS 정신의 수많은 예 중 일부일 뿐이다.

열린 접근과 공유의 철학은 수천 년 전으로 거슬러 올라간다. 그런데 어떻게 유독 소프트웨어에서 그처럼 널리 퍼지게 됐을까?

자유 소프트웨어의 기원

FOSS 프로젝트에 기여하거나 커뮤니티에 가입하기 전에 FOSS의 본질과 철학이 어떤지, FOSS가 어떻게 오늘날에 이르렀는지 어느 정도 알아야 한다.

컴퓨터 초창기에 모든 소프트웨어는 자유롭게 구해서 사용하고 살펴보고 수정하고 공유할 수 있었다. 연구자, 컴퓨터 운영자, 컴퓨터 하드웨어 제조사는 모두 자신의 소프트웨어를 다른 사람들에게 기꺼이 배포했다. 당시에 이윤은 하드웨어 판매에서 나왔지, 하드웨어에서 실행되는 소프트웨어에서 나오지 않았다. 소프트웨어가 매출원이 될 수 있다고 생각한 사람은 아무도 없었다. 하드웨어 모델이 저마다 매우 세분화되어 있어서 특정 모델을 위해 작성된 소프트웨어는 또 다른 모델에서 실행되지 않았기 때문이다. 널리 사용되는 소프트웨어가 거의 없어서 팔아도 이윤이 되지 않았다. 소프트웨어 덕분에 수익성이 좀 더 높은 하드웨어 판매가 늘어났다면 컴퓨터 제조사들은 사람들이 서로 소프트웨어를 공유하는 걸 기뻐했을 것이다. 오늘날에는 소프트웨어가 하드웨어 판매에 영향을 미친다. 어떤 게임 콘솔을 산다면 그 콘솔이 여러분이 즐기려는 게임이 작동하는 유일한 플랫폼이기 때문이다. 컴퓨터 초창기에는 게임프레임 대신 메인프레임을 산 것이다.

좋은 시절은 끝나기 마련이다. 결국 제조사들은 사용자에게 제공하는 소프트웨어의 가치뿐 아니라 소프트웨어를 개발하는 데 들어가는 노력을 깨닫게 됐다. 가치가 있다면 수익이 생기므로 이러한 회사들은 소프트웨어가 실행되는 컴퓨터 하드웨어 생산과는 별도로 소프트웨어 개발 산업을 일으켰다. 소프트웨어 개발자들에게 수익이 들어오기 시작하자, 소프트웨어를 사용하고 공유하는 데 익숙했던 몇몇 사용자들은 소프트웨어를 구하는 데 돈을 내야 할 뿐 아니라 필요에 따라 소프트웨어를 수정하고, 업데이트한 소프트웨어를 다른 사람들과 공유할 수 없다는 사실에 분개했다.

1983년 리처드 M. 스톨먼Richard M. Stallman, 흔히 RMS라 부른다[21]은 소프트웨어 사용자들이 더 이상 자유롭게 소프트웨어를 살펴보고 수정하고 공유할 수 없다는 사실에 실망했고 GNU 프로젝트[22]를 시작했다. 이 프로젝트는 완전히 자유롭게 사용하고 수정하고 배포할 수 있는 컴포넌트로 구축된 유닉스 호환 운영 체제 개발을 목표로

했다. 2년 후 GNU 선언문GNU Manifesto[23]이 나왔다. 이 선언문으로 프로젝트의 근본적인 신념이 천명되고 자유 소프트웨어 운동이 시작되었다.

네 가지 자유가 자유 소프트웨어 운동의 핵심이다. 이 자유는 표준적인 프로그래밍 방식에 따라 번호가 0부터 시작한다.

0. 프로그램을 어떠한 목적을 위해서도 실행할 수 있는 자유
1. 소프트웨어 소스 코드를 공부하고 이를 자신의 필요에 맞게 변경할 수 있는 자유
2. 소프트웨어를 복사하고 배포할 수 있는 자유
3. 소프트웨어를 개선하고 이를 공유할 수 있는 자유

사용자에게 이 네 가지 자유를 보장하지 않는 소프트웨어는 자유 소프트웨어라고 볼 수 없다. 어떤 식으로든 사용자의 권리를 제한하기 때문이다. 이러한 권리와 자유를 보장하기 위해 RMS, GNU 프로젝트, 새로 설립된 자유 소프트웨어 재단[24]은 기존 저작권 개념을 활용한 소프트웨어 라이선스를 만들었다. 자유 소프트웨어 재단의 카피레프트(copyleft, 저작권을 뜻하는 영어 단어 copyright 의 언어 유희) 라이선스는 이 라이선스로 출시된 소프트웨어 사용을 허용하는 것 외에도 사람들이 네 가지 자유를 절대 침해할 수 없도록 보장한다. 많은 사람이 이 네 가지 자유가 스톨먼 최고의 발명이라고 생각한다. 사실 스톨먼이 소프트웨어에 끼친 지대하고 멋진 기여는 저작권을 이런 식으로 사용할 수 있으며 꼼꼼한 저작권 라이선스로 소프트웨어의 자유를 강제할 수 있다고 깨닫게 해 준

점이다. 이 발명 덕에 뒤이어 나온 오픈 소스 운동을 위한 길이 열리게 됐다.

오픈 소스의 기원

자유 소프트웨어 운동은 1980년대와 1990년대를 거치며 대중성과 인지도 면에서 성장했고 사업적 관심을 끌었다. 1998년 넷스케이프Netscape 웹 브라우저가 자유 소프트웨어로 공개되자 이러한 관심은 증폭됐다. 기업에서는 오픈 방식 소프트웨어 개발의 잠재력에는 흥미를 보였지만 자유 소프트웨어 운동과 그 지지자들의 강력한 정치적, 철학적, 활동가적 특성은 그다지 달가워하지 않았다.

1998년 초 넷스케이프 코드 공개 직후 몇몇 자유 소프트웨어 지지자가 모여서 오픈 방식 소프트웨어 개발의 범위와 기여자 확대를 바라며 이 운동을 좀 더 기업 입맛에 맞게 만들 방법을 의논했다. 그들은 재브랜딩을 하는 게 적절하다고 결정하고 운동의 새로운 이름으로 크리스틴 피터슨Christine Peterson[25]이 고안한 '오픈 소스'라는 용어를 선택했다. 그날 모인 멤버 중 몇 명은 그러한 노력의 중심지 역할을 할 OSI[26]를 창립했다. OSI의 첫 번째 일은 오픈 소스 소프트웨어 프로젝트의 의미를 성문화하는 것이었다. 오픈 소스 정의Open Source Definition는 '오픈 소스' 프로젝트로 자격을 얻기 위해 반드시 충족해야 할 열 가지 책임과 요구 사항을 서술한다. OSI 웹 사이트에는 그 정의에 관한 자세한 설명[27]이 있는데 다음과 같이 요약할 수 있다.

1. 프로젝트는 판매되는 것이거나 더 큰 소프트웨어 모음의 일부이더라도 자유롭게 재배포할 수 있어야 한다.
2. 모든 소스 코드가 제공되어야 하며 배포될 수 있어야 한다.
3. 수정 또는 파생 저작물은 같은 라이선스 조건으로 허가되거나 배포될 수 있어야 한다.
4. 수정된 코드를 배포하지 못하게 하려면, 수정되지 않은 코드와 함께 패치 파일(새로운 기능이나 수정을 포함시키는 데 적용할 수 있는 소스 코드 조각)을 배포하는 걸 허용해야 한다.
5. 코드를 배포하는 라이선스로 특정 개인이나 단체를 차별할 수 없다. 모든 사람은 같은 조건으로 코드를 사용할 수 있어야 한다. 나치 같은 나쁜 사람들이라도 말이다.
6. 비슷한 경우로 라이선스를 가지고 특정 산업이나 회사, 여타 사업을 차별할 수 없다. 모든 단체와 회사는 같은 조건으로 코드를 사용할 수 있어야 한다. 끔찍한 일을 지지하는 그룹이라도 말이다(다시 말하지만 나치라도).
7. 라이선스는 소프트웨어 사본을 받은 누구에게나 추가 없이 없이 적용된다.
8. 라이선스는 누군가가 더 큰 소프트웨어 모음에서 프로젝트나 코드를 분리하는 것을 제한할 수 없다. 누군가 코드를 분리하더라도 전체 소프트웨어 모음과 같은 라이선스 조건으로 그것을 사용할 수 있어야 한다.
9. 소프트웨어가 더 큰 코드 모음의 일부로 배포된다면 라이선스는 함께 배포되는 다른 코드에 제한이나 요구 사항을 덧붙일 수 없다.

10. 라이선스는 그것이 적용되는 소프트웨어의 모든 기술과 사용자 인터페이스 응용에 적용된다.

OSI에서는 오픈 소스 정의의 주석본[28]을 제공한다. 이 주석본은 정의의 의미와 중요성을 이해하는 데 중요하다. 프로젝트가 '오픈 소스' 자격을 얻는 데 필요한 각 기준에 대한 근거와 지원 정보가 자세히 설명되어 있다.

이러한 기준의 대부분은 프로젝트를 외부로 배포할 때 사용하는 라이선스에 적용된다. 사람들이 OSI 기준에 맞는 라이선스를 고르는 데 도움을 주기 위해 OSI에서는 라이선스들을 검토해 OSI 승인 오픈 소스 라이선스 목록[29]을 제공한다. 어떤 프로젝트가 '오픈 소스'라고 주장하는데 OSI 승인 라이선스로 출시되지 않는다면 그 프로젝트는 '오픈 소스'라고 부를 수 없다.

이렇게 라이선스를 집중적으로 다루는 것은 FOSS에서 매우 중요한 부분이다. 소프트웨어를 오픈 소스로 만드는 것은 단지 소스 코드 이용 가능성이 아니라, 라이선스 그리고 해당 라이선스의 지시 사항들이다. OSI 승인 라이선스를 적용하지 않으면 코드는 기껏해야 '소스 이용 가능'이지, 오픈 소스는 아니다. 라이선스에 들어 있는 법적 요구 사항들은 코드를 이용할 수 있게 보장하고 사람들이 코드로 자유롭게 자신이 원하는 것을 할 수 있게 한다(라이선스의 제한 내에서). 라이선스 파일이 없는 코드와 프로젝트는 누구나 사용할 수 있게 기증되더라도 오픈 소스가 아니다.

자유 소프트웨어와 오픈 소스의 차이

FOSS에 대해 처음 알게 된 사람들이 물어보는 질문이 하나 있다. 바로 "자유 소프트웨어와 오픈 소스의 차이점이 무엇인가요?"다. 이것은 의외로 논쟁의 소지가 있는 질문이지만 좋은 질문이기도 하다. 코드와 프로젝트 관점에서 둘 사이에 실질적인 차이는 거의 없다. 자유 소프트웨어 재단에서 '자유' 라이선스라고 여기는 라이선스는 대부분 OSI 승인을 받았고, 많은 OSI 승인 라이선스는 네 가지 자유를 지지하므로 자유 소프트웨어 재단에서 '자유' 라이선스라고 간주한다. 각 진영마다 특이한 부분이 있지만 두 계열의 라이선스에선 차이점보다 유사점이 더 많다. 대부분의 경우 자유 소프트웨어는 오픈 소스이기도 하다. 오픈 소스는 자유 소프트웨어일 수도, 아닐 수도 있다.

자유 소프트웨어와 오픈 소스의 차이점은 철학과 동기에 있다. 자유 소프트웨어 지지자들의 노력에는 강한 도덕적 목적이 있다. 모든 사람이 압제와 박해에서 자유로워야 하듯이 모든 소프트웨어는 사용, 재사용, 배포를 제한하는 데서 자유로워야 한다. 그렇지 않으면 소프트웨어의 가능성과 그것을 사용하는 사람들을 제한하는 것이다. 이것이 자유 소프트웨어 운동의 추진력, 바로 자유다.

한편 오픈 소스는 그 동기를 좀 더 실용적인 문제에서 찾는다. 오픈 소스 지지자들은 소프트웨어 소스를 공개적으로 이용할 수 있다면 소프트웨어를 이용하는 사업, 과학, 예술, 다른 모든 시도가 좀 더 잘 돌아갈 수 있으리라 생각한다. 오픈 소스 지지자들은 소스를 공개하면 사유(소스가 감춰진) 소프트웨어로는 불가능한 수준의 혁신이 가능하다는 논리를 펼친다. 이러한 논리는 '오픈 소스' 운동이 출현한 지 거의 20년 만에 오픈 소스 기반 소프트웨어 회사와 서비스가 폭발적으로 늘어난 사실로 뒷받침된다.

지나치게 단순화하는 것이긴 하지만 자유 소프트웨어는 소프트웨어의 자유를 도덕적 문제로 보고 오픈 소스는 실용적인 문제로 본다. 하지만 이는 엄밀한 규칙도 아니고 서로 동의하지 않는 별개의 두 당파 문제도 아니다. 자유 소프트웨어와 오픈 소스의 '차이'는 실제로는 소프트웨어가 자유롭고 공개적으로 이용 가능하면 인류에 더 잘 봉사할 수 있다는 한 가지 신념이 스펙트럼처럼 펼쳐진 것과 같다. FOSS 지지자들은 그 스펙트럼 어딘가에 흩어져 있지만 그들은 모두 자유롭고 공개적으로 이용 가능한 소프트웨어라는 생각이 매우 좋은 아이디어라고 믿는다.

이 책에서 가장 중시하는 내용, 즉 프로젝트에 기여하는 데 필요한 기본기 면에서 볼 때 자유 소프트웨어와 오픈 소스 사이에는 사실상 아무런 차이가 없다. 기여 과정만 보면 대개 LICENSE 파일을 보기 전까지는 어떤 프로젝트가 자유 소프트웨어인지, 오픈 소스인지 알 수가 없다.

용어에 대한 여담

FOSS 프로젝트에 참여할 때 사람들이 자신이 선택한 운동을 가리키는 데 사용하는 용어에 조금 민감한 모습을 이따금 볼 수 있을 것이다. 기여 관점에서는 자유 소프트웨어나 오픈 소스 프로젝트에 실질적인 차이가 없지만 철학적 관점에서는 있다. 자유 소프트웨어에서 보장하는 자유는 많은 자유 소프트웨어 옹호자들의 근본적인 신념 체계를 형성한다. 그러므로 그런 사람들 중 일부는 자유 소프트웨어 프로젝트가 '오픈 소스'로 언급되는 데 민감하게 반응한다. 그런 사람들에게 자유 소프트웨어를 오픈 소스라고 부르는 것은 운동에 구체화되어 있는 자유에 관한 강조를 희석시키며 새로운 사람들에게 자유와 그 도덕적 중요성에 대해 가르칠 기회를 제거하는 행동으로 여겨진다. 사적인 의견이 어떻든 자유 소프트웨어 운동을 존중하고 자유 소프트웨어 프로젝트를 '오픈 소스'라고 부르지 말자.

또한 자유 소프트웨어에 'libre'라는 낱말을 덧붙여 부르는Free/Libre Software 걸 볼 수도 있다. 이런 표현은 영어의 'free'라는 낱말의 모호함에서 비롯된 것이다. 운동의 기초가 되는 철학을 잘 모르는 사람들에게 'free'라는 말은 그저 '무료'나 '거저'를 의미할 수도 있다. 이런 사람들은 소프트웨어에 돈을 쓰지 않아서 'free'라는 낱말 뒤에 더 깊은 의미가 있음을 알지 못할 가능성이 높다. 반면 'libre'는 'free'처럼 여러 의미를 지니지 않는다. '자유freedom'를 뜻하는 라틴어인 'liber'에서 나온 libre는 현대 언어에서는 그 의미를 아는 사람에게 모호하지 않다. 'free'를 쓰든 'libre'를 쓰든 자유 소프트웨어 운동에서는 그들이 사용하고 기여하고 배포하는 소프트웨어의 기초 철학을 사용자에게 교육해야 한다.

free/libre든 오픈 소스든 간에 어떤 종류의 프로젝트에 참여할 때는 그 프로젝트가 어떻게 불리는지 주의하고 그 선택을 존중하라.

FOSS 프로젝트는 둘 다 기여 과정이 비슷하고(프로젝트 간에 유사성이 있다) 나는 자유 소프트웨어와 오픈 소스 철학을 둘 다 지지하기 때문에 이 책에서는 자유 소프트웨어, 오픈 소스, FOSS라는 용어를 다 쓴다. 'F/LOSS'라고 쓰지는 않을 텐데 이 용어가 어설프기도 하고 앞에서 자유 소프트웨어와 오픈 소스에 대해 소개했으므로 불필요하다고 생각해서다. 이 책에서 사용한 'FOSS'에 모호함은 없다고 보므로 'F/LOSS'는 필요하지 않다고 생각한다.

저작권과 라이선스에 대한 간단한 소개

앞에서 여기저기 '라이선스'에 대해 언급하면서 라이선스가 정확히 무엇인지, 라이선스가 왜 중요한지, 특히 FOSS에서 왜 중요한지 설명하지 않았다.

저작권에 대해 간단히 알아볼 시간이다. 저작권이라는 복잡한 문제가 없었다면 FOSS는 존재하지 않았을 것이다. 앞에서 봤듯이 리처드 스톨먼은 기존 저작권법과 제도를 이용하면 꼼꼼한 라이선스를 통해 소프트웨어가 늘 자유롭게 남아 있을 수 있음을 깨달았다. 그러므로 저작권은 FOSS에서 모든 것을 떠받치는 토대다. 저작권과 그에 대한 이해가 없으면 FOSS는 불가능하다. 명심하자. 저작권법은 복잡한 주제이므로 여기에서는 기초적인 내용만 소개할 뿐이다. 나는 변호사도 아니다. 다음에 설명하는 내용은 법적 조언이 아니라 저작권의 기초 개념과 문제를 이해할 수 있도록 돕는 길잡이일 뿐이다.

여러분이 예술 작품이든, 음악이든, 문학 작품이든, 소프트웨어 코드든, 어떤 창조적인 작업물이든 무언가를 만들면 기본적으로 여러분은 그에 대한 저작권을 소유하게 된다. 이는 매우 단순한 설명인데 일부 국가 및 사법권에서는 저작권을 얻으려면 등록을 해야 하기 때문이다. 일반적이지는 않지만 자기 나라에서 저작권이 어떻게 주어지는지 확인할 필요가 있다.

하지만 저작권 소유자로서 저작권을 부여받으면 그 저작물의 사용법을 제어할 권리가 생긴다. 제어권은 저작물 라이선스를 통해 행사할 수 있다. 라이선스는 사람이나 법인에게 저작권이 있는 자료를 사용할 수 있도록 허가해 주는 데 쓰이는 법률 문서다. 어떤 사람이 여러분의 저작물을 어떤 식으로든 사용하고 싶다면, 여러분은 그 사람에게 여러분의 저작물을 사용할 수 있는 특정 방법을 자세히 명시한 라이선스를 주면 된다. 창작자는 자신의 저작물에 '모든 권리 보유All Rights Reserved' 문구를 붙여 다른 사람이 자신의 저작물을 재사용하거나 개작할 수 없음을 표시한다. 창작자만 재사용 또는 개작 권리를 보유할 수 있다.

저작물의 창작자가 여러 명이면 문제가 복잡해진다. 각 창작자는 기본적으로 전체 저작물에서 자신이 기여한 부분에 대해 저작권을 보유한다. 여러분이 소프트웨어를 프로그래밍했다면 자신이 쓴 코드에 대해 저작권을 가질 수 있다. 내가 여러분의 소프트웨어에 단위 테스트를 추가했다면 나는 그 테스트를 위해 작성한 코드에 대해 저작권을 가진다. 전체 소프트웨어에 이제 어떤 식으로든 개발에 관련된 저작권 소유자 두 명이 생기게 됐다.

FOSS 라이선스는 한 소프트웨어에 저작권 소유자가 여러 명일 때 도움이 된다. 이러한 라이선스에는 때때로(늘 그렇지는 않다) 프로젝트에 기여할 때(앞의 예에 나온 단위 테스트) 원 저작물과 같은 라이선스로 기여, 공개하라고 요구하는 문장이 들어 있다. 이렇게 하면 복잡한 저작권과 라이선스를 좀 더 이해하기 좋게 유지하는 데 도움이 된다. 큰 프로젝트에서 저작권에 관한 문제는 깜짝 놀랄 정도로 복잡하다.

프로젝트에 어떤 개발 작업을 기여하든 저작권을 양도하지 않는 한(이 책에서 나중에 다룰 직무상 저작물이거나 기여자 라이선스 협약 같은 상황) 프로젝트가 OSI 승인 라이선스로 공개되기만 하면 자신의 기여에 대한 저작권을 유지하고 자신의 기여가 공개적으로 사용 가능하게 된다. 이는 저작권법을 위반하거나 다른 사람의 저작권을 침해하는 것을 염려하지 않고 자신의 전문적인 포트폴리오를 쌓을 수 있음을 의미한다.

고용주를 위해 기여한 개발 작업은 이에 해당하지 않는다. 인턴십, 자유 계약, 시간제, 전업 업무로 만든 건 모두 직무상 저작물이다. FOSS 기여와 달리 기본적으로 직무상 저작물의 저작권은 급여를 주는 조직에 귀속된다. 저작물을 조직에 주면 그것에 대한 어떤 권리도 더는 가질 수 없고 서면으로 된 분명한 허가 없이는 해당 저작물을 어떤 형식으로든 공유할 수 없다. 자신에게 저작권이 없거나 공개해도 좋다는 라이선스가 없는 창작물을 공유하는 것은 위법이다. 이는 코드, 디자인, 문서, 프로젝트 계획, 직무상 저작물로 만든 어느 것에나 해당된다.

새로운 직책에 지원하거나 면접을 보는 상황에서 장래 고용주가 작업 샘플을 보여 달라고 할 경우 시연할 수 있다고 허가를 받지 않는 한 과거 또는 현재 고용주를 위해 만든 걸 공유해서는 안 된다. 과거 고용주의 사적 또는 사유 저작물을 공유한다면 장래 고용주에게 어떻게 보일 것이라고 생각하는가? 답은 '도둑처럼 보인다'이다.

회사의 비밀을 지킬 것이라고 신뢰할 수 없는 사람임을 증명해 보인 셈이다. 그런 사람을 고용하고 싶은 사람이 있겠는가?

FOSS 기여로 구성된 포트폴리오를 보여 주면 직무상 사유 저작물 샘플을 공유하는 데서 오는 법적, 도덕적, 평판상 위험을 피할수 있다. 자신의 실력을 돋보이게 할 수 있을 뿐 아니라 업무 외 시간을 기꺼이 바쳐 기술을 공부하고 커뮤니티에 기여할 정도로 의욕적이고 열정적임을 입증할 수 있다.

저작권법과 관련해 간단한 건 아무것도 없고 당연히 직무상 저작물 저작권 소유 규정에도 예외가 있다. 이러한 예외는 고용 계약, 사유 정보 양도 협약 그리고 이와 이름이 비슷하거나 의도하는 바가 같은 법률 문서 형태를 띤다. 이러한 문서는 대개 회사에 고용되었을 때 효력을 발휘하고 특정 상황에서 만든 특정 저작물의 지적 재산(저작권)을 누가 소유하는지 자세히 설명하고 있다. 회사 자산(컴퓨터)으로 또는 회사 업무 시간에 만들어진 모든 건 회사 자산이라고 주장하는 문서도 가끔 있다. 하지만 FOSS의 증가 덕분에 깃랩GitLab[30]과 깃허브[31] 같은 몇몇 회사는 기여를 언제 이렇게 했든 상관없이 고용 기간 동안 FOSS에 한 기여에 대해 직원이 저작권을 보유하도록 허용하는 고용 계약을 맺기도 한다. 이러한 관행은 일반적이지 않지만 계약서에 서명하기 전에 고용 계약을 꼼꼼하게 읽고 검토하는 게 좋다.

저작권 소유 예외의 다른 측면으로 기여자 라이선스 협약contributor license agreements, CLA이 있다. 이에 대해서는 3장에서 더 자세히 이야기하겠다. 일부 CLA에는 기여자가 프로젝트에 하는 모든 기여에 대한 저작권을 프로젝트를 감독하는 조직에 양도하라는 요구 사항이 들어 있다. CLA는 모든 기여자에게 번거롭게 허가를 요청할 필요 없이 저작권을 집행하고 프로젝트가 배포되는 라이선스를 변경할 수 있는 능력을 준다. CLA는 법률 문서다. 모든 법률 문서처럼 자신이 무슨 상황에 처하게 되는지 알아야 하므로 서명하기 전에 읽어 보는 게 중요하다.

FOSS 라이선스의 종류

FOSS 라이선스의 다양한 종류에 대해 배울 수 있는 가장 좋은 곳은 OSI의 라이선스 목록 페이지[32]다. 처음 보면 어마어마하게 느껴질 수 있는데 FOSS 라이선스의 기본적인 두 가지 종류를 간단히 소개하겠다. 바로 카피레프트copyleft와 방임형permissive이다.

'오픈 소스의 기원'(9쪽)에서 언급한 오픈 소스 정의에 따르면 두 종류의 라이선스 모두 이러한 라이선스로 된 저작물을 사용하는 누구나 저작물의 소스를 보고 수정하고 공유할 수 있어야 한다는 요구 사항이 공통으로 들어 있다. 차이점은 다음과 같다. 사용자가 저작물을 가지고 무엇을 할 수 있는가? 사용자가 사용 조건을 변경할 수 있는가? 아니면 원 저작물과 똑같은 조건으로 재배포해야 하는가?

방임형 라이선스로 배포된 소프트웨어의 경우 소프트웨어를 변경해 재배포하는 사람은 조건과 조항을 바꿔서 새로운 배포본(파생 저작물이라고도 한다)을 사용하는 사람에게 제공할 수 있다. 다시 말해 개발자는 파생 저작물의 라이선스를 원 저작물과 다르게 할 수 있다. 이렇게 하면 새로운 배포본을 출시할 때 파생 저작물

사용 방식을 정의하는 데 융통성을 줄 수 있다. 방임형 라이선스는 이 라이선스로 공개된 저작물을 사유 저작물로도 활용할 수 있게 허용한다. 그러한 사유 저작물이 발표되면 그 저작물은 사유 저작물로 남을 수 있다. 방임형 라이선스 덕에 개발자는 FOSS 라이선스로 저작물을 공개하도록 강요받지 않을 수 있다. 두 가지 유명한 방임형 라이선스로 아파치 라이선스Apache License[33]와 MIT 라이선스[34]가 있다.

방임형 라이선스가 파생 저작물을 배포할 때 창작자에게 융통성을 주는 반면, 카피레프트 또는 호혜적reciprocal 라이선스는 저작물이 조건과 조항에 좀 더 제약이 걸린 형태로 재라이선스되지 않도록 보호한다. 저작물이 카피레프트 라이선스로 공개되면 해당 라이선스는 저작물이 카피레프트 방식에 따라 사용자에게 보장된 원래의 권리와 자유('자유 소프트웨어의 기원'에서 언급한 네 가지 자유)를 어떤 식으로든 없애거나 약화시키는 또 다른 라이선스로 공개되지 않도록 한다. 카피레프트 라이선스로 공개된 재배포 또는 파생 저작물은 그 저작물을 사용할 사용자에게 새로운 제약을 가해서도 안된다. 이 덕분에 한 번 자유로운 저작물은 영원히 자유롭게 남을 수 있다. 카피레프트 라이선스에는 카피레프트 라이선스로 된 소프트웨어의 파생 저작물 또는 배포본은 카피레프트 라이선스 저작물과 같은 조건과 조항으로 공개되어야 한다는 요구 사항이 있다. 이는 이러한 라이선스의 호혜적 특성이다. 여러분의 창작물이 카피레프트 라이선스 저작물의 혜택을 받았다면 여러분의 창작물을 사용하는 누군가도 같은 혜택을 받아야 한다. GPLGNU General Public License[35]이 가장 일반적인 카피레프트 라이선스다. 다른 카피레프트 라이선스로는 LGPL_{GNU Lesser General Public License}[36]과 모질라 퍼블릭 라이선스_{Mozilla}
Public License[37]가 있다.

앞에서도 이야기했지만 이 책에서 이야기한 다른 법적 문제처럼 여러분이 지금까지 읽은 내용은 두 가지 라이선스의 실제 작용을 아주 단순하게 설명한 것이다. 라이선스 종류에는 방임형이거나 호혜적인 정도가 조금씩 더하거나 덜한 여러 라이선스가 있다. 일반적으로 말하면 OSI 승인 라이선스 중 MIT 라이선스가 가장 방임형이고 GPL이 가장 호혜적이다. 다른 라이선스들은 이 두 라이선스 사이 스펙트럼 어딘가에 있다.

⟩ 이제 탄탄한 기초가 잡혔다

이 모든 역사, 철학, 법률은 복잡하다. FOSS에 기여하려고 이 모든 걸 깊이 이해할 필요는 없다. 철학에 관한 배경 지식, 두 가지 기본적인 라이선스와 각 종류의 일반적인 특성을 알면 충분하다. 세상에는 수많은 FOSS 기여자가 있고 그들 대부분은 이 장에서 지금까지 배운 내용보다 라이선스에 대해 더 모르고도 잘 기여하고 있다.

FOSS가 무엇이고 세상을 위해 무엇을 했는지 어느 정도 알았으니 FOSS가 여러분을 위해 무엇을 해 줄 수 있을지 궁금할 것이다. 다음 장에서 그 궁금증을 채워 보자.

자유 소프트웨어·오픈 소스에서 얻을 수 있는 것

1장에서는 FOSS의 역사와 철학을 설명했다. 많은 사람이 그러한 철학 때문에 FOSS에 기여하지만 자신의 자유 시간을 쏟아 FOSS 프로젝트에 참여하기 위해서는 동기가 좀 더 필요한 사람들도 있다. 이 책을 읽으면 FOSS에 기여하는 데 분명히 어느 정도 흥미가 생길 테지만 정말 자신이 FOSS에서 무엇을 얻어 가기 바라는지 알고 있는가? 왜 보수도 받지 못하는 일에 귀중한 시간을 투자하려고 하는가?

FOSS에 하는 기여가 순수하게 이타적인 추구일 필요는 없다. 기여자는 자신이 투자한 노력에 걸맞는 많은 것을 얻는다. 그리고 그러한 이점은 자신의 경력이 발전해 나가는 동안 보상이 될 것이다.

기술적 혜택

가장 분명한 점은 FOSS에 기여하면 안전한 환경에서 새로운 기술을 배우고 연습할 수 있다는 것이다. 이러한 기술을 직장이나 교실에서 배울 수도 있지만 FOSS를 활용할 경우, 배워야 할 기술뿐 아니라 그것들을 연습하고 경험을 쌓는 기회 측면에서 더 넓은 선택권을 가질 수 있다. 때로는 FOSS 세계가 그러한 기술을 연습하는 더 안전한 장소가 되기도 한다. 직장에서 뭔가를 잘못하면 징계를 받거나 해고될지도 모른다. 교실에서 뭔가 실수하면 성적에 악영향이 있을 것이다. FOSS 세계에서는 뭔가를 잘못하더라도 사과하고, 더 잘하는 법을 배우기 위해 도움을 구할 수 있다.

물론 지금까지 한 이야기는 문제를 지나치게 단순하게 설명한 것이다. FOSS에 기여할 때도 실수를 하면 영향이 있다. FOSS의 강력한 사회적 측면으로 인해 이러한 영향이 지속적인 효과를 발휘할 수도 있다. 좋지 않은 기여는 복구할 수 있겠지만 상처 입은 마음은 회복할 수 없다. 그러한 위험이 있긴 하지만 FOSS 프로젝트에 하는 기여는 자신의 삶과 경력에 적용할 새로운 기술을 배우는 데 여전히 상대적으로 안전한 방법이다.

자, 그렇다면 어떤 기술들이 있을까?

의사소통

FOSS 세계는 사람으로 구성된다. 따라서 FOSS 프로젝트에 기여하면 의사소통 기술을 발전시키는 데 효과가 있다. 필연적으로 FOSS 프로젝트 커뮤니티는 전 세계에 흩어져 있다. 이 때문에 프로젝트에서 무슨 일을 하든 의사소통과 관련된 흥미로운 도전이 야기된다. 모든 의사소통은 대개 시간대 차이와 담당자의 여유 시간 유무 때문에 비동기적으로 이뤄진다. 비동기적 의사소통은 때로는 비인간적이어서 문제를 일으킬 수도 있다. 몸짓 언어와 표정 표현 같은 실시간 피드백이 부족해서 오해와 지체가 생길 수 있다. 이와 똑같은 문제가 '현실 세계' 업무, 특히 여러 지역에 분산된 팀에서 일반적으로 일어난다. FOSS 프로젝트에 기여해서 경험을 얻으면 일상 생활과 일에서 사람들과 더 잘 교류할 수 있다.

FOSS에 기여함으로써 배울 수 있는 의사소통 기술 중 하나는 질문하는 방법이다. 메일링 리스트mailing list나 이슈 트래커issue tracker에 범위가 제한되어 있지 않고 맥락이 없는 질문을 하면 누군가가 답을 주기 전에 많은 혼란이 야기되고 오락가락하게 될 것이다. 예를 들어 "맥북에서 최신 버전을 실행하면서 문제를 겪은 사람 있나요?" 같은 질문을 하면 정확히 무슨 문제인지 범위를 좁히느라 비효율적이고 오락가락하는 의사소통을 야기할 뿐이다. "맥OS에서 최신 버전을 실행해 보려고 하는데 FILE NOT FOUND 에러가 나면서 프로그램이 계속 죽는군요. 알려진 이슈인가요?"라고 질문하는 게 더 나은 질문이고 커뮤니티에서 대답하기도 더 쉽다. 자신이 실행 중인 소프트웨어 버전, 소프트웨어를 실행하는 플랫폼, 관찰한 동작, 그에 수반된 에러 메시지를 알려 주는 게 좋다.

기대치를 정하는 법도 배울 수 있다. 이 기능을 이번 주말에 전달할 것인가, 아니면 가족 일 때문에 연기할 것인가? 스스로 자신의 작업을 마무리할 수 있을 것인가, 아니면 다른 사람의 도움을 요청할 것인가? 이러한 종류의 의사소통을 하면 자신의 일을 진행하는 데, 다른 사람의 작업에 의존하는 프로젝트에서 실망하거나 진행을 지연시키지 않을 수 있다.

이러한 비동기적 의사소통은 분산된 팀의 프로젝트 담당자에게 필수지만, 의도치 않게 다른 편에 있는 사람들에 대해 잘 모르게 되거나 공감하지 못할 수 있다. 그러다 보면 누군가가 그룹의 다른 사람에게 뜻하지 않게 공격적인 말을 하게 되기도 한다. 농담을 하려고 했던 게 개인적인 모욕이나 공격이 될 수 있다. 이는 다양한 문화와 소통 스타일을 지닌 커뮤니티에서 흔한 일이다. FOSS 프로젝트에 기여하면서 자신의 말에 주의를 기울이고 자신의 의사소통 방식을 의도적으로 연습하면 여러분은 모든 일에 호감 가는 팀원이 될 수 있다.

마지막으로 FOSS 프로젝트의 분산되고 비동기적인 특성 때문에 모든 의사소통은 효과적일 뿐 아니라 효율적이어야 한다. 메시지 종류에 가장 잘 맞는 매체가 무엇인지 같은 내용을 배움으로써 팀원으로서 자신의 가치를 강화할 수 있다. 짧고 일시적인가? 채팅을 사용하자. 토론과 보관이 필요한가? 메일링 리스트를 사용하자. 즉시 응답하는 게 좋은가? 콘퍼런스 콜을 사용하자. 좋은 버그 보고, 이를테면 상황과 예상, 목격한 실제 동작이 적힌 버그 보고를 쓰는 법을 알면 다른 문서와 메시지를 좀 더 효과적으로 쓰는 법을 배우는 데 도움이 된다. 낱말을 좀 더 효과적이고 효율적으로 사용하는 방법에 주의를 기울이면 전체적으로 좀 더 생산적인 의사소통을 할 수 있다. FOSS에 기여하면서 효과적이고 효율적으로 의사소통하는 법을 배우는 훈련은 경력 전반에 걸쳐 도움이 될 것이다. '7장 커뮤니티와 소통하기'에서 의사소통이란 주제를 자세히 살펴본다.

협업

대학에서 강의를 듣는다면 틀림없이 그룹 프로젝트를 경험할 것이다. 여러분과 팀원들은 동료가 되어 과제를 완성해야 한다. 그룹 프로젝트의 목표는 프로젝트를 분담해 각 사람이 부담을 나눠 협업하는 방법을 가르치는 것이다. 그런데 협업을 하려고 하면 한두 사람이 다른 사람들의 부담을 다 짊어지는 게 현실이다.

이것은 진정한 협업이 아니다. FOSS는 태생적으로 분산된 특성 때문에 진정한 협업을 필요로 한다. 한 사람 이상이 프로젝트 개발에 참여하고 있다면 협업 과정이 나타나게 된다. 과정 자체는 프로젝트마다 다르다. 늘 매끄럽게 되지는 않지만 대체로 학교에서 배운 것보다는 훨씬 효과적이다. 그렇다면 협업 과정은 어떤 형태일까?

우선 분업이 있다. 학교에서는 과제에서 가장 좋은 부분을 배정하는 데서 막히지만 FOSS 프로젝트 협업에서 그런 일은 잘 일어나지 않는다. 여러 가지 이유가 있다. 한 가지 이유는 누군가가 작업을 시작했다가 그 일이 원래 생각보다 훨씬 크다는 걸 깨달았을 때 FOSS 프로젝트에서는 그 작업을 더 작은 부분으로 나누는 방법을 토론하기 때문이다. 작업이 너무 커서 한 사람이 혼자서 떠맡을 수 없다고 말하는 것은 FOSS 세계에서 부끄러운 일이 아니다.

작업을 더 작은 부분으로 나누는 또 다른 이유는 위험 관리 때문이다. 나중에 '5장 기여하기'에서 원자적 커밋atomic commit에 대해 이야기하겠지만 간단히 요약해 보겠다. 큰 덩어리보다 더 작고 개별적인 부분으로 커밋하면 검토하기가 더 쉬워지고, 작은 커밋은 철저한 검토를 받을 수 있어서 버그를 포착하기 더 쉽다. 원자적 커밋은 무언가 잘못되었을 때 롤백rollback하기도 더 간단하다. 검토와 쉬운 롤백은 프로젝트에 치명적인 버그가 들어올 위험을 완화한다.

마지막으로 버스 사고 수bus factor 문제가 있다. 이 용어는 소프트웨어 개발에서 자주 들어봤을 것이다.

버스 사고 수는 팀원 중 몇 명이 버스에 치였을 때 프로젝트가 위기에 빠지는지를 나타내는 수다.

섬뜩한 지표이지만 의심의 여지없이 도움이 된다. 프로젝트에 최악의 버스 사고 수는 1이다. 프로젝트를 잘 아는 사람이 한 명뿐인데 그 사람이 사라진다면 프로젝트 자체가 불안한 상태가 될 것이다. 그러므로 기능 또는 작업을 나누어 프로젝트 해당 부분의 버스 사고 수를 높이는 것이다. 이제 프로젝트의 해당 부분을 잘 아는 사람이 단지 한 사람이 아니라 둘, 셋, 그 이상이 된다. 한 사람 이상이 그 작업을 잘 알면 누군가가 늘 백업이 되어 어떤 이유 때문에 빠진 사람을 대신할 수 있다(버스에 치이는 게 아니라 버스에 타고 있기를 바란다).

도구

협업 자체만큼이나 협업을 가능하게 하는 도구를 배우는 것도 중요하다. 도구는 프로젝트마다 다르지만 그러한 도구들이 제시하는 일반적인 프로젝트 관리, 의사소통, 협업 아이디어는 어느 FOSS 프로젝트에서나 비슷하고 사적인 프로젝트에서도 마찬가지다. 예를 들어 이슈 트래킹은 프로젝트에서 버그와 기능을 추적할 수 있게 할 뿐 아니라 수행되는 작업을 감독하고 책임지는 데 도움이 된다. 풍부한 기록을 추가해 적절히 사용한다면 이슈 트래킹은 다음 세대가 전 세대의 경험을 배울 수 있는 귀중한 역사적 자료가 되기도 한다.

버전 관리가 없으면 FOSS에서 제대로 된 협업은 거의 불가능하다. 버전 관리로 관리하는 파일은 여러 사람이 동시에 편집할 수도 있고, 모든 편집은 파일의 정본canonical version에 병합할 수 있다. 변경 사항이 버전 관리되는 프로젝트에 커밋될 때 포함되는 메시지(커밋 메시지) 자체는 또 다른 귀중한 역사적 자료다. 커밋 메시지에 커밋으로 무엇이 바뀌었는지뿐 아니라 커밋이 왜 필요했고 커밋으로 무슨 문제를 고쳤는지 자세히 적는 것이 좋다. 일련의 좋은 커밋 메시지를 검토함으로써 프로젝트의 다른 기여자들이 그 발전 과정을 따라가면서 프로젝트와 커뮤니티에 어떻게 참여해야 할지 더 잘 판단할 수 있다.

이슈 트래킹과 커밋 메시지는 비동기적 의사소통의 두 가지 형태다. FOSS 협업은 비동기적 의사소통 없이는 돌아가지 않는다. 프로젝트 기여자 커뮤니티는 전 세계에 흩어져 있고 다양한 개인 일정을 가지고 있을 것이다. 협업을 순전히 실시간 의사소통에만 의존한다면 그 누구도 어떤 일도 해내지 못할 것이다. 이런 이유 때문에 많은 FOSS 프로젝트는 메일링 리스트 같은 비동기적 토론 방식에 크게 의존한다. 사람들은 자신의 일정에 맞춰 메시지를 읽고 협업하고 프로젝트는 계속 진행된다. 자신의 아이디어를 메일링 리스트 같은 텍스트 방식으로 효율적으로 표현하는 능력도 경력에 도움이 되는 기술이다. FOSS 프로젝트 메일링 리스트에 참여하는 것만큼 이 기술을 배울 실용적인 기회는 드물다.

모범 사례

학교는 대문자 O 표기법Big O Notation이나 황금 비율을 배우기엔 좋지만 대체로 현재 업계의 모범 사례를 배우기에는 그다지 좋지 않다. 직장에 들어간 대졸자는 학교 수업에서 이론에 치중하느라 업무 성취에 필요한 실무 능력, 기술, 트렌드는 다소 경시했음을 알게 된다. 학교 잘못이 아니다. 학교가 잘해내고 있긴 하지만 업계와 달리 어떤 면에선 시간 제한을 받는다. 교과 과정은 개발하는 데 시간이 걸리므로 고등 교육 기관은 현재 업계에서 끝물에 위치한 기술과 사례를 가르칠 수밖에 없다.

FOSS 세계에서는 그렇지 않다. FOSS는 끊임없이 움직이고 발전하고 혁신하기 때문에 많은 업계의 현재 모범 사례가 FOSS 개발에서 비롯됐거나 완성됐다. 버전 관리, 기능 브랜치feature branch, 단위·통합 테스트, 지속적 통합·배포, 디자인 패턴 등이 그 예다. 다른 환경에서 결코 배울 수 없는 수많은 개념과 모범 사례를 FOSS에 기여하면서 습득할 수 있다. 더욱 중요한 점은 이러한 개념을 알게 됨으로써 그것들이 어떻게 돌아가는지, 왜 중요한지, 어떤 차이가 있기에 성공적인 소프트웨어 프로젝트를 만들어 내는지 배울 수 있다는 것이다.

기술

FOSS 기여에 관해 생각할 때 대부분 가장 먼저 기술적 혜택을 고려하지만, 사실 여러분이 배울 수 있는 가장 중요한 실력은 신기술이 아니다. FOSS 개발에 참여함으로써 얻을 수 있는 모든 혜택 중 프로젝트에서 사용하는 기술은 흥미롭기는 하지만, 여러분의 전체 경력에서 영향력이 그다지 오래 남지 않는 혜택일 수도 있다.

여러분이 기술 분야, 이를테면 소프트웨어 회사 또는 다른 상황에서 기술을 다루는 곳에서 경력을 갖고 있다면 여러분의 전체 경력에서 신기술은 끊임없이 이어질 것이다. 한 가지 기술(예를 들어

코볼)로만 전체 경력을 쌓은 사람들도 있지만, 대부분은 업계에 남아 고용되기 위해 차세대 주류 기술을 지속적으로 배워야만 한다.

따라서 여러분이 알고 있고 날마다 사용하는 기술은 끊임없이 바뀔 것이다. 그런데 이 책에서 언급하는 다른 기술들은 그렇지 않다. 여러 지역에 흩어져 있는 다양한 개인이 모인 그룹과 잘 협업하는 방법을 배우기만 하면 그 정보는 남은 생애 내내 사용할 수 있을 것이다. FOSS에 참여함으로써 배울 수 있는 대인 관계 기술은 기술적인 실력보다 훨씬 쓸모 있을 것이다.

그렇긴 하지만 FOSS를 통해 신기술을 배울 기회 역시 많다. 오늘날 대부분의 소프트웨어와 기술의 기초를 이루는 인프라스트럭처에 FOSS 솔루션이 얼마나 필수불가결한지 생각해 보면 차세대 주류 기술을 만드는 데 여러분이 도움이 되는 기회를 얻을 수 있을지도 모른다. 그렇지 않으면 그런 기술들은 책과 블로그 글에서 배울 수밖에 없다.

경력상 혜택

기술 세계에서 개발해야 할 것이 소프트웨어뿐이 아님을 잊은 사람이 많다. 경력도 개발해야 한다. 상사와 멘토가 도울 수도 있지만 경력 개발은 자기 책임이다. 자신의 목표와 필요에 가장 잘 맞는 방향으로 경력을 개발할 수 있게 늘 배우고 움직이는 일은 스스로에게 달려 있다.

FOSS는 이때 헤아릴 수 없을 만큼 가치가 있다. 여러분은 직장에서 프로젝트에 필요한 기술과 아키텍처를 배우고 사용한다. 이

러한 기술 덕분에 월급을 받을 수는 있겠지만 자신이 원하는 방향
으로 경력을 발전시키는 데 필요한 것은 아닐지도 모른다. 하지만
FOSS는 기술과 아키텍처에 관해 무한한 선택을 제공한다. 일단 목
표를 정하면 어떤 FOSS 프로젝트가 목표에 도달하는 데 도움이 될
지 살펴볼 수 있다.

공개 포트폴리오

FOSS 프로젝트에 기여하면 여러분의 기술 포트폴리오가 되어 수
년간 여러분이 기술을 어떻게 발전시켰는지 보여 줄 수 있다. 프로
젝트에 기여하기 시작할 때 자신의 모든 기여를 추적한 로그나 포
트폴리오도 함께 기록하기 시작하라. 프로젝트 버전 관리 시스템
이나 호스팅 제공자에만 의존하지 말자. 그것들은 언제든 바뀔 수
있기 때문이다. 자신만의 기여 로그를 유지하지 않으면 자신이 프
로젝트에 제출한, 작지만 중요한 기여를 잃어버릴 수 있다. 마지막
으로 자신만의 포트폴리오를 유지하면 버전 관리 시스템에 나타나
지 않는 기여의 종류, 예를 들어 커뮤니티 행사 자원 봉사 진행이나
신입 기여자 멘토링 같은 걸 추적할 수 있다. 모든 종류의 기여에
관한 자신만의 기록을 유지하면 장래 고용주에게 자신의 기여 포트
폴리오를 공유하기 쉬워진다.

포트폴리오를 이력서로?

하지만 강조할 게 하나 있다. IT 업계의 많은 사람이 믿고 싶어 하
는 것과 반대로 FOSS 기여 포트폴리오가 이력서를 대체하지는 못
한다. 보충할 뿐이다. 이력서는 장래 고용주에게 두 가지를 보여

준다. 바로 지난 직책에서 한 일과 해당 업무에서 만들어 낸 차이다. 후자, 즉 차이는 장래 고용주와 의사소통하는 데 매우 중요하다. 고용주는 단순히 일만 하는 새로운 팀원을 원하지 않는다. 고용주는 타당한 이유로 일을 잘하고 전체 팀과 회사를 어떤 방향으로 움직여 줄 팀원을 원한다. 즉, 차이를 만들어 낼 사람을 바란다.

이력서가 장래 고용주에게 여러분이 한 일을 보여 준다면 포트폴리오는 어떻게 했는지 드러낸다. 물론 어떻게 했는지도 중요하지만 무엇을 했는지만큼 중요하지는 않다. 모든 팀은 '어떻게'에 대해 자신만의 특정한 선호가 있기 때문이다. 여러분의 포트폴리오가 여러분이 수많은 대중을 대상으로 하는 효과적인 기술 문서를 쓸 수 있는지 여부를 보여 준다면, 이력서는 여러분이 쓴 문서 덕분에 회사 콜센터에 오는 전화가 줄어서 그 첫 해에 고객 지원 담당자가 쓰는 막대한 시간 비용을 절약했던 성과를 보여 줄 것이다. 따라서 이력서를 포트폴리오로 대체하는 유행에 따르지 말라. 둘 다 준비하면 장래 고용주에게 강하고 긍정적인 인상을 줄 것이다.

〉 인맥적 혜택

소프트웨어 개발에서 '네트워킹'이라고 하면 둘 중 한 가지를 가리킨다. 집 공유기를 고쳐야 한다거나 DNS 서버를 운영한다거나 오타를 입력해서 전체 작업 서브넷이 먹통이 됐을 때 네트워킹이란 말을 쓴다. 또는 어떤 개발자들은 '네트워킹'이란 말이 다른 사람들과 어울려야 한다는 뜻임을 알아차리고는 창백해져서 가장 가까운 출구를 찾아 초조하게 방을 훑어보기도 한다.

불행히도 널리 퍼진 기술 문화에서 우리는 네트워킹이란 무서운 행사라고 생각하도록 길들여졌다. 한 무리의 사람들이 새로운 사업 실마리를 얻거나 뭔가를 팔기 위해 방에 모여 악수를 하고 자기소개를 하고 서로 아부를 하는 것으로 말이다. 맞다. 이런 종류의 일을 네트워킹이라고 하지만 규칙에는 예외가 있는 법이다. 기본적으로 컴퓨터 네트워킹이 그저 컴퓨터가 통신하는 방법이라면 인간 네트워킹은 그저 다른 사람들과 의사소통하는 것이다. 그뿐이다. 특별한 행사가 필요하지도 않고 동네 가게 점원과 어울리는 데 필요한 것 이상의 특별한 기술이나 도구가 필요하지도 않다.

네트워킹과 관련해 부정적 의미와 오해를 떠올리는 것 말고도 많은 개발자가 다른 사람들보다 컴퓨터와 대면하는 걸 더 편하게 여긴다는 문제도 있다. 개발자 교육은 동료와 즉흥적인 대화를 나누는 방법보다 방정식 풀기, 문장을 다이어그램으로 만들기, 날짜 외우기 등에 좀 더 초점을 맞추고 있다. 의사소통을 잘하려면 연습과 의지와 주의력이 필요하다. 그런 연습을 할 기회가 없었거나 훈련을 받지 못했다면 의사소통이 처음에는 매우 무섭고 불편한 일일 것이다. 걱정하지 말자. 일단 연습을 시작하면 더 나아진다.

많은 사람이 다른 사람들과 관계 맺기를 어려워하고 불편해하면서 사람들은 왜 군이 관계에 신경을 쓸까? 뭔가에 도움이 되는 게 있는 걸까?

'무엇을 아느냐가 아니라 누구를 아느냐가 중요하다'라는 오래된 문구를 들어 본 적이 있을 것이다. 지나치게 단순화한 감이 있지만 한마디로 말해 이것이 바로 네트워킹이다. 경력이 진전되면서 만나는 사람들이 여러분에게 뚜렷한 영향을 끼칠 수 있다(좋은 방향이길 바란다). 꼭 일자리를 준다는 건 아니다. 가끔 그럴 때도 있지만 말이다. 이러한 관계의 가장 중요한 혜택은 그 관계에서 벌어지는 토론, 소개, 정보 공유다. 정보는 여러분을 괴롭히는 문제를 풀 새로운 기술을 알려 줄 수도 있고, 신제품 출시를 이끄는 '만약 ~ 한다면' 질문으로 이어질 수도 있고, 새로운 협업자나 멘토를 소개해 줄 수도 있고, 새로운 직책으로 이끌어 줄 수도 있다. 이러한 혜택들은 전문적인 협력 관계를 만들고 유지하는 데서 나온다. 자신이 사용하고 만들 어떤 기술보다도 자신이 키우는 관계가 자신의 경력을 풍성하게 하는 데 도움이 된다.

FOSS 프로젝트에 참여함으로써 전문가로서 일상에서 만나는 사람보다 더 다양한 사람들을 만날 기회가 생긴다. 많은 프로젝트에 전 세계에서 온 각양각색의 문화적 배경, 기술, 경험을 지닌 기여자들이 있다. 이러한 프로젝트에 기여하고 커뮤니티의 일원이 되면 즉각적이고 쉬운 네트워킹을 할 수 있다. 그냥 커뮤니티 사람들의 말을 잘 듣고 정중하게 참여하기만 해도 성공적으로 관계를 맺을 수 있다. 축하한다! 그 정도면 나쁘지 않다. 그렇지 않나? FOSS 프로젝트 참여 그 자체로 이미 만들어져 공유되어 있는 맥락과 대화의 출발점이 주어지기 때문이다. 낯선 사람들과도 대화를 하기 쉬운데 그 사람들도 관심을 공유하고 있고 같은 목표를 향해 일하고 있음을 알기 때문이다.

FOSS 프로젝트에 기여하면서 형성된 관계는 가장 가치 있고 오래 지속되는 혜택이다. 여러분이 조언, 피드백, 협업 또는 그냥 웃음이 필요할 때 그 자리에 있어 줄 사람들이다.

} 준비하면서 얻는 혜택

FOSS에 기여하면 삶과 경력에 어떤 혜택을 받을 수 있는지 더 잘 알게 됐을 것이다. 기여할 프로젝트를 찾기 시작하기 전에 할 일이 한 가지 더 있다. 바로 FOSS의 지형을 살피는 것이다. 프로젝트에 어떤 파일들이 있고 그 사회적 구조가 어떤지 잘 안다면 프로젝트 찾기가 더 좋을 것이다. 다음 장에서는 시작하는 데 필요한 모든 것을 준비해 보겠다.

F o r g e   Y o u r   F u t u r e   w i t h   O p e n   S o u r c e

기여 준비하기

~~~~~~~~~~~~~~~~~~~~~~~~~~~~~~~~~~

이제 독자들은 FOSS에 기여하는 게 어떤 프로젝트에 코드 몇 줄을 획 던지면 되는 쉬운 일이 아님을 이해했을 것이다. 결국 그렇게 쉽다면 이 책이 필요하지도 않을 것이다. 기여에 필요한 단계는 프로젝트와 기여의 종류마다 다르지만 보통 다음과 같은 과정을 따른다.

1. 기여하고 싶다는 걸 깨닫는다.
2. 프로젝트를 찾는다.
3. 할 일을 찾는다.
4. 환경을 구성한다.
5. 기여 작업을 한다.
6. 기여를 제출한다.
7. 피드백을 받고 코드 개선을 반복한다.
8. 기여가 받아들여진다!
9. 1번부터 다시 시작한다.

여러분은 자신이 기여하고 싶다는 걸 이미 깨달았을 것이다. 그렇지 않으면 이 책을 읽고 있지 않을 테니까. 과정의 1단계를 마친 걸 축하한다. 이미 꽤 많이 왔다!

프로젝트와 첫 번째로 기여하고 싶은 일을 찾기 시작하기에 앞서 알아야 할 개념과 용어가 몇 가지 있다. 이제 이것들을 배우면 프로젝트를 검토할 때 무엇을 알아야 하는지 이해하기가 훨씬 쉬워질 것이다. 이번 장을 첫 번째 기여로 가는 길에 이정표를 세우는 일로 생각하라.

〉 기여하는 방법

지금까지 사람들이 말해 온 FOSS 기여는 대체로 프로그래밍을 의미했다. 이로 인해 많은 사람이 코드 작성만이 기여이고 코드를 작성하지 않는 사람은 필요 없거나 환영받지 못한다고 믿게 되었다.

이는 전혀 사실이 아니다!

FOSS는 당연한 이야기지만 소프트웨어라서 자연히 많은 코드가 들어가 있다. 그런데 소프트웨어를 사용하는 누구나(여러분 모두) 성공적인 소프트웨어 프로젝트에는 단순히 코드 말고도 그 이상의 것이 있음을 알고 있다. 사용자 인터페이스, 사용자 경험 디자인, 문서도 있다. 그 문서와 사용자 인터페이스는 다른 언어들로 번역되어야 한다. 코드, 사용자 인터페이스, 문서, 이 모든 것은 잠재적인 버그와 스타일 일관성 문제 때문에 테스트와 검토가 필요하다. 팀이 하든 최종 사용자가 하든 테스트는 버그 보고로 이어진다. 버그 보고를 한다는 것은 누군가 그러한 버그들을 선별해서 재현성과 심각성을 판단해야 함을 의미한다. 그리고 당연히 전체 과정을 조직하고 관리하는 데 전념하는 사람들이 없거나 소프트웨어를 홍보하고 마케팅하는 데 집중하는 사람들이 없으면 이러한 일 중 그 어느 것도 불가능하다.

FOSS에 기여하는 서로 다른 많은 방법을 시각적으로 볼 수 있게 자신이 프로젝트를 위해 할 수 있다고 생각하는 일에 체크 표시를 해 보자.

□ 프로그래밍(어느 언어든지)   □ 접근성(accessibility) 디자인
□ 사용자 인터페이스 디자인   □ 사용자 경험 디자인
□ 웹 디자인   □ 그래픽 디자인
□ 문서 작성   □ 문서 편집
□ 번역(어느 언어든지)   □ 코드 테스트
□ 사용자 인터페이스 테스트   □ 접근성 테스트
□ 버그 선별   □ 출시 관리
□ 프로젝트 관리   □ 커뮤니티 관리
□ 행사 조직과 진행   □ 홍보와 지원
□ 마케팅   □ 보안 검토와 테스트

수많은 항목이 있지만 이게 전부는 아니다. 몇몇 프로젝트에는 여기에 나오지 않은 필요 사항도 있다. 예를 들어 오픈 하드웨어 FOSS 프로젝트에는 전기 공학을 아는 사람들이 필요하고, 오픈 교육 프로젝트에는 교수안을 작성하고 검토할 수 있는 교육학적 배경이 탄탄한 기여자가 필요하다.

프로그래머가 아니라서 FOSS에 기여할 게 없다고 생각하지 말자. 앞에 나온 목록을 보면 알 수 있듯이 FOSS 프로젝트에는 단지 코딩 말고도 많은 기술이 필요하다. 누구나 FOSS에 기여할 자리가 있다.

프로젝트와 커뮤니티에 있는 일반적인 역할

앞 절에 나온 표에서 봤듯이 FOSS 세계에서 성공적인 프로젝트를 만들려면 서로 다른 많은 기술이 필요하다. 몇 가지 서로 다른 역할을 맡을 사람들도 필요하다. 한 사람이 여러 가지 역할을 맡은 걸 볼 때도 있지만(특히 작은 프로젝트에서) 그렇지 않은 프로젝트에서는 여러 사람이 한 가지씩 역할을 맡아 책임을 나눈다. 하지만 프로젝트가 조직화되면 여러 역할이 늘 한 번에 동시에 작동한다.

정확히 어떤 역할들이 있을까? 프로젝트마다 다르리라 이미 예상했겠지만 대개 몇 가지 매우 표준적인 카테고리로 구분된다. 학계 연구자인 월트 스카치Walt Scacchi, [Sca07]와 Y. 예·K. 키시다Y. Ye, K. Kishida, [YK03]는 FOSS 프로젝트에서 역할 카테고리를 설명하는 데 양파 비유를 쓰면 유용하다는 사실을 발견했다. 커뮤니티에 투자를 많이 하고 가장 적극적인 역할은 가운데 있고, 양파 껍질 바깥쪽에서 일할수록 활동과 투자 수준이 줄어든다. 다음은 FOSS 커뮤니티에서 맡는 역할에 관한 일반적인 양파 모형의 한 예다.

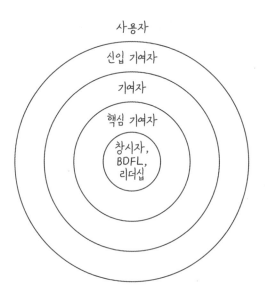

잠시 뒤에 각 역할에 대해 설명하겠지만 먼저 프로젝트를 조직하는데는 한 가지 이상의 방법이 있어서 서로 다른 역할이나 역할 카테고리가 나올 수 있음을 다시 한번 강조하려고 한다. 프로젝트에 어떤 역할이 있고 프로젝트에서 어떤 역할을 필요로 하느냐는 프로젝트의 기술과 커뮤니티의 필요·운영 방식에 좌우되지, 암묵적인 외부 압력이나 모범 사례를 따르지 않는다.

따라서 어느 프로젝트든 이러한 모든 역할이 나타나지 않을 수도 있다. 하지만 이러한 역할들은 FOSS 프로젝트에서 가장 일반적으로 찾을 수 있는 것들이다.

모든 프로젝트의 핵심에는 리더십이 있다. 프로젝트 창시자가 리더십의 일부이기도 하지만 창시자가 다른 일을 하느라 프로젝트를 떠나면서 다른 유능한 사람에게 프로젝트를 맡기는 것도 드문 일은 아니다. 때로는 창시자가 자비로운 종신 독재자benevolent dictator for life 또는 혼히 BDFL이라고 하는 역할을 맡기도 한다. 프로젝트에 BDFL이 있을 경우 누군가가 "결정은 내가 합니다"라고 말한다면 '내'가 하는 역할이 BDFL이다. 이 사람은 최종 결정권이 있고 모든 결정에 대해 거부권을 행사할 수 있다. 하지만 대체로 FOSS 프로젝트의 모든 리더는 BDFL이든 아니든 권위를 강요하기보다는 합의를 통해 일하려고 한다(그래서 직함에 '자비로운'이란 말이 들어가 있는 것이다).

커뮤니티라는 양파의 속심 바로 바깥 껍질에는 핵심 기여자가 있다. 이 사람들은 대개 프로젝트에서 가장 경험이 많은 실력자들이다. 보통 수는 많지 않지만 이들은 모든 커뮤니티 멤버를 지도하거나 멘토링을 하고 각자가 커밋 비트commit bit, '부록. 용어 해설' 참고 보유자들이다. 이는 이 사람들이 프로젝트 주 저장소에 기여(커밋)를 병합하도록 승인할 권한을 가지고 있다는 의미다. 커밋 비트를 가지고 있다는 것은 큰 책임이 따르는 일이고 가장 신뢰할 수 있는 커뮤니티 멤버에게만 주어진다. 핵심 기여자가 여러분에게 조언이나 피드백을 준다면 그것이 경험에서 나왔고 주의를 기울여야 하는 것임을 신뢰할 수 있다.

다음 양파 껍질은 비핵심(또는 일반) 기여자다. 이 사람들은 프로젝트에 어느 정도 정기적인 기여를 하고 대부분의 토론에 꽤 활발히 참여한다. 혼히 이러한 기여자들은 다른 사람들이 한 기여를 검토하는 데 협력할 뿐 아니라 신입 기여자에게 조언을 하거나 멘토링을 제공하기도 한다. BDFL과 핵심 기여자가 프로젝트의 심장이라면 이 비핵심 기여자들은 혈액이다.

여러분은 그다음 양파 껍질에 속한다! 그렇다. 신입 기여자다. 신입 기여자는 이전 껍질에 있는 기여자와 비슷하지만 별도 껍질로 분류할 만한 특별한 그룹이다. 여러분과 같은 신입 기여자는 아직 견습 기간 중이라 프로젝트와 커뮤니티가 어떻게 운영되는지 터득해야 한다. 일정한 시간과 연습을 거친 후에 신입 기여자 껍질에 속한 여러분과 여타 사람들은 일반 기여자가 되어 여러분 뒤에 들어오는 신입 기여자에게 조언과 멘토링을 제공할 수 있을 것이다. 신입 기여자층에 주의를 기울이는 프로젝트, 이를테면 사람들이 쉽게 그 층에 참여할 수 있게 하고 잘 정착할 수 있게 하며 성공적인 기여자가 되는 데 필요한 지원을 하는 프로젝트는 대체로 탄탄한 커뮤니티를 가지고 있다. 이러한 프로젝트는 흔하지는 않지만 찾아볼 만한 가치가 있다.

양파 가장 바깥 껍질은 프로젝트 사용자다. 이 사람들은 커뮤니티의 다른 껍질들만큼 중요하다. 프로젝트를 사용하는 사람들이 없으면 프로젝트가 존재할 이유가 전혀 없다. 사용자들은 프로젝트가 계속 살아서 발전하는 데 도움이 되는 귀중한 피드백, 버그 보고, 기능에 관한 아이디어도 제공한다. 프로젝트에서 사용자들이 요청하지 않았거나 동의하지 않는 기능을 추가하기 시작한다면, 프로젝트가 어떠해야 하고 사용자들이 무엇을 필요로 하는지를 양파 속 리더십이 잊어버렸다는 위험신호일지도 모른다. 프로젝트의 생명력은 사용자들의 필요를 충족시키고 사용자들의 문제를 푸는 데 도움이 되느냐에 달려 있다. 그런 식으로 사용자들은 모든 껍질 중에서 가장 중요한 껍질 역할을 한다.

이것들은 FOSS 프로젝트에서 찾을 수 있는 가장 일반적인 역할이지만 이러한 역할들을 알면 FOSS 세상에 기여하려고 뛰어들 때 함께할 프로젝트의 계층을 탐험하는 데 도움이 될 것이다.

〉 시작하기 전에 알아야 할 파일들

기여할 프로젝트 후보를 찾고 검토하기 전에 여러분이 보게 될 파일들과 그 특징을 잘 알아야 한다. 여기에서 언급한 모든 파일이 프로젝트에 있지는 않지만 일반적인 파일들이므로 알아 두면 프로젝트를 살펴보기가 훨씬 쉬울 것이다.

이러한 파일들은 대부분 프로젝트 루트 디렉터리에 있는데 이따금 이 파일들이 다른 곳에 위치한 프로젝트도 볼 수 있을 것이다. 이러한 파일 중 하나 또는 그 이상이 루트 디렉터리에 있지 않다면 프로젝트에 docs나 비슷한 이름의 문서 디렉터리가 있는지 살펴보라. 찾으려는 파일이 거기에 있을 것이다. 아니면 파일이 그 프로젝트에 그냥 없을 수도 있다.

README 파일

프로젝트에서 가장 처음 보는 건 대개 README 파일이다. 이 파일은 프로젝트의 얼굴과 같다. README 파일은 프로젝트의 이름과 프로젝트에서 하려는 일을 알려 주고 프로젝트가 유용하거나 흥미 있는지 알아볼 수 있는 짤막한 정보를 제공한다.

README 파일의 내용은 다양하다. 몇몇 프로젝트는 이 파일에 그냥 프로젝트 이름과 다른 참고 자료 안내만 적어 둔다. 다른 참고 자료, 이를테면 설치 설명, 개발자 셋업, 사용 예제가 README 파일

안에 들어 있는 프로젝트들도 있다. 이 파일의 내용은 전적으로 프로젝트 성격에 달려 있다.

내용에 상관없이 README 파일은 어느 프로젝트를 방문하든 처음 살펴보는 파일이어야 한다. 무슨 프로젝트인지, 정보를 어디에서 더 찾을 수 있는지 파악할 수 있다.

LICENSE(또는 COPYING) 파일

LICENSE(LICENCE라고 적기도 한다) 파일은 사람들이 프로젝트를 사용하고 수정하고 배포할 수 있는 조건을 명시한다. 이 파일은 COPYING이라고 부르기도 한다. 특히 GPL[1]을 사용하는 프로젝트에서 그렇게 쓰는데 목적은 같다.

'1장 자유 소프트웨어·오픈 소스의 기초와 철학'에서 배운 내용을 떠올려 보자. 어떤 프로젝트가 OSI 승인 라이선스[2]를 쓰지 않는다면 그 프로젝트는 '오픈 소스' 프로젝트라고 부를 수 없다고 했다. 그렇게 하면 '오픈 소스'라는 용어의 정의를 위반하기 때문이다. 어떤 프로젝트가 라이선스 없이 공개됐다면 그것도 '오픈 소스'가 아니다. 단지 '소스 사용 가능' 상태일 뿐이다. 게다가 라이선스가 명시되지 않은 프로젝트를 사용하거나 배포하는 사람들은 프로젝트 창시자의 저작권을 침해해서 소송을 당할 위험에 처하게 된다.

어떤 프로젝트가 '오픈 소스'가 되려면 LICENSE 파일을 통해서만 가능한데 해당 파일에 그 프로젝트를 법적으로 사용, 수정, 배포할 수 있다고 명시해야 한다. 흥미로운 프로젝트를 우연히 발견했는데 라이선스가 아예 없거나 OSI 승인 라이선스가 아니라면 프로

젝트에 기여하다가 복잡하고 의심스러운 저작권 문제를 맞닥뜨리
지 않도록 주의하라.

CONTRIBUTING 파일

프로젝트에 처음 기여하는 사람에게 CONTRIBUTING(또는 CON-
TRIBUTORS) 파일은 가장 친하고 막역한 친구이지만 함부로 등한
시하는 친구 같은 파일이다. CONTRIBUTING 파일엔 프로젝트에서
선호하는 기여 방식, 프로젝트에 받아들여지기 위해 기여 시에 충
족해야 할 요구 사항과 조건이 설명되어 있다.

  프로젝트에 기여할 때는 처음이든 마흔한 번째이든 간에 CON-
TRIBUTING 파일에서 하라고 하는 모든 사항을 늘 따라야 한다. 파
일 내용에 궁금한 점이 있다면 일을 진행하기 전에 커뮤니티에 항
상 질문하라. 답을 얻으면 프로젝트의 성실한 일원으로서 CON-
TRIBUTING 파일을 새로운 정보로 업데이트하라.

  CONTRIBUTING 파일에 대한 표준 형식이나 내용은 없다. 모든
프로젝트는 특정 기여 과정에 대해 기여자가 알아야 한다고 생각
하는 내용을 해당 파일에 넣는다. 몇몇 프로젝트는 기여 종류에 따
른 별도의 기여자 가이드라인이 있다. 예를 들어 아파치 HTTPD 웹
서버는 버그 보고, 코드 패치 기여, 문서 기여에 대한 별도의 가이
드라인이 있다[3]. CONTRIBUTING 파일 하나에 모든 설명이 들어 있
는 프로젝트도 있다. 강연 참고 자료 프로젝트The Public Speaking Resource
project[4]에서는 기여 가이드라인을 이런 식으로 다룬다. 프로젝트에
서 어떤 기여 가이드라인을 강조할지 또는 프로젝트에서 어떤 과정
을 따라야 할지 예측하는 방법은 없으므로 기여를 시작하기 전에

CONTRIBUTING 파일을 늘 잘 살펴봐야 한다.

프로젝트에 CONTRIBUTING 파일이 아직 없는데 기여하고 싶다면 어떻게 해야 할까? 우선 과거 기여를 살펴보고 그것들이 어떻게 구현되고 다뤄졌는지 알아볼 수 있다. 그러한 정보를 찾았다면 커뮤니티에 질문하라. "이런 식으로 기여하려고 하는데 괜찮나요?" 프로젝트에 기여물을 아무렇게나 보내기 전에 늘 확인한다면 여러분의 기여가 받아들여질 기회가 더 많이 생길 것이다. 커뮤니티에서 과정을 확인하고 기여를 했다면 프로젝트의 CONTRIBUTING 파일 첫 번째 버전을 작성해서 커뮤니티의 슈퍼 영웅이 되자. 그렇게 한다면 커뮤니티와 미래 기여자에게 큰 친절을 베풀고 또 다른 기여를 달성하게 될 것이다.

행동 수칙

행동 수칙Code of Conduct, CoC은 다행히도 해마다 더 많은 프로젝트에서 작성되고 있는 문서다. 행동 수칙은 프로젝트 커뮤니티에서 환영받거나 환영받지 못하는 행동의 종류와 환영받지 못하는 행동을 했을 때의 결과, 커뮤니티 멤버가 그러한 행동을 신고할 수 있는 곳과 신고하는 방법을 제시한다. 행동 수칙의 의도는 젠더, 인종, 종교적 믿음, 나이, 여타 특성에 상관없이 모든 기여자에게 따뜻하고 안전한 공간을 만들 수 있는 행동을 장려하고, 환영받지 못하는 행동에 대해 피해자나 증인에게 참고 자료를 제공하는 데 있다. 행동 수칙이 존재한다는 것은 프로젝트에서 커뮤니티의 안전을 중시하고 모든 종류의 기여자를 환영한다는 신호다.

커뮤니티 전체에서 이뤄진 수많은 대화(때로는 그다지 우호적이지 않기도 한)의 결과로 프로젝트 행동 수칙이 만들어진다. 그 때문에 문서는 프로젝트마다 사뭇 다르다. 소통에 제한을 거는 데 민감한 커뮤니티 멤버를 달래기 위해 몇몇 프로젝트는 "서로에게 잘하자"라는 최소한의 행동 수칙을 만들기도 한다. 행동에 대한 기대(또는 요구), 환영받지 못하는 행동의 예, 시행 방침을 열거한 상세 문서를 만드는 프로젝트도 있다. 프로젝트 행동 수칙에는 표준이 없지만 요즘 많은 프로젝트에서 기여자 서약Contributor Covenant[5]의 개작본을 사용한다. 이 서약은 원래 코럴라인 에이다 엠키Coraline Ada Ehmke[6]가 만든 것이다.

행동 수칙은 귀중한 문서지만 유용하고 강한 힘을 발휘하려면 시행되어야만 한다. 문서에 있는 내용을 지지하는 커뮤니티가 없다면 행동 수칙은 작문 연습에 지나지 않는다. 프로젝트와 커뮤니티를 처음 볼 때는 효과적이고 공감을 불러일으키는 방식으로 행동 수칙을 시행할 수 있는 곳인지 분간하기가 대체로 어렵다. 이러한 이유로 커뮤니티에 기여하거나 참여하지 않아서는 안 된다. 어쨌든 행동 수칙이 있다는 것은 커뮤니티가 최소한 옳은 일을 하려고 하고 장래 커뮤니티 멤버를 환영한다는 신호다.

스타일 가이드

FOSS 프로젝트에서 일하는 방식에 관해 초강력 의견Very Strong Opinions™이 있다는 이야기를 들어도 새삼스럽지 않을 것이다. 최소한 자신 있는 분야에서는 그렇다. '5장 기여하기'에서 그러한 의견에 대해 살펴볼 것이다. 지금은 그런 의견이 있고 그러한 의견을 무시하는 기여를 제출하면 프로젝트 담당자와 커뮤니티 사람들을 짜증

나게 한다는 정도만 알아도 충분하다.

　초강력 의견을 지닌 프로젝트는 대개 그것들을 스타일 가이드로 명문화하는 데 시간을 들인다. 프로젝트에 따라 프로그래밍, 문서 작성, 그래픽 디자인 등을 위한 스타일 가이드를 찾을 수 있을 것이다. 스타일 가이드는 프로젝트의 필요와 선호에 따라 달라진다. 이러한 가이드라인은 CONTRIBUTING 파일에 들어 있기도 하고 독립적인 문서로 존재하기도 한다. 어떤 식으로 만들어졌든 이러한 가이드가 있다면 항상 가이드를 읽고 따라야 한다.

　가이드가 프로젝트 특유의 초강력 의견에서 나온다는 사실을 알면 가이드에 표준이 없다는 이야기를 들어도 놀랍지 않을 것이다. 스타일 가이드에 뭐가 들어가고 들어가지 않는지 결코 알 수 없으므로 가이드를 읽는 것이 매우 중요하다(프로젝트에 가이드가 있다고 가정한다). 때로는 프로젝트 간에 스타일 가이드가 재사용되기도 하고 어떤 프로젝트 고유의 스타일 가이드를 기초로 사용하기도 한다. 예를 들어 많은 프로젝트에서 구글 스타일 가이드[7]를 코딩 가이드로 사용한다. 오픈스택OpenStack 계열 프로젝트 같은 곳에서는 IBM 문서[8]를 문서 스타일 가이드로 사용한다. 스타일 가이드를 확인해야 프로젝트에서 어떤 기여 스타일을 선호하는지 알 수 있을 것이다.

　프로젝트에 스타일 가이드가 없다고 해서 프로젝트에 초강력 의견이 없다는 의미는 아니다. 단지 그러한 의견을 아직 작성하지 않았을 것이다. 따라서 기여를 할 때 프로젝트 담당자가 어떤 스타일에 대한 선호를 표현했는지 주의하자. 기여를 마치면 프로젝트의 스타일 선호를 첫 번째 스타일 가이드로 작성해 CONTRIBUTING 파일에 링크함으로써 FOSS 슈퍼 영웅 망토를 두를 수 있는 또 다른 기회를 잡을 수 있을 것이다.

도움이 되는 다른 파일들

FOSS 프로젝트를 둘러보다가 마주칠 수 있는 파일들이 더 있는데 그중 몇 개는 비교적 유명하고 특히 오래되거나 잘 자리 잡은 프로젝트에서 볼 수 있다.

INSTALL 또는 INSTALLATION 파일은 예상하는 딱 그대로다. 바로 사용할 프로젝트를 설치하고 옵션을 설정하는 방법을 설명한 파일이다. 이 파일은 소프트웨어를 컴파일하고 설치하는 데 make[9]를 사용하는 프로젝트에서 흔히 볼 수 있는데 다른 프로젝트에도 포함되지 말라는 법은 없다(포함되어 있기도 하다).

CHANGES 또는 CHANGELOG 파일은 설명이 따로 필요 없다. 이 파일에는 사람이 읽을 수 있는 소프트웨어 출시 내용 요약과 변경 사항이 들어 있다. 사용하고 있는 소프트웨어 버전에 특정 버그 수정이 포함되었는지 알아보려고 한다면 CHANGES 파일이 매우 편리하다. 신입 기여자가 프로젝트 개발 이력을 살펴보는 데도 도움이 된다.

AUTHORS 파일은 개발자들이 비슷한 목적을 달성하는 버전 관리 로그에 의존하면서부터 FOSS 프로젝트에서 점점 쓰이지 않고 있다. 하지만 여전히 언급할 가치가 있는 일반적인 파일(이고 가치 있는 도구)이다. AUTHORS 파일에는 해당 소프트웨어에 대한 저작권을 취득할 수 있는 기여를 한 모든 사람 또는 회사·단체 명단이 열거된다. 이 파일에는 이러한 사람들의 연락처 정보가 들어 있을 수도 있지만 기여자 개인 정보가 침해될 수 있어서 이러한 정보는 더는 포함하지 않는다. 소프트웨어 저작권 소유자에 대한 단일한 정식 명단이 있으면 저작권 공지를 단순화할 수 있으며(이제는 그냥 'Copyright 2018, The Authors'라고 하면 된다) 프로젝트 라이선스 변경 과정이 쉬워진다. 모든 저작권 소유자가 특정 라이선스에 따라 그들의 기여를 제공하는 데 동의하는 상황에서 그것을 바꾸려 한다면 그들의 기여를 재라이선스하는 데 대해 승인을 모두 받아야 한다. 저작권 소유자 전체 명단이 없다면 그렇지 않아도 복잡한 재라이선스 과정은 악몽이 될 수 있다.

이슈 트래킹

FOSS 프로젝트의 핵심적인 특징 중 한 가지는 그것이 바로 프로젝트라는 것이다. 프로젝트에서 모든 개발이 부드럽게 진행되려면 어떤 형태의 프로젝트 관리가 필요하다. 이 중 가장 중요한 것 하나가 이슈 트래커다.

이슈 트래킹, 버그 트래킹, 티케팅 시스템ticketing system 등 용어는 다르지만 모두 같은 개념이다. 이슈 트래커는 프로젝트에서 프로젝트의 개별 이슈를 추적하는 곳이다. 어쩌다 '이슈 트래커'라는 이름을 내놓았을까? 수수께끼다. 농담은 그만하고 이슈 트래커는 프로젝트에서 무슨 일이 언제 누구에 의해 진행되는지 확인하는 데 필수다.

이슈 트래커의 기능은 트래커 제공자마다 다르고 많은 프로젝트에서 사용 가능한 기능을 다 쓰지도 않는다. 몇몇 프로젝트는 소프트웨어 버그 로그를 남기는 데만 트래커를 쓴다. 버그 트래킹, 기능 요청, 지원 질문, 디자인 토론, 팀 대화·토론에 트래커를 쓰는 프로젝트도 있다. 프로젝트의 필요와 작업 흐름에 달려 있다.

프로젝트 이슈 트래커를 '프로젝트에서 쓰는 대로 쓰지 않는 것'은 잘못 사용하는 것이다. 프로젝트 이슈 트래커에 자신만의 작업 흐름을 끼워 넣지 말라. 때로는 프로젝트 문서로 이슈 작업 흐름이 작성되기도 한다. 그렇다면 그것을 따르라. 그렇지 않다면 마무리 된('닫힌') 이슈를 보고 어떤 작업 흐름이 쓰이는지 확인하라. 늘 그렇듯이 질문이 있거나 자신의 가정을 확인하고 싶으면 커뮤니티에 질문하자. 일을 잘못해서 여러분과 커뮤니티가 더 많은 일을 하기보다는 지금 물어보는 게 더 낫다.

일반적인 의사소통 경로

거의 모든 FOSS 프로젝트는 기여자가 전 세계에 흩어져 있기 때문에 프로젝트가 성공하는 데 의사소통이 필수다. 수십 년간 FOSS는 다양한 사용 사례에 걸쳐 효율적이고 지속적이며 효과적인 소통을 할 수 있는 일련의 신뢰할 수 있는 의사소통 경로를 발전시켜 왔다. 이러한 경로는 세 가지 기본 카테고리로 나뉘는데 완전한 비동기 방식(이메일, 이슈 트래커), 반비동기 방식(실시간 대화), 동기 방식(오디오·비디오 콜, 현장 모임)이 있다. '7장 커뮤니티와 소통하기'에서 이 모든 의사소통 경로에 대해 자세히 다룬다.

몇몇 FOSS 프로젝트에서 의사소통 경로를 선택하고 사용하는 방식은 내가 앞서 언급한 초강력 의견에 속한다. 각 프로젝트는 자신만의 요구를 충족시키기 위해 의사소통 경로와 과정을 조합하므로 프로젝트 토론에 참여하기 전에 이에 대한 문서나 조언을 찾아봐야 한다. 신입 기여자가 의사소통 경로를 잘못 사용해서 참여하고자 하는 커뮤니티에 좋지 않은 첫인상을 남기는 경우도 흔하다.

FOSS에 참여하려고 한다면 이메일에 익숙해야 한다. 많은 FOSS 프로젝트가 메일링 리스트에 크게 의존한다. 메일링 리스트를 이용해 서로 다른 시간대에 분산되어 있는 프로젝트 기여자들이 각자 가장 편할 때 대화를 주고받을 수 있다. 또한 메일링 리스트 덕분에 사람들은 토론에 대한 자신의 대답을 시간을 들여 충분히 생각하고 다듬을 수 있다. 이는 특히 자신이 주로 쓰는 언어가 프로젝트에서 쓰는 언어와 다른 커뮤니티 멤버에게 도움이 된다. 이러한 사람들은 토론에 통찰력 있고 가치 있는 기여를 할 수 있지만 그러한 생각을 번역할(예를 들어 한국어에서 영어로) 시간이 좀 더 필요하다. 게다가 이메일 글타래를 보관하고 검색할 수 있어서 메일링 리스트는 FOSS 프로젝트 협업에 강력한 도구가 된다.

메일링 리스트로 풍부하고 어감이 살아 있는 대화를 할 수 있다면, 복잡한 과정을 조정하고 유대감을 쌓는 데는 실시간 대화만 한 것이 없다. 많은 FOSS 프로젝트에서 몇 가지 실시간 대화 시스템을 사용한다. IRCInternet Relay Chat[10]는 매우 유명한 옵션이지만 이것만 있는 게 아니다. 다른 옵션으로 매트릭스Matrix[11], 로켓챗RocketChat[12], 매터모스트Mattermost[13]가 있다. 어떤 실시간 대화 시스템을 선택하고 사용하느냐 하는 문제는 최근 몇몇 FOSS 커뮤니티에서 거의 종교적인 수준으로 중요해졌다. 자신이 참여하는 프로젝트에서 어떤 대화 시스템을 사용하든 간에 많은 대화(아마도 논쟁)를 거쳐 선택되고 유지 보수되고 있음에 틀림없다.

프로젝트에서 선택하고 사용하는 의사소통 경로뿐 아니라 그것을 사용하기 위해 제시하는 규칙과 가이드라인을 존중하라. 여러분이 단순히 불평하는 게 아니라(수동적이지만 공격적으로 또는 그 반대로) 프로젝트에서 사용하는 의사소통 경로를 강하게 반대한다면 기여할 다른 프로젝트를 선택하라고 조언하고 싶다. 여러분의 불평은 무시될 것이므로 참여하고 싶은 커뮤니티에서 소외감만 느낄 뿐이다. 그들이 그 시스템을 만든 선택과 과정을 존중하라.

CLA와 DCO

몇몇 FOSS 프로젝트는 모든 기여자에게 그들의 기여가 병합되거나 소프트웨어로 배포되기 전에 기여자 라이선스 협약Contributor License Agreement, CLA이나 개발자 원천 증명Developer Certificate of Origin, DCO에 동의할 것을 요구한다. 이를 요구하는 프로젝트 수는 아직 상대적으로 적지만 점점 더 많은 프로젝트가 FOSS에 합류하면서 해마다 늘어나고 있다. 먼저 이 문서들이 무엇인지, 이 문서들이 여러분의 기여에 어떤 영향을 끼칠지 알아 둘 필요가 있다.

몇몇 프로젝트, 특히 배타적이지는 않지만 대기업 주도로 개발되는 프로젝트는 모든 기여자에게 CLA에 서명할 것을 요구한다. CLA는 지적 재산과 관련된 문서라서 몇몇 FOSS 참여자들에게는 논란의 소지가 있다.

CLA의 내용과 규정은 저마다 다르지만 기본적으로 여러분(또는 회사에 소속되어 일한다면 여러분이 일하는 회사)에게 기여를 공유할 권리가 있고 프로젝트에 그러한 기여를 수정, 배포, 관리할 라이선스가 있으며 여러분이 그 라이선스를 철회하지 않는 데 동의하는 것이다. 기여자로부터 프로젝트 또는 프로젝트 조직으로 저작권이 이전된다는 조항이 문서에 포함되어 있을 때도 있다. CLA의 의도는 저작물 배포 과정에서 생길지도 모르는 법적 분쟁 가능성을 최소화할 뿐 아니라 라이선스 변경을 쉽게 하려는 것이다.

언급했듯이 CLA는 몇몇 사람에게 그리고 일부 프로젝트에서 논쟁의 소지가 있다. 기여 전에 CLA에 서명해야 한다고 요구하는 것 때문에 전체 기여 과정이 느려지고 관리 비용을 더할 뿐 아니라 많은 사람이 기여하지 못하게 한다는 반대가 많다. 자신의 저작권을 다른 단체에 양도한다는 생각에 반대하는 사람들도 있다(다시 말하지만 이것이 모든 CLA의 특징은 아니다).

최근에 DCO[14]가 CLA의 대안으로 인기를 끌고 있다. 짧고 간단한 문서인 DCO는 표면적으로 관리 비용이 들거나 기여가 둔화되지 않으면서도 CLA가 의도하는 결과를 이뤄 낸다. DCO는 기여자가 깃git 버전 관리 시스템의 -s 또는 --signoff 플래그를 사용하여 자신의 기여에 서명하는 방식이다. 이 서명은 기여자에게 자신의 기여를 배포할 권리가 있고 프로젝트 라이선스와 같은 조건으로 그렇게 할 수 있음을 나타낸다. 이는 DCO가 프로젝트의 깃 버전 관리 시스템에 커밋하는 기여에만 적용될 수 있음을 의미한다. 그러니까 어쨌든 프로젝트에서 깃을 사용한다고 가정하는 것이다. 프로젝트에서 서브버전Subversion이나 CVS, 또 다른 버전 관리 시스템을 사용한다면 DCO를 사용할 수 없다. 따라서 DCO는 모든 프로젝트나 모든 기여에 적합한 해법은 아니다. 하지만 몇몇 프로젝트에서는 DCO가 CLA 대신 환영할 만한 변화라고 생각한다.

〉 프로젝트를 찾을 준비가 됐다

자, 이제 여러분은 FOSS 프로젝트 세계를 항해하는 데 필요한 이정표를 갖췄다. 다음 단계는 재미있는 단계다. 여러분이 첫 기여를 할 프로젝트를 찾아보자!

프로젝트 찾기

"기여할 프로젝트를 어떻게 찾을 수 있나요?" 또는 "어디에서 시작해야 하나요?" 같은 질문을 FOSS에 기여하고 싶은 사람들에게서 자주 듣는다. FOSS에 대해 들어봤을 것이고 FOSS에 기여할 수 있다는 사실도 알 것이다. 왜 기여하고 싶은지, 무엇을 얻고 싶은지도 알지만 어디에 기여할지 선택하는 데 많은 생각이 필요하다는 걸 인식하는 사람들은 드물다. 대개 모든 잠재적 신입 기여자가 아는 것은 어떤 식으로든 기여하고 싶다는 사실이다. 아마도 FOSS 세계에 이미 들어온 사람도 있을 것이다. 그렇다면 그냥 괜찮은 정도가 아니다. 훌륭하다. 기여하고 싶은 마음이 들었다면 여러분은 기여하는 데 필요한 첫 이정표를 막 통과한 것이다. 두 번째 이정표는 자신에게 맞는 프로젝트를 찾는 것이다.

기여할 FOSS 프로젝트를 찾는 일은 임의의 프로젝트에서 무작위로 버그를 고르는 것만큼 쉽지 않다. 물론 그렇게도 할 수 있지만 성공하지 못하거나 긍정적인 경험을 하지 못할 것이다. 뛰어들기 전에 성공할 수 있는 더 좋은 기회를 찾아야 한다. 시간을 들여 자신의 목표와 가치에 맞는 프로젝트를 찾으라. 물론 그렇게 한다는 것은 자신의 목표와 요건을 실제로 명확히 해야 함을 암시한다. 따라서 목표와 요건을 명확히 하는 것이 출발점이다.

거짓말하는 게 아니다. 자신의 목표와 요건을 정의하고 적합한 첫 번째 프로젝트를 찾으려면 시간을 어느 정도 들여 제대로 해야 한다. 그건 좋은 투자다. 그렇다면 좋지 않은 투자는 뭘까? 자신에게 잘 맞지 않는 프로젝트에 기여하려고 며칠, 몇 주, 몇 달을 허비하는 것이다.

〉 목표 세우기

여러분이 FOSS에 어떤 식으로든 기여하기를 원한다는 건 안다. 그런데 그 일을 하고 싶은 이유를 정확히 설명할 수 있나? 막상 생각해 보면 대답하기 어려울 것이다. 어떤 사람들은 이렇게 대답할 것이다. "경험을 쌓으려고요." "소프트웨어가 자유로워야 한다고 믿어서요." "선생님(또는 멘토)이 좋은 생각이라고 했어요." 이런 게 동기가 될 수는 있지만 목표는 아니다. 이런 설명들은 분명하게 정의하기 어렵고 모호해서 자신이 성공했는지 판단하기도 어렵다. 목표는 구체적이고 실천할 수 있어야 한다. 그렇지 않으면 바람에 흩날리는 연기와 같다.

지난 장들을 읽고 나서 FOSS에 기여하고 싶은 이유에 대해 생각해 봤을 것이다. '1장 자유 소프트웨어·오픈 소스의 기초와 철학'에서는 FOSS의 기초를 이루는 철학을 다뤘다. 1장의 내용이 자신만의 철학, 가치, 윤리에 반향을 일으켰다면 이러한 철학을 발전시키고 퍼뜨리는 것이 FOSS에 기여하려는 개인 목표에 포함될 수 있다. '2장 자유 소프트웨어·오픈 소스에서 얻을 수 있는 것'에서는 FOSS에 기여할 때 거둘 수 있는 많은 전문적 혜택을 자세히 다뤘다. 이러한 혜택 중 몇 가지가 자기 목적에 맞고, 언급하지 않은(완전한 목록이 아니었으므로) 개인적 혜택에 관해 생각해 보도록 영감을 주었을 수도 있다.

기여하려는 이유와 목표가 확고하다고 느꼈든 그렇지 않든 간에 자신의 생각을 모아서 적어 보라. 그렇게 하면 현재 마음 상태의 단편을 볼 수 있을 뿐 아니라 나중에 알아볼 것들을 정리할 수 있다. 목표를 갱신하려고 다시 보거나 안 좋은 시기를 보낼 때 처음에 이 모든 걸 견딘 이유를 되새길 수 있을 것이다.

가장 좋아하는 필기 도구와 맛있는 음료 한잔을 들고 앉아서 생각을 모아 보라. 떠오르는 건 아무거나 적자. 머릿속에 떠오르는 생각을 두서없이 써도 된다. 잘못된 대답이나 생각은 없으므로 판단하거나 정리하려고 하지 말고 브레인스토밍으로 떠오르는 생각을 모두 모으자. 정리는 목표와 관련된 모든 생각을 머릿속에서 꺼내 전부 볼 수 있게 펼쳐 놓은 후에 하자. 브레인스토밍 예는 60쪽을 보라.

목표와 관련된 생각을 전부 모았다면 다음 단계로 가기 전에 잠시 한쪽으로 치워 두자. 머리를 식혀야 더 나은 관점으로 생각을 정리할 수 있고 놓쳤던 생각을 다시 떠올려 포착할 수 있다. 그러므로 잠시 쉬자. 잔디를 깎거나 설거지를 하거나 아이와 놀거나 영화를 보거나 그냥 자도 좋다.

좋다. 머리를 충분히 식혔나? 잘했다. 지금부터 어려운 부분에 들어가기 때문이다. 이제부터 생각을 모두 정리하고 통합해 목표 목록을 만들 수 있게 집중하자.

생각 목록을 보라. 모호한 것이 있는가? 구체적이 될 때까지 더 상세하게 써 보라. 비슷한 것이 있는가? 그것들은 함께 모으자.

목표 브레인스토밍

난 무엇을 얻고 싶은가? 왜 굳이 그 일을 하려고 하는가?

- ~~선생님이 하라고 해서~~
- ~~과제를 망치기 싫어서~~
- CSS 연습
- 자바스크립트를 전혀 몰라서 배우고 싶어서
- 멋진 사람들을 만나고 싶다!
- 사용자 인터페이스 과목에 접근성 단원이 있는데 FOSS에 참여하면 좀 더 배울 수 있을까?
- 내가 디자인한 걸 많은 사람이 쓰면 정말 멋질 것 같다.
- 내 포트폴리오에 넣을 수 있을까?
- 깃 사용법을 배우도록 스스로를 압박할 수 있을 것 같다.
- 명령 행 같은 것도 사용자 인터페이스라고 간주할 수 있을까? 내가 그걸 디자인할 수 있을까?
- 프로그래머들과 잘 일하는 법을 배우고 싶어서
- 경험 많은 디자이너에게서 배우고 싶어서
- 하드웨어 프로젝트에 디자이너가 필요할까? 산업 디자인 분야의 일을

할 수 있을까?
- 글을 더 잘 쓰고 싶어서

목록을 검토하면서 모든 생각의 이유를 이해하고 있는지 확인하라. 이유를 알 수 없는 항목이 있다면 그때는 좋은 아이디어 같았어도 목표에서 탈락시키고 한쪽으로 치워 두자. 생각을 다듬고 카테고리로 정리해서 FOSS에 기여함으로써 이루고 싶은 몇 가지 핵심 사항으로 묶어 보자. 많은 핵심 목표를 '몇 가지'로 구성하는 건 자신의 필요에 달려 있다. 각 목표는 구체적이고 간결하고 실천 가능하며 누군가에게 이야기했을 때 여러분이 무엇을 이루고 싶은지 상대방이 바로 이해할 수 있는 것이어야 한다. 모호한 목표는 진전을 이루기 어렵다. 예를 들어 '프로그래밍 연습'은 모호한 목표다. 무엇을 프로그래밍하려고 하는가? 어떤 언어로? 이 목표를 이뤘는지 어떻게 알 수 있는가? 반면 '서버 사이드 자바스크립트에 좀 더 능숙해지고 유창해지기'는 구체적이고 실천 가능하다. 이것이 집중하기도 쉽고 발전하고 있는지 알기도 쉬운 목표다. 다음을 보라.

내 목표:

- CSS에 더 능숙해지기
- 자바스크립트 공부 시작하기
- 깃을 이용해 디자인 결과물을 다루는 법 배우기
- 최소한 한 가지 사용자 인터페이스 접근성 향상시키기
- 프로그래머들과의 의사소통 및 협업 연습하기

- 디자인 제안 쓰기
- 디자이너 멘토 찾기
- 내 포트폴리오에 최소한 한 가지 새 작품 추가하기

기억하자. 이것은 자신의 생각과 필요에서 나온 목표다. 다른 사람의 것과 비슷할 수도 있지만 이 목표들은 전적으로 자신만의 것이다. 개인적 필요와 목표에 솔직해지자. 교사와 멘토가 건네준 목표를 그냥 받아들이지 말라. 자신만의 목표를 세우고 그것들을 달성하기 위한 책임을 지면 FOSS 기여에 성공할 가능성이 더 높아진다.

자신만의 목표가 있을 때 이점은 개인적 목표를 필요에 따라 자유롭게 바꿀 수 있다는 것이다. 이러한 목표는 돌에 새기는 게 아니다. 삶과 경력이 발전하면 목표도 그에 맞게 바뀌어야 한다. 이 페이지를 때때로 다시 보면서 적어 놓은 목표를 검토하라. 목표가 여전히 진심으로 들리는가? 삶의 필요를 충족하는가? 그렇지 않다면 목표를 어떻게 바꿔야 할까? 더욱 중요한 점은 왜 바꾸어야 하는지 알아야 한다는 것이다. 필요하다면 브레인스토밍부터 목표 설정까지 전체 과정을 다시 살펴서 자신의 삶과 경력에 맞는 목표를 겨냥했는지 확인하라. 더 이상 자신의 필요에 도움이 되지 않는 목표를 향해 가느라 시간을 낭비하지 말라.

〉 요건 모으기

자신의 목표를 이해했으니 FOSS 세계에 들어가 기여할 프로젝트를 찾으면 될까? 아직은 아니다. 목표는 퍼즐의 한 조각일 뿐이다. 선택한 프로젝트에서 무엇을 얻으려고 하는지도 알아야 한다. 이런 요건을 프로젝트가 자신에게 잘 맞는지 판단하는 기준으로 삼자. 잘 맞지 않는 프로젝트에 기여하는 건 치수가 맞지 않는 신발을 신는 것과 같다. 예뻐 보여도 몇 걸음만 걷고 나면 발이 무척 아플 것이다. 기여로 성공할 가능성을 최대화하려면 시간을 들여 자신에게 맞는 것이 무엇인지 파악하라.

요건이란 무엇을 의미할까? 여러분만의 특정한 필요를 충족시키는 프로젝트의 특성을 말한다. 여러분이 성공하는 데 필요한 특성이 무엇인지는 여러분만이 알겠지만 일단은 사람들이 기여하려는 FOSS 프로젝트를 찾을 때 고려해야 할 가장 일반적인 사항을 몇 가지 열거하겠다.

기술

우선 기술이란 무엇일까? 여러분은 프로젝트에 무엇을 제공할 수 있나? 뛰어난 작가이거나 편집자인가? 번역은 어떨까? 그래픽 디자인은? 사용자 경험 전문가인가? 특정 프로그래밍 언어를 아는가? 전자 공학에 경험이 있는가? 사람들을 관리해 봤거나 기술 사양이나 허가서를 작성해 봤거나 행사를 조직해 본 경험이 있는가? 이 모든 기술은 FOSS 프로젝트와 커뮤니티에 필요하다. 잠시 시간을 내서 FOSS에 기여하는 데 관련이 있을 법한 자신의 기술을 모두 적어 보자.

기여할 기술들

· 그래픽 디자인 훈련

- 스페인어와 영어 유창
- 브랜딩 경험
- HTML 능숙
- CSS 조금(더 잘 하고 싶음!)
- 프로그래밍 입문 수업에서 좋은 성적 받음
- 인디자인과 포토샵 능숙
- 그래픽 디자인 학생 지역 모임 리더

이것들이 할 수 있는 일이라면 관심 있는 일은 무엇인가?

관심

우연히 처음 접하는 프로젝트보다는 관심 있는 프로젝트에서 일하면 FOSS에 기여하는 걸 즐기고 계속할 가능성이 높다. 즐기는 것 말고도 이미 알고 있어서 관심 있는 프로젝트를 선택하면 분야 지식domain knowledge, '부록. 용어 해설' 참고을 배울 수 있을 것이다. 분야 지식은 해당 관심 영역에서 일이 어떻게 돌아가는지에 대해 아는 지식이다. 예를 들어 바느질, 뜨개질, 차 수리를 한다면 그 분야의 모든 용어를 이미 알고 있을 것이다. 관심 영역 중 하나와 관련된 프로젝트를 찾는다면 프로젝트에서 무엇을 하고 어떻게 하는지 더 쉽게 이해할 수 있다.

모든 취미와 관심 분야에 FOSS 프로젝트가 있다. 대부분의 사람들은 FOSS를 생각할 때 바로 운영 체제(예: 리눅스), 인프라스트럭처, 데이터베이스, 웹 개발을 떠올린다. 이것들에 관심이 있다면 운이 좋은 것이다. 이러한 프로젝트에 할 일이 늘 많기 때문이다. 그러나 햄 라디오, 바느질, 게임 개발, 디지털 예술, 기계 학습, 천체 물리학, 지리학, 3D 프린팅, 교육 분야에도 프로젝트가 있다. 이런 목록은 끝이 없다.

어떤 것에 관심이 있는가? 자신의 취미는 무엇인가? 학교 다닐 때 재미있던 수업은 무엇인가? 잠시 관심 분야를 적어 보자.

관심! 취미! 호기심!

- 개
- 축구
- 그래픽 디자인
- 픽셀 아트
- 비디오 게임
- 보드 게임
- 디지털 페인팅
- 스페인 만화책
- 달리기
- 로드 바이크
- 기후 변화와 싸우기
- 바베큐
- 베이스 기타

시간 여유

또 다른 매우 중요한 요건은 시간 여유다. 아이가 셋인 한부모single

parent는 대학 2학년생처럼 시간 여유가 없다. 기여할 프로젝트를 찾기 전에 FOSS에 기여하는 데 바칠 수 있는 시간이 얼마나 있는지 솔직하게 따져 보자. 몇몇 프로젝트는 학습 곡선이 매우 가파르다. 시간이 얼마 없으면 신입 기여자를 잘 지원하고 돕는다는 평판을 듣는 프로젝트를 선택해야 한다.

어떤 프로젝트를 선택하든 프로젝트에 전념하는 데 쓸 수 있는 시간이 일주일에 몇 시간뿐이라도 기여할 수 있다. 모든 기여는 가치 있고 작은 기여도 마찬가지다. 현실적으로 시간을 투자하고 감당할 수 있는 만큼만 하라. 나중에 시간 여유가 더 생기면 기여는 언제든 더 늘릴 수 있다.

목표

앞서 정의한 목표도 프로젝트 선택에 필요한 요건 중 일부다. 어떤 식으로든 목표를 향해 가는 데 도움이 되지 않는다면 프로젝트에 기여하는 건 무의미하다. 마지막으로 목표를 정의한 지 시간이 꽤 지났다면 시간을 내서 다시 한번 살펴보자.

기술, 관심, 시간 여유, 목표, 이것들은 구체적이고 고유한 요구 사항이다. 여러분의 목록을 다른 사람의 것과 비교해 보면 겹치는 목록도 있겠지만 차이점을 더 많이 발견할 것이다. 이러한 요건들은 여러분만의 것이고 여러분만이 그것들을 정의할 수 있다. 다른 사람들은 여러분이 브레인스토밍을 하거나 목록을 다듬는 데 도움을 줄 수는 있겠지만 아무도 여러분의 개인적인 요건을 알려 줄 수는 없다.

기억하자. 이 모든 요건은 생활 환경이 변하고 전문 경험이 성장하면서 시간이 지남에 따라 바뀔 수 있다. 이러한 요건을 다시 살펴보고 나중에 그것들을 갱신하거나 바꾸는 걸 두려워하지 말라. 다음 프로젝트나 도전을 어디에서 찾을지 헤매고 있을 때 요건을 갱신한다면 무엇을 선택할지 명확히 하는 데 도움이 될 것이다.

후보 프로젝트 모으기

좋다! 목표도, 관심도, 요건도 있다! 이제 필요한 건 프로젝트다. 다 된 거나 다름없지 않나? 글쎄…

'1장 자유 소프트웨어·오픈 소스의 기초와 철학'에서 언급했듯이 오늘날에는 수없이 많은 FOSS 프로젝트가 있다. 수없이 많은 프로젝트에 목표·관심·요건을 어떻게 적용할 생각인가? 답은 후보군을 제한하라는 것이다.

자신이 이미 사용하고 재미를 느꼈던 프로젝트를 살펴보기 시작하라. 리눅스 사용자라면 날마다 사용하는 FOSS 프로젝트가 많을 것이다. 블렌더[1], 김프GIMP[2], KDE[3], GNOME[4] 그리고 이것들과 관련된 모든 도구가 전부 FOSS 프로젝트다. 그런데 자신의 컴퓨터에서 리눅스를 실행하는 사람만 날마다 FOSS를 사용하는 건 아니다.

FOSS 프로젝트는 어디에나 있다. 드루펄[5], 무들Moodle[6], 비주얼 스튜디오 코드Visual Studio Code[7], 아이텀iTerm[8], 이것들 말고도 많다. 날마다 사용하는 소프트웨어가 FOSS 프로젝트인지 확인해 보라. 이렇게 크고 눈에 잘 띄는 프로젝트는 FOSS에 처음 기여하는 사람에게 좋은 출발점은 아니다. 갓 시작한 사람에게는 라이브러리, 플러그인, 확장 같은 더 작은 위성satellite 프로젝트가 딱 맞는다.

소프트웨어 자체가 자유 소프트웨어나 오픈 소스가 아니어도 그 주위에 생태계가 형성되기도 한다. 예를 들어 게임 개발 엔진인 유니티Unity[9]를 사용한다면 많은 유니티용 플러그인이 OSI 승인 라이선스로 공개되는 걸 볼 수 있을 것이다. 맥 또는 iOS 개발자라면 FOSS로 공개된 도구나 라이브러리를 사용하고 있을 것이다. 거의 모든 웹 브라우저가 타사 확장 기능을 허용하는데, 많은 확장 기능이 FOSS 프로젝트로 공개된다. 시간을 들여 소프트웨어와 그 생태계를 조사해 보자. FOSS를 재미있게 사용하고 있으면서도 그게 FOSS였는지 몰랐을 수도 있다.

앞서 만든 관심 목록은 전부 FOSS 프로젝트를 찾아내는 데 좋은 출발점이 된다. 즐겨 쓰는 웹 브라우저를 열고, 즐겨 쓰는 웹 검색 엔진에 들어가 검색어 입력란에 관심 분야를 적고 뒤이어 'open source'라고 입력하라. 존재하는지도 몰랐던 많은 FOSS 프로젝트를 검색 결과로 분명히 보여 줄 것이다. 예를 들어 이 글을 쓸 때 woodworking open source라고 검색 엔진에 입력하니 검색 결과가 77만 2000개, sewing open source는 192만 개, painting open source는 무려 788만 개가 나왔다. 자신의 관심 분야를 이런 식으로 검색 엔진에 입력해서 흥미를 끄는 FOSS 프로젝트가 나타나는지 보자. 흥미 있는 프로젝트가 있다면 후보 목록에 추가하라.

흥미로운 FOSS 프로젝트를 찾아내는 또 다른 방법은 유명한 버전 관리 서비스 제공자를 둘러보는 것이다. 이 글을 쓸 때 FOSS 세계에서 가장 유명한 회사는 깃허브[10], 깃랩[11], 비트버킷BitBucket[12]이었는데 다른 곳들(프로젝트 자체 호스팅 포함)도 있다. 이러한 서비스는 대부분 자사에서 호스팅하는 공개 저장소를 살펴볼 수 있는 방법을 제공한다. 서비스 제공자는 이러한 용도로 특별한 페이지를 제공하는데 주제, 프로그래밍 언어, 인기, 여타 특성에 따라 프로젝트를 카테고리화하거나 부각한다. 찾아내지 못했을 수도 있는 프로젝트를 발견하는 데 이러한 서비스와 페이지가 유용하다.

자신의 네트워크와 자신이 사는 지역 커뮤니티도 기여할 FOSS 프로젝트를 찾는 데 훌륭한 자원이 된다. FOSS에 기여하는 친구가 있는가? 소셜 네트워크(트위터, 페이스북 등)는 어떤가? 그 사람들에게 그 경험을 물어보고 여러분에게 맞는 프로젝트를 추천해 줄 수 있는지 알아보라. 또 중요한 점 한 가지는 프로젝트에서 나쁜 경험을 한 적이 있는지 물어봐야 한다는 것이다. 해로운 커뮤니티나 기여하기 어려운 프로젝트에 대해 미리 배워 두는 게 그러한 사실을 나중에 힘들게 배우는 것보다 낫다. 소셜 미디어에 자신이 할 수 있는 일을 알릴 수도 있다. "FOSS 프로젝트에 기여하고 싶습니다. 제 기술들은... 제 도움이 필요한 프로젝트가 있을까요?" 이렇게 해서 좋은 효과가 나는 걸 봤다. 하지만 이런 방식으로 성공하는 건 여러분의 메시지가 어디까지 닿느냐에 달려 있다. 메시지가 알맞는 사람 앞에 도착하지 않는다면 도움이 될 만한 응답을 별로 받지 못할 것이다.

후보 프로젝트를 찾는 조사를 할 때 70쪽에 나온 것처럼 목록에 후보들을 그냥 추가하라. 아직은 그것들을 조사하거나 비교할 필요가 없다. 선택할 수 있는 사항들을 더 잘 알게 된 후 비교하는 편이 더 쉬울 것이다. 또한 검색 중에 반복해서 나타나는 프로젝트들이 있을 것이다. 자신의 요건에 맞는 걸 검색하는 동안 더 자주 마

주친다면 자신에게 잘 맞는 프로젝트일 가능성이 높다. 그렇더라
도 한두 시간 정도 투자해서 멋진 후보 프로젝트군을 모으고 세상
에 존재하는 FOSS 프로젝트 지형에 익숙해지도록 하라.

프로젝트 선택하기

지금까지 많은 작업을 했으니 다음 단계는 그리 오래 걸리지 않을
것이다. 자신이 기여할 프로젝트를 선택할 시간이다. 후보 프로젝
트를 적은 다트판에 다트를 던지는 옛날 방식으로 선택할 수도 있
지만, 자신이 만든 요건 목록과 프로젝트 목록을 비교하는 똑똑한
방식으로 할 수도 있다. 목록의 모든 요건을 충족하는 단 한 가지
프로젝트는 없을 것이다. 괜찮다. 몇 가지만 만족해도 자신의 목표
를 향해 나아갈 수 있다.

　요건 부합 여부가 후보 프로젝트를 선택하는 데서 중요한 부분
이기는 하지만 고려해야 할 점이 그것만은 아니다.

후보 프로젝트

- 잉크스케이프(Inkscape)
- 스크라이버스(Scribus)
- 블렌더
- 김프
- 크리타(Krita)
- 고닷(Godot)

- 트와인(Twine)
- ORX
- melonJS
- 에이스프라이트(Aseprite)
- 줄루루(Zuluru)
- 골든치타(GoldenCheetah)
- 소닉 파이(Sonic Pi)
- 히터미터(HeaterMeter)

기여하기 얼마나 쉬운지도 중요한 문제다. 어쨌든 여러분의 첫 번째 기여가 될 것이기 때문이다. 기여가 좀 더 간단한 프로젝트를 선택해서 성공 가능성을 높이는 게 어떨까? 자신에게 유리하도록 조정하는 거라고 느낄 수 있다. 맞다. 하지만 그렇다고 해서 잘못된건 아니다. 시작이 쉽다면 기여하는 과정을 계속하는 데 좀 더 동기부여가 될 것이다.

목록의 각 프로젝트를 살펴볼 때 문서부터 시작하자. 프로젝트에 CONTRIBUTING 파일이나 기여 과정을 사람들에게 안내하는 비슷한 문서가 있는가? 개발 환경 구성을 설명하는 풍부한 문서가 있는가? 프로젝트의 의사소통 경로가 문서로 작성되어 있고 의사소통이 활발한가(질문을 하고 대답을 하는 사람들이 있는가)? 그렇다면 시작하기에 좋은 프로젝트를 찾은 셈이다. 다음으로 프로젝트의 이슈 트래커를 보라. 자신이 해결할 수 있다고 생각하는 열린 버그나 기능이 있는가? 그런 버그나 기능에는 도움 필요Help Wanted, 초심자 전용First Timers Only, 신출내기용Newbie, 첫 번째 이슈로 적합Good

First Issue, 수월함Up For Grabs 같은 태그가 붙어 있거나 비슷한 플래그가 붙어 있어서 프로젝트에 갓 참여한 사람들 눈에 띄게 해 두었을 것이다.

프로젝트에서 태그나 플래그를 꼭 붙이지는 않는다. 건강한 커뮤니티가 지원하는 좋은 프로젝트가 많지만 앞 단락에서 말한 기준을 전부 충족시키지는 못한다. 그래도 그러한 기준 중 하나라도 실천한 프로젝트를 찾는다면 그렇지 못한 프로젝트에 기여하는 것보다 첫 기여 경험이 훨씬 즐거울 것이다.

기여하기 얼마나 쉬운지에 대해 목록에 있는 모든 프로젝트를 검토했다면 시작 프로젝트를 선택하기가 명확해질 것이다. 그렇지 않더라도 걱정하지 말자. 어떤 사람들에게는 각 프로젝트의 장단점을 명시적으로 나열한 다음 이런 식으로 분석하고 검토하는 게 더 도움이 된다. 결정을 하는 데 옳거나 잘못된 방법은 없다. 자신이 생각하기에 가장 좋은 것을 하라.

하지만 기억하자. 시작 프로젝트를 결정할 때 그 결정은 돌에 새기는 게 아니다. 바랐던 만큼 커뮤니티에서 자신을 환영하지 않을지도 모른다. 필요한 것을 프로젝트에서 얻지 못할 수도 있다. 그런 경우라면 기여를 그만두고 자신의 시간을 바칠 수 있는 또 다른 프로젝트를 찾아도 아무 문제없다. 하지만 주의할 게 있다. 그만두기 전에 자신에게 문제가 없는지 한번 생각해 보라. 기여하고자 하는 열의가 지나치게 커서 의사소통을 하거나 기여 과정을 이해하는 일을 잘하지 못했을지도 모른다. 프로젝트 커뮤니티에 피드백과 도움과 멘토링을 구하라(숟가락으로 떠먹여 주기를 기대하지는 말자). 피드백이나 도움이나 멘토링이 없거나 그런 것들이 프로젝트를 좀 더 편안하게 느끼는 데 도움이 되지 않는다면 주저하지 말고 자신에게 더 잘 맞는 프로젝트로 옮기자.

할 일 선택하기

프로젝트를 찾았다고? 축하한다! 첫 번째 기여를 시작할 준비가 됐나? 글쎄... 첫 번째 기여를 하기 전에 무엇을 해야 할지 파악해야 한다. 즉, 할 일을 정해야 한다.

여러분은 이미 무언가를 마음에 두고 있을지도 모른다. 문서에서 버그나 오자를 발견했을 수도 있고 빠져 있어서 추가하고 싶은 문서가 있을 수도 있다. 여러분을 한동안 성가시게 했는데 쉽게 재현할 수 있는 소프트웨어 버그를 찾았을 수도 있다. 업무 프로젝트로 어떤 라이브러리를 사용하고 있는데 개발을 계속하기 위해 라이브러리 API에 기능을 추가하고 싶을 수도 있다.

어떤 일이든 시작하기 전에 프로젝트 이슈 트래커를 검색해 해당 이슈가 이미 있는지 보자. 단지 열려 있거나 진행 중인 이슈로 검색을 제한하지 말라. 닫힌 이슈를 검색해 자신의 아이디어가 전에 제안됐는데 프로젝트에서 어떤 이유로 그 아이디어를 추진하지 않기로 했는지 확인하자.

자신의 아이디어가 이슈 트래커에 없다면 새 이슈를 열라. 이렇게 하는 데는 두 가지 목적이 있다. 첫째, 기여가 시작될 거라고 프로젝트에 알려 준다. 둘째, 이렇게 하면 프로젝트 담당자가 작업을 검토하고 프로젝트에서 필요로 하거나 원하는 것인지 확인할 수 있다. 기여를 하려고 많은 일을 했는데 나중에 프로젝트에 적합하지 않다는 사실을 알게 되면 낙담할 수 있으므로 시간을 들여 사전에 이슈를 작성하라.

마음에 둔 일이 아직 없다면 프로젝트 이슈 트래커가 좋은 정보원이다. 대부분의 프로젝트에 이슈 트래커가 있는데 프로젝트마다 다른 이름을 쓰고 있을 수도 있다. 버그 데이터베이스, 티케팅 시스템도 일반적으로 쓰이는 이름이다. 이러한 시스템은 대부분 이슈에 '태그'를 붙여서 이슈들을 더 쉽게 찾고 카테고리화하는 방법을 제공한다. 태그는 프로젝트마다 다르지만 어떤 프로젝트에서는 신입 기여자가 해결하기 적합한 특정 이슈를 표시하는 데 태그를 사용하기도 한다. 이러한 태그의 예로는 쉬움easy, 초보자용 버그starterbug, 신출내기용newbie, 도움 필요help wanted, 첫 번째 티켓으로 적합good first ticket 등이 있다. 프로젝트에서 신입 기여자에게 적합한 이슈에 태그를 단다면 대개 그 내용을 언급하고 무슨 태그를 봐야 하는지 기여 가이드에 적어 두므로 살펴봐야 한다. 프로젝트에서 이런 식으로 이슈에 태그를 달든 달지 않든 이슈를 검토하고 개인 기술과 경험을 고려해 달성할 만한 것을 선택하라.

적합한 작업을 찾을 때 '그냥 질문하기'의 힘을 절대 과소평가하지 말라. 프로젝트의 필요 사항과 의사소통 경로에 익숙해지기 위해 스스로 조사하라. 프로젝트마다 다르겠지만 가장 적합한 경로를 골라 여러분을 소개하라. 커뮤니티에 여러분이 누구인지 알리고 여러분이 신입이고 프로젝트를 기꺼이 도우려 함을 밝히고 자신의 기술에 대해 간단히 설명하면 프로젝트에서는 여러분의 현재 능력을 어느 정도 알 수 있을 것이다. 마음에 둔 이슈가 이미 있다면 어떤 것인지 프로젝트에 알리고 여러분이 그 일을 하기에 적합한

지 검증을 받으라. 이슈를 아직 고르지 못했다면 이슈를 지정해 줄 사람이 있는지, 이미 어떤 작업을 진행 중인 사람을 도울 수 있는지 질문하라. 이런 식으로 커뮤니티에 글을 쓸 때 인내심을 가지고 그들의 시간을 존중하라. 프로젝트 개발자들이 여러분에게 빨리 답장하지 못할 수도 있다. 사적으로 받아들이지 말라. 그 사람들도 자신만의 삶과 해야 할 일이 있고 시간대가 서로 다를 뿐이다.

작업들을 걸러 자신에게 잘 맞는 일을 찾았다면 작게 시작하기를 권한다. 맞다. 기여를 통해 이루고 싶은 목표가 있겠지만 FOSS 참여는 마라톤이지, 단거리 경주가 아니다. 특히 시작할 때 장기적 관점을 가지라. 작업을 작게 시작하면 큰 기능이나 까다로운 버그를 해결하려고 하는 것보다 빠른 보상과 더 나은 성공 가능성으로 이어진다. 이런 보상은 첫 번째 기여가 받아들여질 때 엔돌핀처럼 효과를 발휘하므로 기분이 좋아질 것이다. 더 크고 복잡한 일을 선택할수록 그러한 보상은 더 길게 지연되므로 작게 시작하라. 아기 걸음마도 걸음이고 목표를 향해 나아갈 수 있다.

마찬가지로 단순하고 반복적인 작업도 빨리 기여할 수 있을 뿐 아니라 커뮤니티에서 친구를 사귀고 사람들에게 영향을 미치는 데 도움이 된다. 중요하지만 덜 재미있는 일을 함으로써 경험 많은 커뮤니티 멤버들의 시간을 자유롭게 해 줄 뿐 아니라 여러분이 커뮤니티에서 자리를 잡고 도움을 주며 한 단계씩 더 중요한 일을 기꺼이 하려 한다는 걸 보여 줄 수 있다.

} 무엇이 '성공'인가?

이 장에서 반복해서 말한 것은 결국 "이 일을 해서 자신의 성공을 극대화하라" 또는 그 비슷한 말이다. 하지만 무엇이 '성공'인지는 정의하지 않았다.

여러분에게 무엇이 성공인지 내가 정의할 수는 없기 때문이다. 여러분만이 할 수 있다. 목표와 요건 없이는 여러분만의 필요에 맞는 선택을 했는지 제대로 알 수 없다. 그러한 목표와 요건은 매우 개인적인 것이다. 여러분의 목표는 내 목표와 다를 것이고 요건 역시 마찬가지고 성공 또한 그렇다. 그럼에도 기여 결과에 다음과 같은 몇 가지 일반적인 특징이 보인다면 성공으로 향하는 길에 있는지 아닌지 신호가 될 수 있다.

- 불편함을 최소로 해서 첫 번째 기여를 할 수 있다.
- 첫 번째 커뮤니티에서 환영받는다.
- 경험으로부터 배우고 성장한다.
- 다른 사람들이 기여하는 것을 도울 수 있다는 확신 또한 얻는다.

이 모든 특징이 당장 보이지는 않을 것이다. 예를 들어 몇 번 기여를 하고 그 과정에 좀 더 익숙해지기(최소한 그 프로젝트에서는) 전에는 다른 사람이 기여하는 걸 도울 수 있다는 확신이 생기지 않을지도 모른다. 첫 번째 기여를 하기 전에도 커뮤니티에서 환영받을 수 있다. 그러므로 앞서 말한 특징을 보지 못한다고 해서 걱정하지 말라. 조금만 기다리면 될 거다. 하지만 몇 달간 기여하려고 노력한 후에도 그러한 특징을 보지 못한다면 자신이 고른 프로젝트가 자신에게 맞는지 다시 생각해 보라. 풍차에 끝없이 달려든 돈키호테처럼 굴지 말라. 진전이 없다면 그 프로젝트는 제쳐 두고 프로젝트 선택에 필요한 내용을 다시 모아서 또 다른 프로젝트를 시도해도 괜찮다. 자신이 풍차 밑 어딘가에 나가떨어져 있다면 자신의 목표를 이루지 못한 것이므로 그 풍차에 달려드는 건 그만두라.

기여하기

이제 바로 기여를 시작하고 싶다는 생각이 들 수도 있다. 사람에 따라, 기여의 종류에 따라 그렇게 해도 성공할 수 있겠지만 대부분의 사람들은 보통 그렇게 하기가 그다지 쉽지 않다. 하지만 걱정하지 말라. 여러분도 할 수 있고 이 장 마지막에 이를 때쯤이면 성공적으로 기여하기 위해 무엇을 해야 할지 알게 될 것이다.

프로젝트에 첫 기여를 하는 일은 복잡하다. 프로젝트 문서가 부실하고 커뮤니티 의사소통이 잘되지 않고 여러분이 할 기여가 복잡하며 여유 시간과 자원이 부족하면, 첫 기여는 바라는 만큼 매끄럽게 되지 않을 것이다.

프로젝트에 기여를 제출하기 전에 이쯤에서 잠시 멈추고 기여 과정을 생각해 보는 게 좋겠다. 무턱대고 뛰어들지 말라. 기본적으로 FOSS 기여에는 크게 다섯 가지 부분이 있다.

1. 준비하기
2. 만들기
3. 테스트하기
4. 제출하기
5. 개정하기

이 과정의 각 단계를 살펴보자.

〉 기여 준비하기

첫 기여를 시작하기 전에 할 일이 많다. 미리 더 많이 준비할수록 기여가 잘 받아들여질 가능성이 높다. '준비하는 데 실패하면 실패를 준비하게 된다'는 말이 흔히 쓰이는 이유가 있다. 사실이기 때문이다. 기여에 착수하기 전에 투자한 시간은 나중에 기여 과정에서 큰 보상으로 돌아올 것이다.

이슈 트래커 검토하기

이전 장에 나온 대로 아직 하지 않았다면 시간을 들여 자신이 선택한 프로젝트의 이슈 또는 버그 트래커를 검토하라(이슈 트래커에 대한 좀 더 자세한 내용은 '4장 프로젝트 찾기'를 보라). 프로젝트에서 과거에 무엇을 했고 현재 무엇을 이루려고 하며 앞으로 무엇을 하려는지 배울 수 있을 뿐 아니라, 그만큼 중요한 내용인 무엇을 할 필요가 없다고 결정했는지 배울 수 있는 멋진 참고 자료다.

　　프로젝트에서 신입 기여자에게 적합한 이슈에 태그를 달았든 달지 않았든 프로젝트 이슈 트래커에서 열린 이슈를 검토하면 많은 기여 기회를 찾을 수 있다. 이슈를 훑어볼 때 어떤 식으로든 흥미를 끄는 걸 찾자. 과거에 자신을 괴롭힌 버그 보고가 있는가? 열렸는데 아직 아무 활동이 없는 이슈나 작업이 필요하다고 표시되어 있는데 누구에게도 맡겨지지 않았고 아무도 나서지 않는 이슈가 있을지도 모른다. 아무도 할 시간이 없는 작업을 고르는 건 커뮤니티에 자신의 이름을 알리는 훌륭한 방법이다.

환경 구성

기여물을 만들고 테스트하려면 대개 일정한 테스트 환경을 구성해야 한다. 프로젝트에 이 방법을 설명한 문서가 있는 경우도 있다. 프로젝트 자체를 설치하는 단계가 나와 있는 문서만 있을 때도 있다. 그렇더라도 자신의 기여가 실제로 동작하는지, 예상 또는 의도대로 되는지 검증할 방법이 필요하다.

아주 드물기는 한데, 이상적인 테스트 환경이 들어 있는 컨테이너나 가상 머신 이미지를 제공하는 프로젝트를 찾을 수도 있다. 하지만 이는 매우 드문 경우다. 그러한 이미지를 유지 보수하려면 시간과 노력이 많이 필요한데 시간과 노력은 대부분의 프로젝트에서 매우 부족한 두 가지다.

프로젝트에서 테스트 환경을 구성하거나 소프트웨어를 설치하는 단계를 설명한 문서를 제공하지 않는다면 커뮤니티에 도움을 구하라. 이 단계가 불명확해서 그럴 수 있다. 프로젝트에 이를 설명하는 문서가 없다면 테스트 환경을 구성하면서 그 과정을 기록하라. 다하면 이 기록을 문서로 만들라(프로젝트에 첫 기여가 될 수 있다). 여러분의 노력이 그때부터 모든 사람에게 도움이 될 것이다.

이 테스트 환경은 코드나 기술 문서를 작성하는 기여에만 적용되는 게 아니다. 프로젝트 웹 사이트, 사용자 인터페이스, 번역 수행 등을 돕고 있다면 커뮤니티에 공유하기 전에 변경 사항을 테스트해야 한다. 특정 기여 종류에 따라 어떤 테스트 환경이 필요한지 파악하고, 기여물을 만들려는 노력을 하기 전에 잘되는지 확인해야 한다.

텍스트 편집기

대부분의 FOSS 기여에서 주력 도구는 텍스트 편집기다. 좋은 텍스트 편집기가 없으면 기여하기가 매우 어렵다. 간단한 것 같지만 소프트웨어를 개발할 때 어떤 텍스트 편집기를 쓰느냐가 큰 차이로 나타나기도 한다.

vi~vim~와 이맥스~emacs~가 FOSS 개발의 양대 텍스트 편집기다. 둘 다 유서 깊고 각 편집기 사용자 간에 종교에 가까운 경쟁이 생길 정도로 사랑받고 있다. 둘 다 배우기 까다롭다는 평을 듣는다. 두 편집기에 어느 정도 익숙해지기를 권하지만 FOSS 프로젝트에 기여하려고 배울 필요는 없다. 다른 텍스트 편집기들도 좋다.

세상에는 서로 다른 수많은 텍스트 편집기가 있지만 모두가 소프트웨어 개발에 적합하지는 않다. 예를 들어 마이크로소프트 워드~Microsoft Word~나 마이크로소프트 메모장~Microsoft Notepad~으로 텍스트를 편집할 수는 있으나 둘 다 소프트웨어 개발에 적합한 편집기는 아니다. 이 프로그램들의 텍스트 출력에는 다른 많은 프로그램에서 읽을 수 없는 코드나 문서를 만드는 제어 문자가 들어 있다. 줄 바꿈 방식(캐리지 리턴)도 여타 프로그램과 달라서 많은 문제를 일으킨다.

소프트웨어 개발에 적합한 텍스트 편집기는 유니코드와 아스키 문자 외에는 출력하지 않는다. 운영 체제에 따라 사용할 수 있는 편집기가 다르지만 유명한 것으로는 노트패드++Notepad++[1], 서브라임 텍스트Sublime Text[2], 아톰Atom[3], 케이트Kate[4], 기니Geany[5]가 있다. 윈도우 시스템에서 개발한다면 워드패드WordPad도 코드나 문서 같은 대부분의 텍스트 기반 기여에 쓸 수 있다.

FOSS 세계에서 텍스트 편집기에 대한 이야기가 많은데 비주얼 스튜디오 코드[6], Xcode[7], 이클립스Eclipse[8] 같은 통합 개발 환경integrated development environment, IDE을 사용해도 되는지 궁금할 것이다. 답은 '된다'이다. 통합 개발 환경을 사용해 FOSS에 기여할 수 있다. 최종 산출물이 프로젝트 스타일 가이드와 기준에 맞는지만 확인하면 된다. 결론은 자신이 사용할 수 있고 필요한 결과를 낼 수 있는 도구가 가장 좋은 도구라는 것이다. 다른 사람 말을 꼭 따를 필요는 없다. 친애하는 독자 여러분, 자기가 좋아하는 걸 쓰자.

이슈 선별

이슈를 해결하기 위해 바로 뛰어들어 작업하기 전에 잠시 멈춰서 먼저 이슈를 선별하라. 응급 현장에서는 부상이 얼마나 심각한지 검토해 부상자를 분류한다. 기술 현장에서는 문제를 이해하고 있는지, 재현할 수 있는지, 다른 데서 이미 고치지 않았는지 확인하기 위해 이슈를 검토한다. 많은 프로젝트에서 하는 이슈 선별에는 이슈 수정에 대한 우선순위를 정하는 것도 포함되지만 신입 기여자가 그걸 판단하기는 대개 불가능하다. 경험이 좀 더 많은 기여자가 보는 것만큼 큰 그림을 보지 못하기 때문이다. '6장 코드 작성 이외의 기여도 중요하다'에서 버그를 선별하는 법을 좀 더 자세히 배울 것이다.

이슈 선별은 처음에는 시간이 걸리지만 이슈를 수정하는 동안 더 많은 시간을 절약해 준다. 이슈를 선별하면 자신이 선택한 이슈가 여전히 이슈인지 확인할 수 있다. 이 문제를 또 다른 커밋으로 해결했거나 이슈 자체가 오래된 것일 수도 있다. 이슈를 선별하면 이슈를 재현할 수 있는지 확인할 수 있을 뿐 아니라 수정에 필요한 요구 사항을 완전히 이해할 수 있다. 요구 사항을 이해하면 좀 더 효율적이고 효과적으로 수정할 수 있고 좀 더 매끄럽게 기여 과정을 밟을 수 있다.

이슈를 선별하려면 어떤 식으로든 그것을 재현하거나 검사할 수 있어야 한다. 그러기 위해서는 방금 구성한 새 테스트 환경을 사용해야 한다. 문제를 재현하거나 문제 자체를 어떤 관점에서 봐야 할지 힌트를 얻으려면 이슈를 검토하라. 문제를 재현할 수 있다면 무슨 일이 일어나고 있는지, 문제를 풀기 위해 어디부터 봐야 할지 이해할 가능성이 더 높아진다.

이슈를 선별하면서 발견한 모든 내용을 문서로 작성하라. 이슈를 재현한 단계, 보리라고 예상했던 것, 실제로 본 것, 이슈에 나열되지 않은 추가 요구 사항(기술적 또는 기타)을 문서로 쓰라. 이 내용을 이슈 자체에 공개 메모로 추가하라. 이슈가 실험 공책이고 여러분이 뭔가를 발견하려는 과학자라고 생각하라. 모든 내용을 문서로 작성하면 이슈를 고치는 데 많은 시간을 투자하기 전에 다른 커뮤니티 멤버들이 여러분의 작업을 확인하고, 필요하다면 지침을 제공할 수 있다. 선별 메모를 문서로 만들면 이슈를 보는 다음 사람들에게도 도움이 된다. 여러분이 선별한 이슈가 여러분의 현재 기술 또는 관심 수준으로는 고칠 수 없는 것이라면 그 이슈를 작업하는 다른 사람이 좀 더 빨리 그 일을 진행하려고 할 수 있다.

문서 읽기(또는 쓰기)

이슈를 작업할 때는 프로젝트의 작업 흐름을 따라야 한다. 작업 흐름이 문서로 작성되어 있을 수도 있지만(CONTRIBUTING 파일이나 어딘가에) 문서화되지 않은 지식인 경우도 있다. 이런 경우라면 이슈를 다루면서 서툰 실수를 하기 전에 커뮤니티 멤버에게 조언이나 지침을 구하라. 조언이나 지침을 얻었다면 나중을 위해 글로 쓰라. 이렇게 중요한 문서는 미래 기여자에게 도움이 될 뿐 아니라 여러분이 프로젝트에 한 첫 번째 기여가 될 수 있다.

〉기여물 만들기

여러분이 할 기여가 프로젝트에 필요한지 아닌지 알았다면 그것을 만들 준비가 된 것이다.

　구체적인 방법은 기여 종류, 이를테면 문서, 사용자 경험, 디자인, 코드 등에 따라 다르다. 각 기여 종류에 따라 고유한 과정이 분명히 있다.

　과정이 어떻든 간에 시작하기 전에 프로젝트에서 가이드라인을 이미 만들었는지 두 번 확인하라. '3장 기여 준비하기'에서 다뤘듯이 많은 프로젝트에서 스타일 가이드와 기여자 설명서를 제공한다. 예를 들어 코드를 기여하는 경우라면 프로젝트에서 코드에 단위 테스트와 통합 테스트를 포함하라고 요구하거나 특정 린터linter, '부록. 용어 해설' 참고 규칙을 통과해야 한다고 요구할 수도 있다. 문서라면 프로젝트에서 AP[9]나 IBM에서 쓰는 것 같은 문서 작성 스타일 가이드를 따르고 있거나 특정 지역 통용어(예를 들어 미국 영어 대신 영국 영어)로 문서를 쓰라고 요구할지도 모른다. 웹 사이트나 그래픽 디자인에 기여할 때는 프로젝트 브랜딩 가이드나 접근성 스타일 가이드[10]를 지켜야 할 것이다. 작업을 너무 많이 진행하기 전에 기여 가이드라인을 거듭 확인하라. 그렇게 하면 나중에 많은 시간을 절약할 수 있다.

골칫거리

FOSS 세계에서 많은 시간을 보내지 않았다면 중요하다고 생각하지 않은 몇몇 주제에 대해서는 잘 모를 것이다. 하지만 그러한 주제들은 역사적이고 사회적인 여러 이유 때문에 매우 중요하다. 그러한 두 가지 주제가 있는데 스페이스 대 탭 그리고 탭 크기다.

스페이스, 탭, 탭 크기

코드를 들어 쓸 때 탭 문자를 쓸지, 스페이스 문자를 쓸지를 두고 벌어지는 논란은 신입 기여자의 허를 찌르고는 한다.

스페이스 문자 하나는 모든 화면과 텍스트 편집기와 플랫폼에서 거의 같게 보인다.

그런데 탭 문자 하나는 텍스트 편집기마다 서로 다르게 해석하고 표시한다. 탭을 스페이스 여덟 개로 보여 주는 편집기가 있는가 하면, 네 개로 보여 주는 편집기도 있다. 대부분의 괜찮은 편집기는 탭 문자를 표시할 때 스페이스를 몇 칸 쓸지 사용자가 정의할 수 있게 되어 있는데 이를 '탭 크기 설정'이라고도 한다. 몇몇 텍스트 편집기는 사용자가 탭 문자를 입력하면 사용자 환경 설정에 따라 스페이스 문자로 대체한다.

이 문제가 왜 그렇게 중요할까?

모든 편집기와 플랫폼에서 일관되게 보이는 것을 중시하는 프로젝트가 많다. 윈도우에서 편집한 파일이 리눅스에서 편집할 때도 비슷하게 보이면 도움이 된다. 이렇게 되면 파일을 편집할 때 놀라지 않을 수 있고, 정보를 찾을 때 화면에서 어디를 봐야 하는지 배울 수 있다. 또 내용 일관성을 위해 린터나 스타일 가이드가 하는 것과 같은 방식으로 시각적 일관성이 보장된다. 이러한 일관성을 선호하는 프로젝트에서는 코드 등을 기여할 때 들여쓰기에 스페이스를 사용하도록 지시한다. 또한 선호하는 탭 크기 또는 들여쓰기 칸 수(대개 스페이스 네 칸인데 두 칸이나 여덟 칸도 가끔 볼 수 있다. 그 외 다른 칸 수를 사용하는 사람들은 괴물처럼 보일지도 모른다)를 지시한다.

기여자가 화면 표시 모양을 제어할 수 있게 허용하는 프로젝트들도 있다. 예를 들어 편집기 창 크기를 다소 작게 해 놓고 작업하는 기여자들은 탭 크기를 스페이스 두 칸으로 설정할 수 있고, 들여쓰기 단계 사이에 시각적 차이를 크게 하고 싶은 기여자들은 탭 크기를 스페이스 네 칸이나 여덟 칸으로 설정할 수 있다. 이러한 시각적 유연성을 선호하는 프로젝트에서는 들여쓰기에 스페이스 대신 탭을 사용하도록 기여자들에게 지시한다.

마지막으로 빈칸whitespace이 중요한 파이썬[11] 같은 프로그래밍 언어를 사용하는 프로젝트들도 있다. 이러한 언어에서 들여쓰기를 한다면 그 들여쓰기가 프로그램에 영향을 미친다. 자신의 들여쓰기가 다른 사람들의 들여쓰기와 크기가 다르면 큰 혼란이 야기될 수 있다. 탭, 스페이스, 빈칸에 주의를 기울이는 것은 이러한 프로그래밍 언어를 사용하는 프로젝트에서 대단히 중요하다.

스페이스와 탭을 두고 저마다 자신만의 선호가 있겠지만 기여할 때는 프로젝트에서 정의한 대로 하는 게 유일한 옳은 방법이다. 프로젝트의 선호가 자신과 맞지 않더라도 항상 프로젝트 규칙을 존중하고 따라야 한다. 기여하는 프로젝트에서 스페이스나 탭 중 하나를 선호한다면 그 선호를 따르라. 그렇지 않으면 프로젝트 커뮤니티에 불쾌감을 주거나 기여가 거부될 위험이 있다. 프로젝트에서 어떤 선호를 표시하지 않았다면 기여를 시작하기 전에 커뮤니티에 물어보라. 아무것도 없다면 스페이스 네 칸을 탭 크기로 설정하는 게 흔히 쓰는 들여쓰기 기본값이다.

⟩ 복제와 브랜치

어떤 기여에서든지 첫 단계는 저장소repository 또는 repo에서 소스를 가져와 로컬 사본을 만드는 것이다. 깃 용어로는 이 로컬 사본을 clone이라고 하는데 몇몇 호스팅 서비스에서는 fork라는 용어를 사

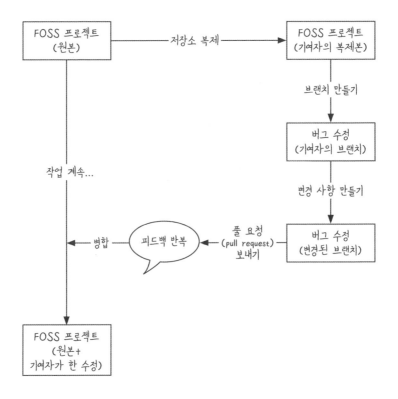

용한다. 깃을 이용한 기여 과정에서 두 낱말은 같은 단계를 가리키지만 FOSS 맥락[12]에서는 의미가 서로 다르다(294쪽 '포크' 참고).

저장소를 복제한 후 다음 단계는 브랜치를 만드는 것이다. 브랜치를 만들 때 브랜치에 이름을 붙이는데 비유하자면 저장소에 깃발을 꽂고 "지금부터 이 이름이 붙은 브랜치에서는 내 마음대로 하겠다"라고 말하는 것이라 할 수 있다. 이 브랜치에 계속 머무르면 여러분의 작업은 다른 모든 브랜치로부터 격리될 것이다. 이렇게 되면 동시에 여러 브랜치를 만들어서 여러 이슈를 작업할 수 있는데 가장 중요한 점은 원하지 않는 변경 사항을 공유하지 않아도 된다는 것이다. 내부적으로 브랜치는 특정 깃 커밋을 가리키는 이름이 붙은 포인터일 뿐이지만 원한다면 나중에 세부 사항을 볼 수도 있다[13]. 브랜치는 그저 포인터이지, 저장소 사본이 아니라는 점이 중요하다. 따라서 깃에서 브랜치는 쉽게 빨리 거저 만들고 없앨 수 있다. 브랜치를 쉽게 다룰 수 있다는 점이 서브버전이나 CVS 같은 초기 버전 관리 시스템에 비해 깃이 지니는 큰 장점 중 하나다.

이 시점에서 흔히 저지르는 실수는(나도 과거에 저질러 본 적이 있다) 저장소의 새로운 사본에 직접 변경 사항을 만들고 작업하기 시작하는 것이다. 괜찮아 보일지 모르지만 그렇게 하기보다는 저장소 사본에 새 브랜치를 만들어서 이 브랜치에서 작업하는 게 가장 좋다. 이런 브랜치를 기능feature 또는 토픽topic 브랜치라고 부른다. 기능 브랜치는 단지 저장소 브랜치로 한 번에 한 가지 기능을 작업하는 곳이다. 예를 들어 이슈를 작업하고 있다면 이 이슈를 고치기 위한 브랜치를 만들면 된다. 이슈가 다 처리되고 풀 요청pull request이 받아들여지면 기능 브랜치는 더 이상 필요하지 않다. 이런 브랜치는 지우면 된다.

다음은 이 책의 이번 장을 쓰려고 새 브랜치를 만든 예다.

```
Pliny:Book brasseur$ git checkout -b makeacontribution
Switched to a new branch 'makeacontribution'
```

이런 식으로 하면 저장소를 뒤죽박죽 망치지 않고 한번에 여러 가지 기능이나 토픽을 작업할 수 있다. 이렇게 함으로써 관심을 엄격하게 분리하여 불필요하거나 프로토타입 성격을 지닌 작업을 커밋하는 걸 방지할 수 있다. 또한 병합하기 전에 풀 요청을 약간 변경해야 할 때 업데이트를 더 쉽게 할 수 있다. 풀 요청 기능 브랜치에 그냥 커밋해서 새로운 변경 사항을 푸시하면 자동으로 요청에 적용된다. 깔끔하고 효율적인 과정이다.

이렇게 하는 게 FOSS 프로젝트 저장소에 기여하는 가장 일반적인 접근 방식이지만 유일한 방식은 아니다. 브랜치 복제를 시작하기 전에 항상 프로젝트 CONTRIBUTING 파일에 나온 과정을 확인하자.

〉원자적 커밋

자, 기여 작업을 시작해 보자. 기여할 때는 오래된 격언을 따르는 게 좋다. 바로 "일찍 자주 커밋하라"다. 범위가 한정된 커밋 또는 원자적 커밋이 더 안전한 커밋이다. 원자적 커밋을 하면 무엇을 바꿨는지 쉽게 알 수 있다. 커밋 범위가 한 가지(대개 작은) 토픽, 기능, 버그 수정으로 한정되기 때문이다. 이렇게 하면 불필요한 변경 사항을 기여하는 위험을 줄일 수 있다. 원자적 커밋은 나중에 검토하기도 더 쉽고 뭔가 잘못됐을 때 취소하기도 더 쉽다. 원자적 커밋은 가능한 한 프로젝트의 작은 부분에 영향을 끼치도록 만들어야 변경에 따른 잠재적 파급 효과를 줄일 수 있다.

비유하자면 이렇다. 완전한 기여를 에세이라고 하자. 에세이는 서로 다른 단락으로 구성되고 각 단락은 하나의 완전한 생각을 담고 있지만 다른 단락들과 이어지는 문맥이 있어야 에세이의 전체적인 목적을 충족시킬 수 있다. 한 단락에 한 가지 생각을 담듯이 한 가지 작업을 끝낼 때마다 저장소에 커밋하라. 기여를 완료하는 데 몇 가지 단계(변수 이름 변경, 중복 코드를 뽑아서 새 함수로 만들기, 새 함수를 정확한 위치에서 호출하기)를 거쳐야 한다면 각 단계가 별도의 작은 커밋이어야 한다. 커밋만 몇 번 하고 기여를 완성하지 못할 수도 있다. 그래도 괜찮다. 저장소에 저장하려고 기여를 완성할 때까지 기다리다가 모든 작업을 잃어버리는 위험을 감수하기보다는 한 번에 하나씩 커밋하는 편이 더 낫다. 몇몇 프로젝트에서는 버전 관리 소프트웨어의 스쿼시squash 또는 리베이스rebase 기능으로 작은 커밋을 전부 통합해서 하나의 큰 원자적 커밋으로 만들라고 요청하기도 한다. 그러므로 기여를 프로젝트에 제출하기 전에 CONTRIBUTING 파일을 꼭 읽도록 하자.

코드 이외의 기여에 버전 관리 사용하기

"그런데 기여가 코드가 아니라면 어떻게 하죠? 그래도 버전 관리 시스템을 신경 써야 하나요?"라는 질문을 받기도 한다.

아주 좋은 질문이다. 답은 아마도 이미 짐작했겠지만 "그렇디"이다.

프로젝트에 따라 코드 이외의 기여는 버전 관리 시스템에서 유지 보수하지 않기도 한다. 예를 들어 문서는 위키에, 디자인은 공유 드라이브 시스템에 올려 둘 수도 있다. FOSS뿐 아니라 사유 소프트웨어 개발에서도 흔히 쓰는 깃, 서브버전, 머큐리얼Mercurial 또는 여타 버전 관리 시스템을 쓸 필요가 없을 수도 있다.

하지만 프로젝트에서 모든 관련 파일을 한 저장소에서 유지 보수하는 게 얼마나 도움이 되는지 생각해 보면 기여가 코드가 아니더라도 버전 관리 시스템에 제출해야 한다. 문서, 테스트 계획, 디자인, 다른 모든 디지털 자원은 버전 관리 시스템을 이용해 저장하고 공유할 수 있다. 개인 집필이나 디자인 프로젝트에도 버전 관리 시스템을 사용할 수 있다. 그렇게 하면 중요한 파일을 외부에 백업할 수 있을 뿐 아니라 새-로고-최종-최종2-최종수정-최종승인-정말최종완료.ai 따위의 괴물 같은 파일 이름을 쓰지 않아도 된다. 파일 이름을 바꾸는 대신 그냥 버전 관리 시스템에 커밋하면 된다. 나중에 필요할 때 이전 버전들에 전부 접근할 수 있다.

프로젝트에서 코드 이외의 기여에 버전 관리 시스템을 쓰지 않아도 버전 관리 시스템을 배워 두면 도움이 된다. 대부분의 프로젝트에서 커뮤니티 주요 멤버는 프로그래머다. 버전 관리 시스템 용어와 사용법을 공부하면 프로그래머들과 공감대를 쌓을 수 있어서 프로젝트에서 프로그래머들과 의사소통하기 더 쉬워지고 전반적인 소프트웨어 개발 과정을 이해하기도 좋다. 특히 사무실에서 프로그래머들과 일하는 경력을 쌓는다면 도움이 된다.

코드 이외의 기여를 위해 버전 관리 시스템 사용법의 세부 내용까지 공부할 필요는 없지만 최소한 기초라도 공부하면 좀 더 쓸모 있는 기여자와 커뮤니티 멤버가 될 수 있을 것이다.

⟩ 기여 테스트하기

기여물을 만들 때 잘되는지 확인하기 위해 꼭 테스트해 봐야 한다 (자기 생각에는 다 잘될 것 같지만 꼭 그렇지는 않다). 테스트의 필요성에 대해 가볍게 생각하는 사람도 있겠지만 매우 숙련되고 경험이 많은 기여자들도 실수를 저지른지 모르고 자신의 기여가 잘될 것이라고 생각하다가 기여를 제출한 후 그 기여가 불완전하거나 완전히 잘못되었음을 알게 되기도 한다. 테스트를 하면 처음에는 시간이 들지만 나중에는 시간이 절약된다. 테스트는 기여 개발 과정 내내 계속해야 하는데 기여를 프로젝트에 제출하기 전에 특히 중요하다.

기여 종류에 상관없이 프로젝트의 해당 버전에 대해 테스트해서 예상대로 되는지 확인해야 한다. 기여가 코드라면 단위·통합 테스트뿐 아니라 수동 테스트도 직접 해야 한다. 기여가 문서 또는 다른 종류라면 여러분이 만든 변경 사항이 공식 문서 저장소나 웹 사이트 또는 다른 곳에 나타나는지 테스트해야 한다. 어찌 됐든 문제없다고 가정하지 말라. 작은 변경이라도 시간을 들여 그 변경이 정확한지뿐 아니라 무언가를 망가뜨리지 않았는지도 확인하라.

많은 프로젝트에서 트래비스$_{Travis}$[14]나 CircleCI[15] 같은 지속적 통합·배포 서비스를 제공한다. 이 서비스는 제출한 기여가 프로젝트 표준을 충족하는지 확인하기 위해 단위·통합 테스트, 린터, 여타 테스트를 실시한다. 자신이 선택한 프로젝트가 그런 서비스를 사용한다면 그 결과에 항상 주의를 기울이라.

그런데 여러분의 기여가 지속적 통합·배포 과정에서 실패(이를테면 빌드가 깨진다든지)해도 괜찮다. 사실 좋은 소식이다! 기여에 문제가 있는데 병합되지 않았으므로 아무 해도 끼치지 않은 것이다. 그 과정에서 기여를 수정하고 개선할 기회가 생긴 것이다. 여러분의 기여가 어떤 식으로 빌드를 깨뜨리는지 검토하면서 프로젝트에 대해 많이 배울 수 있다.

여러분의 실수를 보고 다른 사람이 배울 수 있도록 빌드 에러와 빌드 에러를 일으키는 것들을 문서로 기록해 보자. 그렇게 하면 여러분 다음에 참여하는 신입 기여자에게 큰 도움이 될 것이다.

diff 만들기

기여를 제출하기 전에 항상 diff를 실행하라. diff는 오래됐지만 매우 유용한 유틸리티로, 대부분의 버전 관리 시스템과 통합 개발 환경의 일부로 탑재되어 있다. 이 유틸리티는 두 파일 간의 차이점을 보여 준다. 버전 관리의 경우, 현재 저장소에 있는 파일과 가장 최근에 커밋한 파일 간의 차이점을 보여 준다. 자신의 저장소 또는 브랜치와 다른 저장소, 브랜치, 커밋 간의 차이점을 보는 것도 비교적 쉽다. 그 덕분에 자신의 브랜치가 다른 브랜치(자신의 컴퓨터에 있지 않은 브랜치라도)와 얼마나 다른지 정확히 알 수 있어서 자신의 기여를 완성하는 데 필요한 변경 사항만 만들었는지 확인할 수 있다.

모든 버전 관리 시스템과 대부분의 통합 개발 환경에서 몇 가지 diff 기능을 찾을 수 있다. 또 많은 운영 체제에서 diff 유틸리티를 제공한다. diff 유틸리티 문서를 보고 어떤 옵션이 있는지, 어떻게 사용하는지 알아보라.

깃 버전 관리 시스템에서 diff가 어떻게 보이는지 예를 하나 보여 주겠다. 이 diff에서 나는 용어 해설(이 책 마지막에 들어 있다)이 빌드에 포함되도록 설정을 변경했다.

```
Pliny:Book brasseur$ git diff ffcb48d e590486 jargon.pml
diff --git a/Book/jargon.pml b/Book/jargon.pml
index d0d452c..9a6ae33 100644
```

```
--- a/Book/jargon.pml
+++ b/Book/jargon.pml
@@ -1,6 +1,6 @@
 <?xml version="1.0" encoding="UTF-8"?>
 <!-- -*- markdown -*- -->
 <!DOCTYPE appendix SYSTEM "local/xml/markup.dtd">
-<appendix stubout="yes">
+<appendix stubout="no">
     <title>Glossary</title>
 <markdown>
```

뭔가 꽤 많아 보이는데 익숙해지면 diff를 읽는 건 꽤 쉽다. 앞의 예에서 나는 커밋 해시를 이용해 파일의 두 버전 간 차이점을 보여 달라고 깃에 명령했다git diff ffcb48d e590486. 이 커밋에는 다른 파일들이 들어 있었고 나는 용어 해설 파일의 변경 사항만 보고 싶었기 때문에 diff 명령에 파일 이름jargon.pml을 집어넣었다. diff는 파일의 두 버전 간에 변경된 행들을 보여 준다. 첫 번째 버전ffcb48d의 행이 두 번째 버전e590486에서 바뀌었음을 나타낼 때는 - 문자가 맨 앞에 붙는다. 두 번째 버전에서 어떻게 바뀌고 무엇이 추가됐는지 보여 줄 때는 + 문자가 맨 앞에 붙는다. 대개 -와 + 문자로 시작하는 행 앞뒤로 바뀌지 않은 행들이 표시되므로 문맥을 살펴볼 수 있다.

diff를 실행하면 더 많은 일이 일어나지만 +/-로 시작하는 행이 가장 중요한 부분이다. diff 명령어에 옵션을 붙여서 변경 사항을 다르게 표시할 수도 있는데[16] 지금 설명한 내용이 diff의 요점이고 이것만 알아도 기여를 시작할 수 있다.

기여 제출하기

'세계 최고의 수정 사항'을 만들었다고 하자. 그런데 실제로 프로젝트에 제출하지 않는다면 기여가 이뤄지지 않는다. 그렇다면 기여는 어떻게 제출할 수 있을까?

기여 제출 과정은 기여 종류(문서, 디자인, 코드, 아니면 또 다른 종류)와 기여하기로 선택한 프로젝트의 요구 사항과 제약에 따라 달라진다.

문서 읽기

프로젝트마다 선호하는 기여 작업 흐름이 다르므로 기여를 제출하기 전에 CONTRIBUTING 파일을 확인하는 걸 잊지 말자('3장 기여 준비하기' 참고). 이 파일에는 프로젝트에 기여를 제출하는 방법에 관한 지시가 들어 있다. 없다면 커뮤니티에 지시나 지침을 알려달라고 요청하라. 과정이 어떻게 돌아가는지 배우면 여러분 다음에 프로젝트에 참여하려는 사람들에게 도움이 될 수 있도록 CON-TRIBUTING 파일을 업데이트해 그 지식을 커뮤니티와 공유하라.

다행히도 FOSS 세계에서는 깃 버전 관리 시스템이 가장 일반적인 기여 제출 방법이다. 비트버킷, 깃랩 그리고 특히 깃허브는 오픈소스 저장소 호스팅 세계에서 널리 보급되어 있다. 각각은 깃을 지원하고 쉽게 기여할 수 있도록 개발자들에게 편의를 제공한다. 다른 호스팅 서비스도 있지만 이 세 서비스에서 주요 프로젝트를 압도적으로 많이 찾을 수 있다. 이로 인해 코드나 다른 기여 과정이 어느 정도 표준화되어 있다. 앞서 "프로젝트마다 다르다"라고는 했지만 어느 정도 표준화되어 있다니 다행이지 않은가?

풀 요청에 대한 간단한 소개

이러한 서비스들에 기여를 제출하는 주 메커니즘을 풀 요청pull request 이라고 한다. 어떤 서비스에서는 병합 요청merge request이라고 부르는 데 비슷한 과정을 가리킨다. 이 책에서는 '풀 요청(또는 PR)'이라고 쓰겠다. 사람들이 자주 쓰기 때문이다.

'풀 요청'이란 용어는 깃 명령어 request-pull에서 비롯됐으며 깃 허브에서 현재와 같은 형태로 대중화됐다. 분산 버전 관리 시스템인 깃에서 사람들은 저마다 자신만의 저장소 사본을 가지고 있고 각 사본은 다른 사본의 원본이 될 수 있다. 이러한 저장소 중 하나가 정본canonical version으로 간주된다. 정본 저장소는 깃 문서에서 origin 또는 master라고 부르기도 한다(좀 더 세분해 설명하자면 origin은 원격 저장소의 기본 이름으로, master는 기본 브랜치의 이름으로 사용된다). 여러분 저장소의 변경 사항을 정본에 포함되도록 하려면 담당자에게 여러분의 변경 사항을 정본 저장소로 가져가 pull 달라고 요청request해야 한다.

풀 요청 과정은 문서로 잘 작성되어 있다[17]. 그러므로 이 책에서 자세히 다루지는 않겠지만 잠시 시간을 들여 개요를 알려 주는 것도 가치 있으리라 생각한다. 여러분이 기여를 제출해야 할 때 무엇을 예상해야 하는지 파악하는 데 도움이 될 것이다.

기여 과정 도표를 기억하는가? 기억이 안 나도 괜찮다. 89쪽을 다시 보면 된다. 다음에 나오는 설명을 읽으면서 도표를 참고하면 도움이 될 것이다.

왼쪽 상단 원본에서 시작해서 시계 방향으로 진행한다. 저장소를 복제하고 기능 브랜치를 만들고 그런 다음 기여를 위해 필요한 변경을 한다. 여러분이 기여 작업을 하는 동안 다른 사람들이 계속 다른 변경 사항을 원본에 제출하고 병합하면서 프로젝트를 발전시켜 갈 것이다. 풀 요청을 제출하면 커뮤니티 멤버들과 피드백을 주고받으며 기여를 다듬게 된다. 커뮤니티 멤버들과 협업을 해서 마지막으로 다듬는 걸 마치면 담당자가 여러분의 기여를 프로젝트에 병합(풀)할 것이다.

풀 요청하기

이제 원 저장소에 풀 요청을 할 준비가 됐다. 실제 풀 요청 단계는 도구나 저장소 제공자에 따라 다르므로 시작하기 전에 설명을 꼭 읽어야 한다. 어느 서비스를 쓰든지 풀 요청 과정에는 커밋 메시지가 요구된다. 크리스 빔스_{Chris Beams}가 좋은 커밋 메시지를 작성하는 방법뿐 아니라 커밋 메시지가 중요한 이유를 자세히 설명한 멋진 글[18]을 썼다. 내가 주요 내용을 일부 요약해 주겠지만 한번 읽어 보기를 권한다.

개별 단계는 다를 수 있지만 각 과정에서 제목뿐 아니라 설명을 요구한다. 자세하게 적자. "몇 가지 고침"이라고 제목을 달고 설명을 비워 두면 아무에게도 도움이 되지 않는다. 검토자들이 가능한 한 이해하기 쉽도록 풀 요청을 해야 한다. 제목은 짧아야 하고(영어를 쓴다면 50글자 내외) 기여 내용과 의도를 요약해야 한다. 설명은 필요한 만큼 자세히 써야 한다. 말을 아끼지 말라. 설명에는 여러분이 무엇을 바꿨는지뿐 아니라 왜 바꿨는지에 대한 내용도 포함되어야 한다. 이슈를 작업하고 있다면 설명에 이슈 번호를 참고할 수 있도록 넣자. 이슈 번호 앞에 해시 태그를 쓴다면(#42) 많은 이슈 트래킹 시스템이 자동으로 이슈를 풀 요청과 연결해 줄 것이다. 이렇게 하면 기여자와 검토자에게 똑같이 편하다.

다음은 이 책 저장소에 수정 사항을 풀 요청한 예다.

> 제목:
> 빌드에 용어 해설 파일 추가
>
> 설명:
> 베타 단계에 있었고 베타 발표 때마다 한 장씩 공개했기 때문에 용어 해설 파일을 주석 처리했었다.
> 다른 모든 장을 공개할 시점에 마침내 다다랐으므로 용어 해설 파일을 빌드에 포함시켜 공개할 때가 됐다.
> 그에 따라 stubout 값을 바꿨다.
>
> 이슈 #42 해결

실제로 풀 요청을 제출하기 전에 기여 가이드라인을 한 번 더 점검해서 프로젝트에서 선호하는 방식으로 풀 요청을 만들어 제출하는지 확인하라. 예를 들어 기여를 위한 모든 커밋을 커밋 하나로 스퀴시[19]하는 걸 선호하는 프로젝트도 있다. 또 자신의 작업을 diff로 한 번 더 살펴보고 기여에 필요한 변경 사항만 제출하는지 철저히 확인하라. 자신의 복제본에서 여러 브랜치를 작업하고 있다면 이 과정은 특히 중요하다. 풀 요청을 보내기 전에 diff를 하면 정확한 브랜치에서 풀 요청을 만들었는지뿐 아니라 정확한 브랜치로 풀 요청을 보내는지 확인하는 데 도움이 된다.

패치: 또 다른 기여 방법

풀 요청이 FOSS 프로젝트에 기여를 제출하는 일반적인 방식이기는 하지만 유일한 방식은 아니다. 자유 소프트웨어는 1983년에 등장했다. 오픈 소스가 세상에 존재하기 시작한 건 1998년 이후다. 깃과 풀 요청은 2005년에 이 세계에 합류했는데 깃허브가 2008년 창업한 후 깃과 풀 요청을 대중화시키고 나서야 표준적인 운영 절차가 됐다.

짐작할 수 있겠지만 1983년부터 지금까지 FOSS 프로젝트에 기여하는 과정은 저마다 달랐다. 오늘날에도 여전히 쓰이는 한 가지 방법이 있는데 자세히 다루지는 않겠지만(인터넷에 문서가 넘치기 때문이다) 그 옵션을 알아 두면 도움이 될 것이다.

풀 요청이 발명되기 전에 두드러진 기여 형태는 패치patch 파일이었다. 패치는 파일에 덤프해 다른 사람과 공유할 수 있고 프로젝트에 적용할 수 있는 특별한 diff다. 패치 파일을 만들고 적용하는 과정은 버전 관리 시스템이나 프로젝트마다 다르다. 패치 파일이 수년간 광범위하게 사용되어 왔기 때문에 사람들이 기여를 풀 요청으로 제출하면서도 기여를 "패치"라고 부르는 걸 자주 들을 수 있다.

풀 요청이 오늘날 가장 일반적으로 사용되는 제출 형태이기는 하지만 몇몇 프로젝트는 여전히 기여를 받는 데 패치 파일에 의존한다. 자신이 선택한 프로젝트가 어떤 버전 관리 시스템을 쓰든지 상관없이(그게 깃이라도) 제출 과정을 시작하기 전에 프로젝트 기여 가이드라인을 늘 검토하라. 패치든 풀 요청이든 전서구傳書鳩든 시작하기 전에 기여를 제출하는 방법을 알고 있어야 한다.

〉 검토, 개정, 협업

여러분의 기여가 원 저장소에 병합(풀)되기 전에 누군가가 그 기여가 계획대로 돌아가는지, 프로젝트에서 필요로 하는 것인지, 프로젝트 가이드와 표준을 모두 따랐는지 검토할 것이다. 그 누군가는 여러분의 기여에 대해 질문과 피드백과 제안을 할 것이다. 검토자와 협업해 여러분의 기여를 받아들여질 만한 상태로 만들라. 검토자의 피드백을 적용할 때 여러분의 기능 브랜치에 원자적 커밋을 하라. 이 변경 사항들을 푸시하면 자동으로 풀 요청에 나타날 것이다. 이런 식으로 모든 피드백과 제안을 적용했다면 특별한 뭔가를 할 필요가 없다. 여러분의 기여는 원 저장소에 병합될 것이다.

축하한다! 막 첫 번째 기여를 한 것이다. 박수를 보낸다!

진행 중인 작업을 제출해 피드백을 미리 받기

방금 설명한 과정은 기여 작업을 완성해야 프로젝트에 풀 요청을 보낼 수 있음을 암시한다. 그런데 늘 그렇지는 않다. 때로는 진행 중인 작업work in progress을 풀 요청으로 보내면서 기여물을 만드는 것도 도움이 된다. 풀 요청 제목 시작 부분에 WIP라고 쓰기만 하면 검토자가 아직 끝난 작업이 아님을 알아볼 수 있다. 또 설명 부분에 이 작업이 진행 중임을 언급하고 질문을 넣을 수도 있다.

작업이 마무리되기 전에 풀 요청을 제출해야 하는 이유는 무엇일까? 우선 그렇게 하면 개발 과정에서 피드백을 일찍 받을 수 있고 어두운 가시밭길로 가는 걸 피할 수 있다. 또 더 높은 품질의 기여는 빠른 피드백에서 생겨난다. 피드백을 더 일찍 자주 받을수록 자신의 기여 품질이 더 높아질 수 있다. 마지막으로 진행 중인 작업을 풀 요청으로 보내면 프로젝트에서 누가 어떤 일을 하고 있는지 알 수 있어서 기여가 풀 요청 큐에 나타났을 때 놀라지 않을 수 있다.

다음은 진행 중인 작업의 풀 요청의 예다.

제목:
WIP: 새로운 절 순서 테스트

설명:
내용이 매끄럽게 흘러갈 수 있도록 이 장의 절 순서를 재배열했다. WIP 풀 요청을 보내면 브라이언 씨가 보고 나서 내가 더 쓰기 전에 그의 생각을 알려 줄 것이다.

이슈 #40

피드백에 관련된 주의 사항

잠시 피드백에 대한 이야기를 할 시간이다.

너무 가볍게 말하지만 않는다면 피드백은 좋은 것이다. 피드백이 없으면 우리는 똑같은 실수를 계속할 것이고 배우지도, 성장하지도, 발전하지도 못할 것이다. 피드백은 FOSS 협업이 잘되게 하는 열쇠 중 하나다.

불행히도 사람들은 대부분 피드백을 수용하는 것은 고사하고 받는 것도 힘들어한다. 사람들은 자신의 기여를 자신과 지나치게 동일시해서 비판이 타당해도 그것을 사적으로 받아들이고 방어적인 태도를 취한다.

또 피드백을 주는 것도 힘들어하고 가끔은 상대방에 대한 공감 없이, 기여 내용보다는 개인을 향해 비판을 하기도 하는데 이는 도움이 되지 않는다.

피드백을 주고받는 것은 연습을 통해 배우고 갈고닦을 수 있는 기술이다. FOSS 세계에 기여할 때 다음과 같은 팁을 기억해 두기를 권한다.

- 여러분이 한 기여가 여러분 자신은 아니다. 피드백을 주는 사람이 피드백에 서투르고 비판이 개인을 향하더라도 그들의 평을 그런 식으로 받아들이지 않도록 하라. 기여에 직접 관련 있는 피드백에만 초점을 맞추라. 그런 다음 그와 같은 요소들을 중심으로 피드백 대화를 이끌라.
- 사적으로 받아들이지 말라. 여러분의 기여에서 발견된 문제는 여러분의 문제가 아니다. 그 기여에 많은 시간과 노력을 쏟았으므로 자연스럽게 애착을 느낄 수 있다. 괜찮다. 여러분이 만들고 성취한 것에 자부심을 느껴도 좋다. 그러나 여러분의 기여를 더 개선할 방법이 늘 있다는 사실을 인식하면 더 좋다. 기여, 프로젝트, 지식, 기술을 발전시키기 위해 피드백을 주는 사람들과 협업하라.
- 피드백은 선물이다. 사람들이 여러분의 기여에 관해 피드백을 줄 때 그들은 자기 지식과 경험을 대가 없이 여러분과 공유하는 것이다. 이 피드백을 이용해 더 숙련된 기여자로 성장할 수 있다. 그런 다음 여러분도 언젠가 다른 사람에게 피드백을 줌으로써 같은 선물을 전할 수 있다. 이것이 FOSS가 성장할 수 있는 유익한 순환이다.
- 피드백과 질문은 여러분이 더 잘하는 데 도움이 된다. 피드백과

질문은 여러분이 전에 보지 못했던 것을 볼 수 있게 해 주고 예상하지 못했던 방식으로 사고와 경험을 넓히는 데 도움이 된다. 완벽한 사람은 없다. 모든 걸 아는 사람도 없다. 우리는 누구나 전에 여러분이 있던 위치에 있었다. 새로운 것에 흥분하기도 했지만 거기에서 길을 잃기도 했다. 괜찮다. 질문하라. 피드백을 요청하라. 길을 잃지 않는 유일한 방법이고 우리는 여러분을 돕고 싶다.

• 어떤 피드백 때문에 화가 난다면 대응하기 전에 잠시 물러서서 마음을 진정시키라. 늘 일어나는 일이다. 어떤 피드백이 여러분을 괴롭힐 수 있다. 아마도 표현 방식 때문일 수도 있다. 여러분이 매우 강한 의견을 가지고 만든 구현을 무시했을 수도 있다. 피드백을 준 사람이 그냥 무례한 얼간이일 수도 있다. 말했듯이 늘 일어나는 일이다. 화가 났다고 해서 바로 대응할 필요는 없다. 열 받은 채로 대응하면 좋게 끝나는 법이 거의 없다. 대응하기 전에 잠시 진정하라. 좀 걷자. 반려동물이나 아이와 놀자. 취미나 다른 프로젝트로 시간을 보내자. 재미있는 영화를 보거나 비디오 게임을 하자. 뭐가 됐든 공격적인 평으로부터 거리를 두자. 일단 진정하고 그것에 대해 숙고하는 시간을 보내면 반발하지 않고 대응할 수 있다.

• 늘 좋은 의도가 있다고 가정하라. 무엇보다도 모든 피드백에는 좋은 의도가 있다고 항상 가정하라. 얼마나 형편없는 피드백이 전달됐든 피드백을 준 사람은 자신의 지식과 경험이라는 선물을 준 것이다. 보통 자랑하려고 그러지는 않는다. 그들은 프로젝트와 기여와 여러분을 위해 최선의 것을 바란다. 그러한 점을 존

중하고 여러분이 할 수 있는 최고의 기여를 할 수 있도록 그들이 돕게 하라. 그들은 호의를 갖고 있다. 여러분은 어떤가?

정리하기

프로젝트에서 여러분의 기여를 병합했으므로 여러분이 만든 기능 브랜치는 더 이상 필요가 없다. 그대로 두어도 해가 되지는 않지만 이런 브랜치가 쌓여 잡동사니가 되는 데는 시간이 그리 오래 걸리지 않는다. 풀 요청이 받아들여진 후 기능 브랜치를 바로 지우면 테스트 환경을 정리할 수 있을 뿐 아니라 나중에 필요한 브랜치를 만들기 쉽고 이제는 죽은 브랜치에서 실수로 작업할 위험성을 줄일 수 있다. 명령 행에서 매우 쉽게 브랜치를 지울 수 있다. 다음은 이 책 저장소에서 브랜치를 지운 예다.

```
Pliny:Book brasseur$ git branch -d makeacontribution
Deleted branch makeacontribution (was 74da8bc).
```

주의할 게 하나 있다. 이것은 로컬 브랜치다. 원격 origin 저장소에 푸시를 해서 원격 브랜치를 지우는 것도 가능하다. 다음은 원격 브랜치를 지우는 명령 예다.

```
Pliny:Book brasseur$ git push origin --delete makeacontribution
```

브랜치 사용법에 관한 좀 더 자세한 설명은 깃 문서[20]를 확인하라.

〉 윈도우 기반 기여에서 특별히 고려할 점

마이크로소프트 윈도우를 사용하는가? 그렇다면 불행히도 윈도우 환경에서 대부분의 FOSS 프로젝트에 기여하기가 훨씬 어렵다는 사실을 알아야 한다. 수십 년간 마이크로소프트는 FOSS에 대해 공포심을 조성해 왔기 때문에 주요 프로젝트들은 윈도우를 전혀 지원하지 않는 식으로 발전해 왔다. 윈도우에서는 빌드도 되지 않고 기여도 되지 않고 윈도우를 사용하지도 않는다. 마이크로소프트가 그러한 방식의 잘못을 깨닫고 FOSS를 포용하고는 있지만 윈도우를 지원하지 않는 FOSS 유산은 사라지는 데 오랜 시간이 걸릴 것이다. FOSS 프로젝트를 보면 대부분의 사용자가 리눅스나 BSD_{Berkeley Software Distribution} 계열 운영 체제 중 하나 또는 맥OS를 실행하는 컴퓨터를 사용한다고 가정한다는 사실을 발견할 것이다. 윈도우나 윈도우 사용자 지원에 관해 문서를 작성한 프로젝트는 드물다.

윈도우 사용자라면 기여하려고 할 때 다음과 같은 문제들에 부닥칠 것이다.

- 셸·배시_{bash}로만 작성된 설치 스크립트와 기타 스크립트
- 스크립트나 소프트웨어에서 경로 구분자가 리눅스, BSD, 맥OS 환경을 가정한다.
- 파일 이름에서 대소문자 구분 차이(리눅스: 구분, 윈도우: 구분하지 않음). 깃을 사용할 때 특히 문제가 된다.
- 윈도우는 파일 경로 최대 길이가 리눅스보다 짧다.
- 윈도우는 빌드 플랫폼으로 거의 지원되지 않거나 부실하게 지

원된다.
- 대개 윈도우 개발 도구는 리눅스, BSD, 맥OS와 매우 다르다.
- 단지 윈도우 사용자이거나 윈도우에서 개발하는 것만으로도 프로젝트에 부담처럼 보인다.

노력하면 이 모든 문제를 거의 극복할 수 있다. 다행히도 마이크로소프트가 FOSS 프로젝트에 기여하고자 하는 윈도우 사용자들을 위해 최근에 특별히 많은 작업을 하고 있다. 다음과 같은 해법이 있다.

- 비주얼 스튜디오 코드[21] 같은 크로스 플랫폼 도구를 사용하라.
- 리눅스용 윈도우 하위 시스템Windows Subsystem for Linux, WSL[22]에서 사용할 수 있는 새로운 도구를 활용하라.
- C99나 C++14와 호환되는 최신 마이크로소프트 빌드 도구를 꼭 사용하라.
- 리눅스 또는 BSD 계열 운영 체제의 가상 머신을 사용하라.
- 리눅스 또는 BSD 계열 운영 체제의 컨테이너 이미지를 사용하라.

이러한 것들은 기여를 가로막는 많은 기술적 장애물을 처리하는 데 도움이 된다. 그런데 사회적인 면은 어떨까? 윈도우 사용자가 이등 시민이 되는 프로젝트를 발견한다면 어떨까? 윈도우밖에 없는데 윈도우 기반 기여에 대한 저항에 맞닥뜨린다면 할 수 있는 일이 별로 없을 것이다. 그러한 프로젝트 담당자는 운영 체제에 대한 편견이 있을 것이다. 윈도우 기반 기여가 프로젝트에 가치 있을 거라고 최선을 다해 담당자를 설득해 볼 수도 있겠지만 성공하지 못할 수도 있다. 성공한다고 해도 프로젝트에 자리한 뿌리 깊은 편견은 근절하지 못할 것이다. 지는 싸움을 하느라 고갈되기보다는 프로젝트 담당자에게 시간을 내주어서 고맙다고 말한 후 좀 더 우호적이고 마음이 열린 프로젝트와 커뮤니티를 찾아보라.

코드 이외의 기여

기여를 선택하고 이슈를 선별하고 작업물을 만들고 테스트하고 풀 요청을 제출하고... FOSS 프로젝트에 첫 번째 기여를 제출할 때 예상되는 일을 이제는 정확히 알 것이다. 물론 세부적인 내용은 다를 수 있지만 전체적인 그림은 방금 읽은 내용과 비슷할 것이다. 많이 비슷하다면 맞게 본 것이다. 정말 그렇다. 그래도 곧 익숙해진다. 기여하는 데 여전히 시간이 많이 걸리기도 하고 어떤 기여는 매우 복잡하다. 하지만 과정 자체는 순조로울 것이다. 다른 모든 기술과 함께 필요한 것은 연습이다.

FOSS에 참여하고 싶어 하는 사람은 누구나 이 장에서 설명한 기여 과정에 익숙해져야 하지만 여기서 설명한 내용이 서로 다른 기여에 모두 적용되지는 않는다. 예를 들어 기여하고 싶은데 프로그래머가 아니라면 어떨까? 코드를 작성할 줄 모른다면(또는 작성하고 싶지 않다면) 어떤 종류의 기여를 할 수 있을까? 답은 "많다"이다. 다음 장에서 더 자세히 다룰 것이다.

코드 작성 이외의 기여도 중요하다

사람들은 대부분 FOSS 프로젝트에 기여하려고 할 때 이전 장에서 다룬 내용, 즉 버그를 고치거나 기능을 추가하는 것을 생각한다. 이러한 변경 사항은 프로젝트 파일을 담고 있는 저장소에 커밋된다. 이러한 기여가 확실히 가장 잘 알려져 있지만 FOSS 프로젝트에 기여할 수 있는 유일한 방법도 아니고 가장 일반적인 기여는 더욱 아니다.

FOSS 프로젝트에 기여하려면 프로그래밍을 하거나 파일을 커밋해야 한다고 말하는 사람들도 있지만 꼭 그렇지만은 않다는 사실을 잘 알 것이다. 성공적인 프로젝트에는 코드와 문서 작성, 사용자 인터페이스 디자인, 번역 제공, 파일을 저장소에 커밋하는 데 필요한 기타 기여 외에도 더 많은 기여가 필요하다. FOSS 프로젝트와 그 커뮤니티가 건강하게 성장하고 운영되려면 모든 종류의 기여가 필수다. 커밋 이외의 기여로 도움을 주지 않는다면 프로젝트는 관리 작업에 압도당하고 개발 방향을 상실하며 커뮤니티 멤버들에게 환영받지 못하는 공간이 될 것이다. 커밋 이외의 기여를 제공하는 사람들은 FOSS 세계에서 칭송받지 못하는 영웅이다. 여러분이 그러한 기여를 제공하고 싶다면 감사한 일이다! FOSS 세계 사람들이 그일에 대해 자주 말하지 않을지도 모르지만 여러분이 있어서 감사하고 있다.

그렇다면 저장소나 버전 관리 시스템에 파일을 커밋할 필요 없이 할 수 있는 기여에는 어떤 것이 있을까? 좋은 질문이다! 많은 답이 있지만 가장 일반적인 세 가지는 기여 검토, 기여 테스트 그리고 이슈 선별이다.

〉 기여 검토

기여 검토는 버전 관리 시스템에 파일을 커밋하지 않고도 기여할수 있는 한 가지 방법이다. 그런데 기여물을 가져와서 보고 검토하려면 버전 관리 시스템을 사용할 줄 알아야 한다.

이 장의 후반부에서 따로 코드 검토를 살펴보겠지만 모든 기여는 여러 사람의 눈으로 살펴보면 유익하다. 기여를 검토하다 보면그 과정에서 잘못된 점을 미리 찾아낼 수 있어서 문제점을 비교적쉽게 고칠 수 있다. 또 커밋된 작업이 실제로 해야 할 필요가 있는일이었는지 확인하는 데도 도움이 된다. 요구 사항을 설명하는 과정에서 이슈가 모호해지거나 기여자가 다소 오해할 때가 자주 있다. 검토 과정에서 이러한 문제를 잡아내면 개발을 제대로 된 궤도로 빨리 돌려놓을 수 있다.

기여를 검토하는 데 해당 분야의 전문가일 필요는 없다. 경험이 조금 부족한 디자이너라도 수년간 그 일을 해 온 사람이 작업 도중에 간과한 것을 짚어 낼 수 있다. 누구나 문서를 읽고 내용이 자연스럽게 이어지는지, 사용자가 이해할 수 있는 방식으로 답을 제공하는지 판단할 수 있다. 예상대로 기능이 동작하는지, 버그가 고쳐졌는지 확인하기 위해 기여를 테스트하는 데 수년간의 경험이 필요하지는 않다. 신입이거나 아마추어 프로그래머라도 코드 기여를 읽고 왜 특정 방식으로 작성됐는지 질문할 수 있다. 검토하는 중에 질문을 하는 것은 어떤 종류의 기여에서든 잠재적인 가정에 문제가 있는지 없는지 드러내는 가치 있는 방법이라는 점을 잊지 말자.

예를 들어 API 문서를 검토하다가 새로 추가된 어떤 절에서 참고하는 샘플 프로젝트가 문서의 나머지 부분과 다르다는 사실을 알게 됐다고 하자. 개발자가 필요로 하는 것을 보여 주는 데 필요한 기능을 다른 샘플 프로젝트들이 제공하지 않았을 수도 있다. 아니면 문서에서 한 가지 샘플 프로젝트만 사용해 독자들을 안내하고 있다는 사실을 개발자가 모르고 다른 샘플 프로젝트를 사용한 것일 수도 있다. "문서의 나머지 부분에서는 이 절과 다른 샘플 프로젝트를 사용하고 있습니다. 의도적인가요?"라고 질문하면 문서를 명확하게 만드는 데뿐 아니라 여러분이 문서를 이해하는 데도 도움이 된다.

검토는 프로젝트와 그 아키텍처 및 우선순위를 잘 배우는 데 훌륭한 방법이기도 하다. 여러분보다 경험이 풍부한 누군가의 작업을 검토함으로써 그 사람들이 수년간의 경험을 통해 얻은 지식과 모범 사례를 어떻게 적용하는지 직접 배울 수 있다. 일종의 간접적인 멘토링이라고 볼 수 있다. 같이 있지 않은 사람으로부터 배우는 것이다.

지식을 더하는 것 외에도 검토는 프로젝트에 대한 중요한 기여이기도 하다. 기여가 프로젝트 저장소에 받아들여질지 최종 결정하는 것은 핵심 기여자 손에 달려 있지만 핵심 기여자들은 모든 기여를 미리 검토하고 피드백할 시간이 없다. 다른(심지어 신입) 기여자들이 검토를 도와준다면 핵심 기여자들은 많은 시간을 절약할 수 있다. 첫 검토 과정에서는 분명한 문제를 많이 잡아낼 것이다. 핵심 기여자가 아닌 사람들이 그 일을 할 수 있다면 핵심 기여자들은 좀 더 세세한 검토에 필요한 시간을 확보할 수 있다.

하지만 주의할 점이 있다. 모든 프로젝트에서 경험이 다소 부족한 사람들이 기여를 검토하는 걸 환영하지는 않는다. 기여를 검토하는 데 많은 시간을 쏟기 전에 프로젝트 커뮤니티에 도움이 필요한지 확인하도록 하라.

어떤 기여를 검토하든 가능한 한 큰 덩어리가 아니라 작은 덩어리로 검토하라. 원자적 커밋이 도움이 되는데 특히 코드나 문서 기여를 검토하는 데 도움이 될 것이다. 코드나 문서를 여러 부분으로 나누어 원자적 커밋을 하면 더 잘 집중해서 천천히 검토하기가 좋다. 한 번에 검토해야 할 분량이 많으면 중간중간 생략하고 건너뛰기 쉽다. 기여 검토를 서둘러 하면 잠재적인 버그뿐 아니라 전체적인 검토 요점을 놓치게 된다. 그렇게 되면 기여 품질을 확보하는 데 도움이 되지 않는다.

그렇다고 해서 기여 검토를 한없이 해도 된다는 의미는 아니다. 기여를 검토하는 데 어려움을 겪고 있고 생각보다 많은 시간이 걸린다면 뭔가 잘못되었다는 신호일지도 모른다. 자신이 현재 다룰 수 있는 것보다 수준이 더 높은 기여일 수도 있고, 코드 이해 여부보다 변수 명명 체계의 일관성 확인 같은 사소한 일에 빠져 있을 수도 있다. 아니면 검토하고 있는 기여가 불필요하게 복잡해서 향후 더 이해하기 쉽고 유지 보수하기 좋게 리팩터링을 해야 하는 것일 수도 있다. 검토에 지나치게 많은 시간을 들이고 있다는 걸 깨달았다면 잠시 멈추고 다른 기여자에게 지금 보고 있는 것을 이해하는 데 도움을 줄 수 있는지, 다른 의견을 줄 수 있는지 질문하도록 하라.

기여를 검토하다 보면 자신의 방식과 다르다고 지적하고 싶은 유혹을 받을 것이다. 스타일 문제를 다루는 방법을 알려 주겠다. 지적하지 말라. 기여물이 프로젝트 공식 스타일 가이드를 위반하는 스타일을 사용한다면 확실히 지적해야 하지만, 그렇지 않다면 스타일 문제에는 거리를 두라. 개인적인 스타일 선호는 자신이 한 기여이거나 자신이 운영하는 프로젝트가 아니라면 중요하지 않다. 자신의 선호는 스타일 가이드보다 중요도가 높지 않다. 그러므로 스타일 검토에는 스타일 가이드를 따르라.

피드백 주기

'5장 기여하기'에서 피드백 받기에 대해 이야기했다. 동전의 다른 면에 대해 이야기할 지점이다. 바로 피드백 주기다.

내가 여러분이 한 기여의 어떤 부분에 대해 "멍청하다"라거나 "안이하다"라고 했다면 여러분은 어떤 느낌이 들까? 아마 화가 나거나 마음에 상처를 받거나 아니면 둘 다일 것이다. 당연히 그렇게 느끼게 된다. 이런 말들은 사람을 노려서 칼로 베는 것 같은 비열한 말이다. 말은 중요하다. 정말 중요하다. 따라서 프로젝트에 기여할 때만큼이나 기여에 관한 피드백을 남길 때 사용하는 말에 대해 신중히 생각하자. 피드백을 쓸 때 생각해 보자. "다른 사람이 내게 이렇게 말했다면 나는 어떤 느낌이 들까? 이렇게 하는 게 누군가에게는 도움이 안 되는 방법일까?" 이 질문들에 대한 대답이 "예"라면 피드백을 지우고 다시 쓰라. 나중에 사과하는 데 많은 시간을 쓰기보다 지금 피드백을 다시 쓰는 데 시간을 약간 더 들이는 게 낫다.

누군가 명백한 실수를 했을 때 누구나 경험과 지식이 다르다는 점을 기억하라. 여러분에게 분명한 것이 다른 누군가에게는 그렇지 않을지도 모른다. 그리고 돌이켜 보면 그 일이 여러분에게도 분명하지 않았던 시절이 있었다. 우리는 모두 실수를 한다. 오타를 내고 쉼표, 세미콜론, 닫는 괄호를 빼먹는다. 시간과 노력을 아끼라. 실수는 지적하되 비판하지는 말라. 사실만 이야기하라. 결국 누구나 알아볼 수 있는 실수라면 굳이 비판까지 해서 알려 줄 필요는 없지 않을까?

기여만 검토하고 기여를 한 사람은 판단하지 말라. 다시 말해 "당신은 이 부분을 비효율적으로 만들었군요"보다는 "이 부분에서 이런 식이면 좀 더 효율적이겠군요"라고 지적하라. 전자는 'ad hominem' 피드백이다. 'ad hominem'은 라틴어로 '사람에게'를 의미한다. 즉 피드백이 기여 자체보다는 기여를 한 사람을 가리킨다는 말이다. 사람한테 피드백을 주면 그 피드백은 사적인 것이 되고 기여자 역시 피드백을 사적으로 받아들인다. 피드백을 쓸 때 기여 내용만 언급하고 검토하는 동안 기여를 제출한 사람을 실수로 비판하지 않도록 주의하라.

모든 피드백이 비판적일 필요는 없다. 좋아하는 것을 볼 때처럼 기여를 검토하면서 마음에 드는 부분에 관해 피드백을 줄 수도 있다. 몇몇 학계 연구[BBFV01]에 따르면 사람은 긍정적인 피드백보다 부정적인 피드백에 주의를 더 기울인다고 한다. 피드백이 부정적이기만 하면 기여자가 낙심할 것이다. 긍정적인 강화reinforcement 효과와 피드백을 포함해야 사람들에게 동기 부여가 되고, 사람들이 기여와 기여에 들인 시간에 대해 좋은 기분을 느끼며, 앞으로 또 다른 기여를 하고 싶은 마음을 먹게 된다. 과장된 칭찬을 할 필요는 없지만 간단하게 "와, 정말 기발한 방법으로 그 부분을 처리했군요. 모든 게 매끄럽게 돌아가네요"라고만 해도 사람들이 계속 기여하도록 격려할 수 있다.

칭찬은 일반적이지는 않지만 검토 피드백에서 가치가 있다. 질문 역시 중요하다. 기여를 검토하고 있는데 제출자가 왜 그렇게 했는지 잘 모르겠거나 기여가 잘 이해되지 않는다면 기여자에게 자세한 내용을 물어봄으로써 피드백을 하라. 질문을 하면 제출자가 자신의 기여가 생각만큼 분명하지 않고 접근 방식을 좀 더 분명하게 하기 위해 작업이 더 필요하다는 걸 깨달을 수 있다. 또는 코드 기여라면 어떻게 돌아가는 코드이고 왜 그렇게 만들었는지 설명을 요청할 수 있다. 간단히 "이 부분이 이해되지 않는군요. 무슨 일을 하는 코드이고 왜 그렇게 했는지 설명해 줄 수 있나요?"라고 물어보면서 대화를 시작하면 이후로 이해하기 쉽고 유지 보수하기 좋은 기여를 이끌어 낼 수 있다.

피드백 방법으로 질문을 사용하면 질문에 대한 답이 돌아오거나 응답에 다른 질문이 덧붙을 수도 있다. 피드백이 질문이든 평서문이든 간에 그 과정에서 대화가 이뤄져야 한다. 아니면 '내 말이 법이다' 식으로 피드백을 할 수도 있다. 그렇게 하는 것도 확실히 한 가지 접근 방식이기는 하지만 좋은 방식은 아니다. 기여에 관해 피드백을 줄 때는 독재보다는 협업이 가장 좋다. 이런 대화가 오갈 때 검토자와 기여자 양쪽 다 대화를 배움의 기회로 삼는 게 중요하다. 그들의 접근 방식과 여러분의 피드백에 대해 토론하고 시간을 들여 그들의 관점을 이해하도록 하라.

결론은 얼간이처럼 굴지 말라는 것이다. 자신이 남기려는 피드백 때문에 자신이 얼간이처럼 보일지 아닐지 확실하지 않다면 잠시 멈춰서 보내기를 누르기 전에 다른 사람에게 검토를 부탁하라. 피드백을 받는 사람에게 공감하라. 수천 년 된 격언이지만 자신이 대접받고자 하는 대로 다른 사람을 대접해야 한다는 말은 여전히 진실이다. 단순히 정확하게 하는 게 아니라 상대방의 입장이 되어 도와주고 지원해 주자.

코드 검토

신입 프로그래머라도 코드 검토로 많은 가치를 제공할 수 있다. 가치 있는 통찰을 지니기 위해 오랜 세월의 경험을 한 초절정 고수 프로그래머일 필요는 없다. 사실 프로그래머가 아니어도 된다. 패턴을 발견할 정도의 지식만 있으면 된다. 프로그래밍 지식이 없으면 완전하게 검토할 수는 없겠지만 작업을 더 해야 하거나 명확히 해야 하는 것들을 찾을 수 있다.

여러분이 초절정 고수 프로그래머가 아니어도 여러분의 코드 검토 피드백은 귀중할 뿐 아니라 그 과정에서 많은 것을 배울 수 있다. 이를테면 코드를 검토하지 않았으면 보지 못했을 코드 레이아

웃, 프로그래밍 스타일, 분야 지식, 모범 사례, 깔끔한 프로그래밍 요령과 때로는 안티패턴(또는 "어떻게 하면 안 된다")을 배울 수 있다. 코드, 프로젝트, 언어에 익숙하지 않다고 해서 코드 기여를 검토하지 못한다고 생각해서는 안 된다. 한번 검토해 보면서 배우고 발견할 것이 있는지 보라.

"그런데요. 그게 어떻게 가능하죠? 나는 프로그램을 잘 만드는 법을 모르는데요! 어떻게 코드를 검토해서 가치 있는 일을 할 수 있죠?"라고 투덜거릴지도 모르겠다. 진정하자. 할 수 있는 일이 많다. 앞서 내가 패턴 찾기를 언급했는데 패턴 찾기가 좋은 출발점이다. 검토하고 있는 기여가 다른 것보다 더 복잡해 보인다면 잠재적인 문제를 찾은 것이다. 코드 들여쓰기나 변수 이름이 파일의 다른 곳과 다른가? 또 다른 잠재적인 문제다. 파일의 나머지 부분 코드는 짧은데 기여된 코드는 엄청나게 긴가? 뭔가 잘못됐다는 신호다. 초절정 고수 프로그래머가 아니어도 이런 문제를 찾을 수 있다. 프로그래밍을 알기만 하면 된다. 코드를 볼 줄 아는 게 중요하다.

그다지 익숙하지 않은 프로젝트를 위해 코드 검토를 시작할 때는 주의하라. 코드를 다루는 데 숙련되어 있는지 여부가 불확실한 사람의 검토는 아예 받지 않는 프로젝트들도 있다. 그런 검토는 프로젝트가 통상적으로 운영되는 방식과 일치하지 않거나 오류를 포함할 수 있기 때문이다. 경험이 부족한 검토자는 경험이 부족한 기여자에게 혼란을 주기도 하는데, 경험이 부족한 기여자는 자신에게 피드백을 주는 사람이 코드나 프로젝트에 그다지 익숙하지 않다는 사실을 모를 수도 있다. 아무도 원하지 않는 피드백을 주거나 실수를 하는 위험을 감수하지 말고, 코드 기여를 검토하기 전에 항상

CONTRIBUTING 파일을 확인하거나 핵심 기여자에게 물어보라.

코드 검토 시 봐야 하는 것

코드 기여를 검토하기로 했다면 무엇을 봐야 할까? 답은 예상했겠지만 "프로젝트에 따라 다르다"이다. 다만 프로젝트나 코드 또는 사용되는 프로그래밍 언어에 상관없이 염두에 둘 수 있는 몇 가지가 있다. 이러한 팁이 프로그래밍 경력을 시작한 지 얼마 되지 않은 사람을 위한 것으로 보일 수도 있지만 그렇지 않다. 다음에 나오는 내용은 어느 정도 경험이 있는 사람들이 코드 검토에 적용하는 모범 사례다. 초보자든 대가든 이 팁들은 코드 검토 시 잠재적인 문제를 찾아내는 데 도움이 된다.

- 코드가 빌드되는가? 프로젝트에서 지속적 통합·배포를 사용하는가? 아니면 테스트 스위트가 자동으로 실행되는가? 코드 기여 후에 테스트 스위트를 통과하지 못한다면 어떻게 해야 할까? 여러분은 똑똑한 사람이니 테스트 스위트 통과 실패가 코드에서 뭔가 잘못됐음을 나타내는 위험 신호라고 알려 줄 필요는 없을 것이다. 기여된 코드를 검토하는 데 여러분의 시간을 투자하기 전에 기여자에게 빌드·테스트 에러를 살펴보고 수정하라고 정중히 요청하라.
- 코드가 가독성이 있는가? 코드가 가독성이 있는지 판단하기 위해 프로그래밍 언어 전문가일 필요는 없다. 이상한 반복문, 짧고 모호한 변수와 함수 이름, 일관적이지 않은 빈칸과 괄호, 주석 처리된 긴 코드 블록 등 이러한 많은 것들 때문에 코드가 읽

기 어려워지는데 결국 가독성이 나쁜 코드는 유지 보수할 수 없는 코드다.

- 한 가지 일만 잘해야 한다. 프로그램의 클래스, 메서드, 함수는 한 가지 일만 잘하는 게 가장 좋다. 그렇게 하면 코드의 복잡도를 줄일 수 있고 코드를 짧고 이해하기 쉽고 유지 보수하고 테스트하기 좋게 만들 수 있다. 너무 많은 일을 하려고 과부하가 걸린 코드가 있는지 주의하라. 복잡하거나 긴 조건문은 그런 코드를 찾는 데 단서가 된다.

- 반복 금지Don't Repeat Yourself, DRY 원칙: 비슷한 일을 하는데 완전히 똑같지는 않은 코드가 여러 번 나타나는가? 그렇다면 별도 클래스나 메서드 또는 함수로 리팩터링을 해야 한다. 반복되는 코드는 여러 곳에서 변경해야 하고 에러가 일어날 확률이 높음을 의미한다. 그뿐 아니라 리팩터링을 하면 코드를 테스트하기도 쉽다.

- 에러 처리는 어떻게 하는가? 에러를 명시적으로 처리하는가? 어쨌든 처리는 되는가? 에러에 자세한 메시지가 포함되어 있는가? 아니면 모호한 "에러가 발생했습니다" 종류인가? 에러를 적절하게 처리하면 디버깅이 쉬워질 뿐 아니라 프로그램을 사용하는 모든 사람의 경험이 개선된다.

- 코드가 효율적인가? 고급 프로그래머는 새로운 코드가 효율적인지 아닌지 수월하게 판단할 수 있다. 그런데 신입 프로그래머에게도 코드가 거추장스럽다거나 코드가 하려는 일을 이뤄 내려면 더 열심히 작업해야 한다는 느낌이 있다. 본능적으로 코드가 효율적이지 않다고 느껴진다면 구체적으로 설명을 더 해야 할 필요가 있다.

- 테스트 범위는 어떤가? 코드에 테스트가 딸려 있는가? 단위 테스트와 통합 테스트 둘 다 있는가? 코드가 기존 테스트로 커버된다면 기존 테스트들은 업데이트돼서 여전히 유효한가? 새 코드이거나 테스트가 없다면 개발자가 추가했는가? 테스트가 있다면 테스트뿐 아니라 나머지 코드도 검토하는 걸 잊지 말라.
- 코드가 실제로 무엇을 하게 되어 있는가? 코드가 기능 추가 또는 버그 수정을 의도하고 있다면 닫아야 하는 이슈와 코드를 비교해서 코드가 예상대로 동작하는지 확인하라. 예상 기능을 오해하거나 필요한 기능을 포함시키는 걸 잊어버리거나 필요 이상으로 포함시키기(더 많다고 늘 좋지는 않다) 쉽다.
- 코드가 문서화되어 있는가? 코드 주석, 설치 설명서, 사용자 문서, API 문서, 문제 해결 문서 등 코드를 문서화하거나 문서화해야 하는 여러 가지 방식이 있다. 문서 작성은 어렵지만 중요하기 때문에 대개 새 기능이나 버그 수정이 저장소에 추가될 때 조금씩 나눠서 하는 편이 더 쉽다. 검토 중인 코드에 변경 사항 문서가 딸려 있지 않다면 개발자에게 문서를 추가함으로써 문서를 생략했을 때 생길 수 있는 기술적 채무와 사용성 채무를 피하라고 제안할 수 있다.

코드에 대해 알면 코드를 검토할 때 도움이 되긴 하지만 프로그래밍을 막 시작했더라도 살펴보고 피드백을 줄 수 있는 것이 많다. 프로젝트에서 지원한다면 경험이 부족한 프로그래머라도 귀중한 통찰을 제공할 수 있고 그러면서 프로젝트 코드에 대해 더 많이 배울 수 있고 그 모든 것이 어떻게 맞물려 돌아가는지 알 수 있다.

〉 테스트하기

테스트는 코드 한 줄 쓰지 않고도 프로젝트에 기여할 수 있는 훌륭한 방법이다. 테스트를 약간만 해도 선순환이 시작된다. 기여 시에 테스트를 더 할수록 더 많은 문제를 기여 과정 초기에 발견할 수 있다. 더 많은 문제를 발견할수록 품질이 더 높아지므로 프로젝트 평판도 더 올라간다. 평판이 좋은 프로젝트는 더 많은 사용자와 기여자를 끌어들이고 테스트에서 비롯되는 품질 개선 사이클이 다시 시작된다.

여기서 '테스트'라고 하는 것은 단위 테스트나 통합 테스트만 의미하지 않는다(그것들도 물론 환영하기는 하지만). 앞에서 언급했듯이 모든 기여는 다른 시선으로 보면 혜택을 받을 수 있고 테스트는 그러한 시선을 제공한다. 문서, 디자인, 인터페이스, 버그, 기능, 사용성, 접근성 등이 그러한 기여의 대상이 될 수 있다. 이러한 것들은 예상대로 동작하는지, 최종 사용자에게 가치를 제공하는지 확인하기 위해 검토와 테스트를 필요로 한다.

문서 테스트

테스트하기 비교적 쉽지만 간과하기 쉬운 프로젝트 요소 한 가지는 문서다. 우리는 보통 작은 문서로 기여를 시작하지만 그 문서가 정확한지, 이해되는지, 매끄럽게 이어지는지, 우리가 설명하고 있다고 생각한 것을 설명하는지 확인하는 데 시간을 들이지 않는다. 문서를 전혀 쓰지 않을 때도 많아서 우리를 따라 프로젝트에 참여한 사람들은 기능이 존재하는지, 기능이 존재한다면 어떻게 사용하는지 몰라서 곤혹스러워한다. 문서 테스트에는 다음과 같은 것이 포함된다.

- 문서가 있는가? 문서가 없다면 만들어야 할까(힌트: 답은 아마 "예"일 것이다)?
- 가독성이 있는가? 문법, 철자, 구성을 손봐야 하는가?
- 일관적인가? 아니면 스타일과 구성이 작성자마다 다른가?
- 이와 관련하여 문서 스타일 가이드가 있다면 문서에서 이를 따르고 있는가?
- 대상 독자에게 유용한가? 문서를 읽으면 목표를 이룰 수 있는가?
- 포괄적인가? 독자가 할 수 있는 질문을 모두 다루고 있는가?

이 항목들은 문서 내용에 대한 것이지만 구조 역시 중요하다. 예를 들어 모든 링크가 사이트나 다른 문서를 제대로 가리키고 있는가? 링크가 더 있어야 하거나 링크를 더 줄여야 하는가? 이미지가 있다면 잘 보이는가? 문서가 서로 다른 기기나 브라우저에서 어떻게 보이는가? 각 질문은 프로젝트의 유효성과 사용성에 큰 영향을 미칠 수 있다.

인터페이스 테스트

문서는 프로젝트 사용성의 한 측면일 뿐이다. 짐작할 수 있겠지만 사람들이 프로젝트를 쉽게 사용하기 바란다면 다른 측면들도 주의와 테스트가 필요하다. 인터페이스, 이를테면 명령 행·그래픽·프로그래밍 인터페이스는 전부 검토해야 하며 일관적이고 논리적인지 확인해야 한다. 모든 인터페이스 동작은 사용자 피드백을 포함시켜서 무슨 일이 벌어지는지 사람들이 알 수 있어야 한다. 그래픽 인터페이스라면 툴팁에 설명 텍스트가 필요하겠지만 모든 요소의 목적은 명확해야 한다.

어떤 인터페이스든 간에 소프트웨어와 상호 작용하기 위해 문서화되지 않은 새롭고 예상치 못한 방법을 만들기보다는 공통 인터페이스 용법을 활용해 사용자와 만나야 한다. 사용성 이슈를 테스트하고 드러냄으로써 프로젝트가 새로운 사람들에게 친화적이 되는 걸 도울 수 있고 사용자(그리고 잠재적인 기여자) 기반을 늘릴 수 있다.

접근성 테스트

사용성 중에서 불행히도 간과되기 쉬운 전문적인 측면이 프로젝트의 접근성이다. 접근성이란, 장애가 있는 사람들을 포함해 가능한 한 많은 사람이 접근할 수 있는 방식으로 소프트웨어를 디자인하고 프로그래밍하는 것이다. 명령 행에서는 테스트하기 좀 더 어렵지만 그래픽 인터페이스에서 수행할 수 있는 표준적인 접근성 테스트가 몇 가지 있다.

- 모든 이미지에는 이미지가 무엇인지 설명하는 alt 속성이 있어야 한다.
- 모든 폼 요소에는 연관된 설명을 제공하는 label 요소가 있어야 한다.
- 모니터에서 명암 대비를 전체적으로 낮췄을 때도(대략적인 색

각 이상 시뮬레이션) 인터페이스를 읽을 수 있고 사용할 수 있어야 한다.

- 글꼴 크기를 키웠을 때 인터페이스를 읽을 수 있고 사용할 수 있어야 한다.

접근성을 테스트할 수 있는 많은 인터페이스 요소가 있다. Web AIM[1] 프로젝트에는 웹 접근성을 공부할 때 도움이 되는 참고 자료와 유용한 목록[2]이 있다.

정보 보안에 경험이나 관심이 있다면 여러분의 기술이 FOSS 프로젝트에 필요할 것이다. 경험 많은 보안 전문가들은 프로젝트 코드를 검토해 민감한 정보가 유출되는지 판단할 수 있고 모든 입력에 대해 적절한 검증을 수행할 수 있다. 보안 관련 작업에 열정이 많은데 경험이 부족한 사람들은 수동 입력 검증 테스트나 자동 퍼즈fuzz 테스트를 수행해 프로젝트 인터페이스의 취약성을 테스트하는 데 도움을 줄 수 있다.

이런 것들이 FOSS 프로젝트에서 볼 수 있는 일반적인 테스트이지만 완전한 목록은 아니다. FOSS 프로젝트 커뮤니티에 참여해서 기여할 때 다른 시각으로 프로젝트 품질을 높이고, 프로젝트 사용자와 기여자에게 좋은 경험을 제공하는 데 도움이 될 수 있는 또 다른 방법을 찾아보자.

〉 이슈 선별

'5장 기여하기'에서 이슈 선별에 대해 이야기했는데 주로 자신이 작업하고 싶은 이슈나 기능과 관련된 맥락에서였다. 그런 이슈 선별이 유용하기는 하지만 꼭 버그를 고치는 사람이 되거나 이슈가 실제 문제인지 테스트하는 사람이 될 필요는 없다. 버그 수정이나 기능 요청은 FOSS 프로젝트에서 늘 나오므로 그것들이 나올 때 검토해서 이슈 잡음 속에서 중요한 것을 드러내면 도움이 된다. 경험 많은 기여자가 이슈를 선별하기를 선호하는 프로젝트도 있고, 경험이 부족한 사람들이 새로운 이슈에 첫 번째 응답자로 도움을 주는 것을 기뻐하는 프로젝트도 있다.

이슈 선별 작업을 시작하기 전에 프로젝트에서 여러분의 실력 수준(어떻든지 간에)으로 이슈 선별 작업을 맡는 걸 좋아하는지뿐 아니라 선별 작업을 어떻게 하는 걸 선호하는지 확인하라. 프로젝트에서 경험이 부족한 사람들이 이슈를 선별하는 걸 기피하는 한 가지 이유는 경험이 부족한 사람들은 프로젝트의 이슈 태그, 심각성, 우선순위, 작업 흐름에 익숙하지 않기 때문이다. 예를 들어 몇몇 프로젝트의 이슈 선별에는 각 이슈의 심각성을 정하는 일과 로드맵에서 우선순위를 정하는 일이 포함된다. 경험이 부족한 기여자는 심각성과 우선순위를 판단하는 데 필요한 큰 그림을 보지 못하므로 경험이 풍부한 기여자만 선별 작업을 수행하는 걸 선호하는 프로젝트도 있다. 새롭게 보고된 버그를 재현하느라 많은 시간을 쓰기 전에 프로젝트가 어느 편을 선호하는지 확인하라. 늘 그렇듯이 프로젝트에 버그 선별에 대한 가이드라인이나 문서가 있다면 그 가이드라인을 읽고 따르라.

이슈가 나올 때 이슈를 선별하려고 저장소에 변경 사항을 커밋할 필요는 없겠지만 프로젝트의 로컬 사본은 아니더라도 테스트·

개발 환경을 구성할 필요는 있다. 준비하는 데 시간이 꽤 걸릴 수 있고 최신 상태로 유지할 필요도 있다. 저장소에 변경 사항을 이미 기여했다면 개발·테스트 환경 구성과 유지 보수 시간은 큰 문제가 아닐 수도 있다. 기여하지 않았다면 개발·테스트 환경 구성에 시간을 투자할 준비를 하라. 오래된 구성과 설치 상태에서 이슈 선별과 테스트를 하면 시간만 낭비할 뿐이다.

먼저 읽는 걸 잊지 말라

이슈 선별의 첫 단계는 이슈를 다 읽는 것이다. 그래, 나도 안다. 획기적인 계시 같은 건 아니다. 그렇지 않나? 하지만 이슈가 무엇을 설명하는지 완전히 이해하지도 않고 이슈를 재현하려는 사람이 얼마나 많은지 알면 놀랄 것이다. 그렇게 되면 모든 면에서 많은 혼란과 시간 낭비를 초래하는데 "첫째 읽고, 둘째 이해하고, 셋째 행동하라" 접근 방식을 취하면 그러한 혼란과 시간 낭비를 비교적 쉽게 피할 수 있다.

이슈를 읽고 있는데 개인 정보나 보안 문제를 보고하고 있거나 그런 문제와 관련되어 있으면 즉시 이슈 등급을 올리라. 보안은 절대 가볍게 다뤄져서는 안 된다. 정보 보안과 관련된 상황에서는 후회하는 것보다 안전한 것이 늘 더 낫다. 자신이 노련한 정보 보안 전문가라면 프로젝트 핵심 개발자에게 보안 문제가 있을지도 모른다고 알리라. 그렇게 하는 것은 사람들을 놀라게 하는 일이 절대 아니다. 타당한 문제라고 증명할 수 있다면 팀에 알리고 팀이 이슈를 고칠 준비를 하게 하라.

선별 팁

실제 선별 단계는 버그와 이슈마다 다르지만 다음 가이드라인을 거의 대부분의 이슈에 적용할 수 있다.

- 이슈가 말이 되는가? 관점, 이해 수준, 언어 차이 때문에 이슈가 도착했는데 보고자가 무슨 말을 하는지 파악하지 못할 때도 있다. 괜찮다. 의사소통 문제는 생기기 마련이다. 설명을 요청하는 답장을 보내라. "제가 생각하기에 ... 의미하는 것 같은데 맞나요?" 같은 문장으로 대화를 시작하면 도움이 될 것이다.
- 이슈를 이해했는가? 문제가 무엇인지 알겠는가, 아니면 더 많은 정보가 필요한가? 후자라면 이슈를 제출한 사람에게 정중하게 더 자세한 정보를 요청하라.
- 정확한 형식으로 작성했는가? 이슈 템플릿을 가지고 있거나 CONTRIBUTING 파일에 이슈 작성 안내를 제공하는 프로젝트가 많다. 자신이 참여한 프로젝트가 그렇다면 이슈를 연 사람이 템플릿이나 안내를 따랐는지 확인하라. 따르지 않았다면 정중하게 안내해 주고 제출한 이슈를 수정하라고 요청하자.
- 프로젝트에서 지원하는 플랫폼에 대한 이슈인가? 몇몇 프로젝트는 모든 플랫폼에서 돌아가지 않는다(즉 모든 플랫폼을 지원하지 않는다). 이슈를 작성한 사람이 플랫폼을 언급하지 않았다면 정중하게 물어보라. 플랫폼이 언급되어 있는데 프로젝트에서 지원하지 않는 플랫폼이라면 지원하지 않는 이유를 설명하고 이슈를 닫으라.
- 보고자가 프로젝트의 최신 버전을 사용하고 있는가? 보고자가

자신이 사용하는 프로젝트의 버전을 언급하지 않았다면 정중하게 답장을 보내 물어보라. 프로젝트 구 버전에 대한 이슈를 해결하기는 어려울 수 있다. 보고자가 제출한 이슈가 최근 버전에서 해결되었을 수도 있다. 프로젝트에서 구 버전을 지원하지 않는다고 명확하게 밝히지 않았다면 이슈 보고자에게 프로젝트 최신 버전으로 업그레이드해서 보고한 이슈가 재현되는지 확인해 달라고 정중하게 요청하라.

- 이슈가 중복되는가? 이슈 트래커를 검색해(열린 이슈와 닫힌 이슈 둘 다) 이슈가 전에 보고된 적이 있는지 보라. 전에 보고된 적이 있다면 이슈가 중복됐다고 정중하게 알리고 이슈를 닫으라. 몇몇 프로젝트에서는 중복된 이슈를 태그나 상호 참조로 추적하므로 자신이 참여한 프로젝트에 맞는 절차를 따르라.

- 이슈가 어느 범주에 속하는가? 버그인가? 지원 요청인가? 기능 요청인가? 잡음·스팸인가? 나중에 찾기 쉽게 이슈에 적절하게 태그를 달라(그냥 스팸이라면 이슈를 닫으라).

- 문제를 재현하는 단계가 포함되어 있는가? 이슈가 버그나 프로젝트의 문제를 보고하는 것이라면 보고자가 문제를 재현하는 방법을 설명했는가? 설명하지 않았다면 문제 재현 단계를 제공해 달라고 정중하게 요청하라.

- 여러분이 문제를 재현할 수 있는가? 이슈가 문제를 보고하는 것이라면 여러분이 그 문제를 재현할 수 있는가? 그렇다면 문제를 재현하는 데 사용한 단계와 그 과정에서 배운 것을 이슈에 추가로 적으라. 문제를 재현할 수 없다면 잘 모르는 것일 수 있다. 그래도 괜찮다. 문제를 재현할 수 없다고 적고 도움을 정중하게 요

청하거나 다른 이슈 선별 작업으로 넘어가라.

이러한 팁은 작업할 생각이 없는 이슈를 선별하는 데도 도움이 되지만 자신이 하고 싶은 일에도 적용할 수 있다. 선별 작업 도중 발견한 이슈를 고치고 싶다면 주저하지 말고 자신이 참여한 프로젝트의 기여 가이드라인과 단계를 따르라.

〉 덜 흥미로운 일에 자원하기

모든 프로젝트에는 해야 하는데 누구도 하고 싶지 않은 지루한 일이 있다. 데이터 기입, 데이터 정리, 반복 작업 등이 그런 일들이다. 이러한 활동은 대단한 일은 아닌데 작업을 마무리하면 좋게 끝나지만 소홀히 하면 짐이 된다.

　이러한 작업은 FOSS 프로젝트가 처음인 사람에게 딱 맞는다. 신입 기여자로서 이러한 작업을 맡으면 프로젝트가 어떻게 조직되어 운영되는지 배울 수 있고 그렇게 되면 다른 기여를 할 때 도움이 된다. 더욱 중요한 점은 이러한 작업으로 커뮤니티에 도움이 될 수 있다는 것이다. 그러한 일들은 보잘것없고 흥미롭지 않아 보일 수 있지만 가치가 있다. 신입 기여자가 이러한 작업을 맡으면 경험 많은 기여자가 단순 작업에서 해방되어 FOSS 프로젝트를 운영하는 책임을 더 잘 감당할 수 있다. 지루한 일에 자원하면 신입 기여자는 단순히 프로젝트만이 아니라 전체 커뮤니티에 기꺼이 헌신하려 한다는 점을 입증할 수 있고 커뮤니티 내에서 좋은 평판을 얻을 수 있다. 여러분이 이런 식으로 기꺼이 도우려고 한다면 사람들은 나중에 여러분에게 더 많이 보답하려고 할 것이다.

덜 흥미로운 작업은 대개 이슈 트래커에 작성되지 않는데 여러분이 진취적인 신입 기여자라면 이러한 작업을 어떻게 찾을 수 있을까? 수동적인 방법과 적극적인 방법이 있다. 수동적인 방법은 프로젝트의 다양한 의사소통 매체(보통 실시간 대화나 메일링 리스트)에 주의를 기울이는 것이다. 덜 흥미로운 작업이 언급되는 걸 봤을 때 그 일을 돕겠다고 자원하라. 적극적인 방법은 기다리다가 덜 흥미로운 작업이 언급됐을 때 자원하겠다고 나서는 것이 아니라 도울 일이 있는지 사람들에게 직접 물어보는 것이다. "저기, 전 이 프로젝트에 처음 들어온 사람인데 프로젝트에 대해 배우는 동안 지루한 관리 작업을 돕고 싶습니다. 무엇부터 할 수 있을까요?"라고 물어보면 경험 많은 기여자들이 넘기고 싶은 덜 흥미로운 작업을 찾을 수 있을 것이다.

많은 옵션이 있다

지금쯤은 코드를 작성하거나 버전 관리 시스템에 파일을 제출하지 않고도 FOSS 프로젝트에 기여할 수 있을 뿐 아니라 이러한 기여도 매우 중요하다는 사실을 이해했을 것이다. 많은 사람이 버전 관리 시스템에 커밋하지 않고도 커뮤니티에 헌신하며, 이러한 기여는 대단히 귀중하다. 물론 이 장에서 설명한 기여가 전부는 아니고 당연히 프로젝트마다 요구 사항과 필요가 다르다. 예를 들어 프로젝트 관리, 번역, 마케팅, 홍보, 고객 지원은 저장소에 파일을 커밋하지 않고도 FOSS 프로젝트에 기여하는 방법이다. 프로젝트에 도움을 줄 수 있는 방법을 항상 주시하다 보면 커뮤니티에 참여해 도울 수 있는 다양한 방법이 있다는 사실에 놀랄 것이다.

커뮤니티와 소통하기

모든 장애물을 극복하고 지금까지 한 모든 설명을 글자 그대로 정확히 따라 해서 마침내 첫 번째 기여를 제출했다면 축하한다!

FOSS 세계에서 첫 번째 기여를 하는 것보다 더 놀라운 느낌은 그 기여가 프로젝트의 일부분으로 받아들여지는 것이다. 그런 일은 언제 어떻게 일어날까? 이제는 "그때 그때 다르다"라는 대답을 들어도 그다지 놀라지 않을 것이다. 프로젝트, 기여, 기여 검토자 유무, 모호하고 이해하기 어려운 변수에 따라 다르다.

첫 번째 기여 후

첫 번째 기여를 제출했다면 '인내심'이라고 부르는 것을 반드시 훈련해야 한다. 프로젝트 멤버들이 여러분의 기여를 검토하는 데 착수하기까지 시간이 걸리는 여러 이유가 있다. 일정 시간 내에 기여를 검토한다는 정책을 가진 프로젝트를 발견할 때도 있지만 그런

약속을 할 정도로 인력에 여유가 있는 프로젝트는 드물다. 여러분의 기여는 나머지 다른 기여와 마찬가지로 누군가가 그걸 볼 시간이 생길 때까지 대기 상태가 된다. 몇 주가 지났는데도 누군가가 여러분의 기여를 검토하지 않는다면 프로젝트 커뮤니티에서 선호하는 의사소통 경로에 누가 언제 기여를 검토해 줄 수 있는지 조심스럽게 질문을 던지라. 독촉하지 말고 언제나 정중해야 한다.

누군가 여러분의 기여를 검토할 틈이 생기면 분명히 피드백을 줄 것이다. '5장 기여하기'에서 피드백에 대해 다루었으므로 다시 설명하지는 않겠다. 하지만 이해할 수 없는 피드백을 받았을 때 그냥 무시하기보다는 설명을 요청해야 한다는 점은 다시 언급해 둔다. 누군가 시간을 내어 여러분의 기여를 검토하고 피드백을 주었다고 해서 꼭 그 사람이 피드백을 잘하는 사람이라는 의미는 아니다. 그 사람들은 여러분에게 없는 지식이나 경험을 여러분이 가지고 있다고 잘못 생각할 수도 있고, 피드백을 작성할 때 쓴 말이 자신의 모어母語 같은 주 언어가 아닐 수도 있다. "제가 이해했는지 확실하지 않은데요. 그것 대신 이걸 해야 한다는 의미인가요?"라고 물어보면 여러분의 기여가 성공적으로 받아들여지는 데 효과가 있을 것이다.

기여가 받아들여지지 않을 때도 있다

여러분의 기여가 좋고 가치 있다고 생각하더라도 프로젝트 담당자가 받아들이지 않을 수도 있다. 그렇더라도 사적으로 여기지 말라. 그런 의도가 아니다. 기여가 받아들여지지 않는 데는 여러 이유가 있다.

- 프로젝트에 필요 없는 걸 제공한 경우 기여를 하는 데 많은 시간을 쓰기 전에 자신의 아이디어를 이슈로 제출하고 프로젝트 담당자와 토론하거나 기존 버그나 이슈만 작업함으로써 이런 문제를 피할 수 있다.
- 다른 사람이 한 기여와 중복된 경우 우리는 가끔 다른 누군가가 생각한 것과 똑같은 뛰어난 아이디어를 떠올리지만 그 사람이 선수를 치거나 프로젝트 담당자가 선호하는 구현을 제공할 때가 있다. 일에 착수하기 전에 담당자와 기여 아이디어에 관해 토론한다면 다른 누군가가 비슷한 일을 이미 하고 있음을 알 수 있을 것이다. 그렇다면 그 사람과 협업해 함께 기여할 수도 있다. 이런 식으로 많은 걸 배울 수 있다.
- 프로젝트 가이드라인을 따르지 않은 경우 스타일 가이드를 따르지 않았거나 프로젝트에서 바라는 형식대로 제출하지 않았거나 그렇지 않으면 기여에 실수를 했을 수도 있다. 프로젝트 문서가 부실하다는 신호이거나 여러분이 문서를 그냥 읽지 않은 것일 수도 있다.

이유가 어떻든 간에 담당자가 여러분의 기여를 받아들이지 않는다면 어떻게 개선할 수 있는지 물어봐서 다음 기여 때는 더 잘할 수 있도록 해야 한다. 피드백을 요청하고 그 피드백을 깊이 생각해 보라. 그렇게 하는 게 개선하는 가장 좋은 방법이다.

검토를 기다리면서 할 일

누군가가 여러분의 기여를 검토해 주기를 기다리면서 한가롭게 노닥거릴 이유는 없다. 기여 과정 중에 뭔가를 배웠는가? 예를 들어 설치 도중 겪은 문제를 극복했거나 새로운 에러 조건을 발견했거나 API 문서가 기대만큼 분명하지 않다는 사실을 알게 됐을 수도 있다. 그러한 발견을 문서로 작성하는 것도 가치 있는 기여다. 그리고 기여 바로 후에 모든 것이 기억에 생생할 때가 그러한 지식을 놓치지 않고 커뮤니티에 다시 기여할 수 있는 완벽한 때다. 기여 도중에 일을 좀 더 매끄럽게 할 수 있는 뭔가를 찾아냈는가? 직접 문서를 추가하거나 고칠 시간이 없다면 프로젝트 이슈 트래커에 적어서 누군가가 나중에 문서에 추가하게 할 수도 있다.

그래도 대체로 결국 받아들여진다

물론 거절당할 수도 있다. 하지만 검토와 개정을 몇 차례 거치면 대부분의 경우 프로젝트 담당자가 기여를 받아들일 것이다. FOSS 용어로 이것을 첫 번째 패치가 '안착'했다고 한다. 그러면 희열을 느낄 것이다. 기여가 받아들여졌다면 다음에는 무엇을 할까?

가장 분명한 대답은 다음 기여를 시작하라는 것이다. 첫 번째 패치가 안착하기를 기다리는 중이더라도 프로젝트의 또 다른 이슈를 찾거나 작업하지 못할 이유는 없다. 새로운 기여를 찾는 믿을 수 있고 확실한 접근 방식은 그냥 물어보는 것이다. "제 패치가 병합되기를 기다리는 동안 제가 도울 수 있는 다른 일이 더 있을까요?"라고 물어보면 커뮤니티에서는 여러분이 도움을 줄 수 있을 뿐 아니라 기꺼이 그 일을 하려는 사람임을 알아보게 된다. 누군가가 도움을 구할 때까지 기다리지 말고 먼저 나서라.

도울 수 있다고 해도 동시에 서로 다른 너무 많은 이슈를 작업하는 것은 바람직하지 않지만 첫 번째 기여가 마무리되기를 기다리는 동안 새로운 일 한 가지를 시작하는 것은 합리적이다. 또 다른 프로젝트로 옮겨 보는 것도 합리적이다. 이는 업무에서 어떤 FOSS 프로젝트를 사용하고 있는데 그 프로젝트에 수정 사항을 반영해야 하는 경우로, 수정 사항이 반영되면 원래 업무로 돌아가면 된다. 이렇게 해도 잘못된 행동은 아니고 커뮤니티에 머물러야 한다는 의무도 없다. 커뮤니티에 머무르면 당연히 좋겠지만 여러분의 삶에서 해야 할 다른 일이 있음을 모두가 이해하므로 보통 한 가지 기여를 하고 떠나도 신경 쓰지 않는다.

패치가 안착하면, 즉 기여가 받아들여지면 그것은 프로젝트의 일부가 되고 대개 더는 여러분의 책임이 아니다. 여러분이 원하지 않거나 할 수 없는데도 여러분이 그것을 담당해야 한다고 요구받지 않는다. 전체 커뮤니티가 그것을 계속 업데이트하고 잘 돌아가게 유지한다. 그것을 만든 사람, 즉 해당 분야 전문가로서 여러분은 자연히 질문을 받을 수도 있지만 여러분이 프로젝트에서 그 부분을 맡은 유일한 담당자가 되어야 한다고 기대하는 사람은 거의 없다. 자유롭게 다른 일을 해도 된다.

⟩ 도움 받기

기여물을 조금씩 만드는 중에 곤란한 문제에 맞닥뜨려서 지속적인 도움이 필요할 수도 있다. 때로는 스스로 해결할 수도 있지만 거의 모든 FOSS 프로젝트에서는 누군가에게 도움을 요청하기 전에 이 방법을 먼저 시도해야 한다고 생각한다. 기술 업계에서는 이를

RTFM_{Read The F'ing Manual}이라고 한다. F로 시작하는 어떤 낱말을 쓸지는 독자들에게 맡긴다.

RTFM

문제의 매뉴얼은 일반적으로 프로젝트에서 사용할 수 있는 여러 문서를 가리킨다. 이러한 매뉴얼에는 사용자 문서, 설치 문서, 개발자 문서, 기여 가이드, 스타일 가이드, 그 외 여러 종류의 문서가 있다. FOSS 프로젝트의 문서 대부분은 많은 작업을 더 해야 바라는 만큼 유용해진다는 사실을 알게 될 것이다. 문서를 개발하는 데는 많은 시간과 노력이 들어가므로 불행히도 프로젝트 개발자들이 간과할 때가 많다. 여러분이 선택한 프로젝트에 문서가 드물어도 도움을 요청하기 전에 시간을 들여 문서를 읽자. 적어도 문서는 많은 맥락을 제공하므로 듣게 될 대답뿐 아니라 처음에 질문을 좀 더 효과적으로 할 수 있는 방법을 더 잘 이해할 수 있을 것이다.

문제에 대한 정보를 찾을 수 있는 또 다른 좋은 곳은 프로젝트 기록 보관소다. 프로젝트에 메일링 리스트가 있다면 특히 도움이 될 것이다. 거의 모든 메일링 리스트 보관소는 온라인에서 보고 검색할 수 있어서 문제를 더 쉽게 조사할 수 있다. 가장 어려운 부분은 보관소를 찾는 것이다. 메일링 리스트에 가입했다면 받은 메시지 꼬리말에서 보관소 링크를 찾을 수 있을 것이다. 링크가 보이지 않는다면 가입할 때 받은 확인 이메일을 뒤져 보라. 확인 이메일에는 대개 가입 상황을 관리할 수 있는, 웹 인터페이스를 가리키는 링크와 메일링 리스트 보관소를 볼 수 있는 방법이 포함되어 있다. 프로젝트에서 실시간 대화(예를 들어 IRC)를 사용한다면 대화 시스템에서 대화를 로그로 남겨 두거나 보관해 두었을 것이다. 그러한 로그가 있다면 대화 시스템의 해당 주제에 링크되어 있거나 어딘가에 문서로 작성되어 있을 것이다. 이러한 모든 보관소를 검색하면 문제에 대한 답을 찾을 수 있다.

프로젝트의 과거 기여에서도 많은 걸 배울 수 있다. 프로젝트 저장소의 로컬 복제본을 가지고 있다면 버전 관리 시스템으로 과거 커밋을 검색할 수 있다. 프로젝트가 깃랩, 깃허브, 비트버킷 같은 코드 호스팅 서비스forge, '부록. 용어 해설' 참고를 사용한다면 모든 과거 커밋 로그뿐 아니라 닫힌 이슈를 쉽게 찾을 수 있다(이 모든 걸 한번에 찾을 수도 있다). 이렇게 검색하다 보면 사람들이 전에 직면했던 문제와 앞으로 고칠 가능성이 있는 지점에 대한 귀중한 정보가 나타날 수 있다.

질문하는 방법

문서도 읽어 보고 검색도 해 보고 다 해 봤는데 장애물을 여전히 극복하지 못했다면 주저 말고 커뮤니티에 질문하라. 하지만 질문은 적절하게 해야 한다. 아무리 혼란스러워도 짜증 섞인 질문을 대화방이나 메일링 리스트에 불쑥 내뱉지 말라. 비우호적이라는 인상을 주게 되면 도움을 거의 받지 못할 것이다. 아무도 투덜이를 도우려고 자신의 시간을 쏟고 싶어 하지 않는다. FOSS 프로젝트 커뮤니티에 좋은 질문을 하는 다섯 가지 단계가 있다.

1. 적합한 곳에 질문하고 있는지 확인하라. 메일링 리스트에 질문하기를 바라는 프로젝트도 있고 이슈 트래커에 질문하기를 바

라는 프로젝트도 있다. 또 어떤 프로젝트는 대화방이나 다른 방식을 사용한다. CONTRIBUTING 파일을 읽어 보고 프로젝트에 질문을 하는 정확한 방법을 확인하자.

2. 태도를 고치라. 전에 다른 프로젝트에 기여했거나 30년간 소프트웨어를 개발했거나 자신이 리눅스 창시자 리누스 토르발스 Linus Torvalds[1]나 펄Perl 창시자 래리 월Larry Wall[2] 또는 월드 와이드 웹 창시자 팀 버너스리Tim Berners-Lee[3]라도 마찬가지다. 잘난척하지 말라. 오만한 바보처럼 보이지 않으면서도 자신감 있고 유능하게 질문할 수 있다. 예를 들어 프로그래밍 최적화에 대해 질문할 때 자신이 컴퓨터 과학 박사이고 20년간 그 언어로 프로그래밍을 했다고 밝히기보다는(당면한 문제와 관련 없는 정보다) 발견한 문제와 코드 개선 방법과 코드 변경 시 문제를 겪을 사람이 있는지 여부를 물어보라. 시간을 들여 적절하게 질문을 작성하라. 초안을 친구에게 보여 주고 잘난체하는 얼간이처럼 보이지 않는지 확인하라.

3. 언제나 예의를 지키라. 다시 말하지만 아무리 혼란스러워도 커뮤니티에 질문할 때는 정중해야 한다. 프로젝트나 커뮤니티로 향하지 않도록 분노를 극복하는 게 좋다. "문서와 메일링 리스트를 전부 읽어 보고 생각나는 걸 모두 해 봤는데 여전히 안 되네요"는 허용되는 말이다. "이 문서들은 쓸모없고 코드는 엉망이고 에러 메시지는 끔찍하네요"는 아무리 사실이라도 친구를 얻을 수 없는 말이다. 공손하게 부탁하고 감사의 말을 해야 하며 자신의 말이 부정적 감정이 아닌 문제만을 표현하고 있는지 확인해야 한다.

4. 간결하면서도 분명하게 문제를 말하라. 원래 하려고 했던 일과 예상과 다르게 나온 결과와 여러분이 본 에러 메시지 전체를 명시하라. 짧지만 관련된 세부 내용을 포함하도록 하자. 로그 파일이나 스택 트레이스가 있다면 페이스트빈pastebin[4]이나 그와 비슷한 서비스에 올리고 나서 질문에 해당 링크를 넣으라. 문제를 해결하려고 밟았던 단계뿐 아니라 여러분이 조사한 내용을 요약하면 도움이 된다. 이렇게 하면 여러분이 이미 시도한 것 말고 새로운 해법을 사람들이 제시할 수 있을 것이다.

5. 인내심을 가지라. 기억하자. FOSS 커뮤니티 멤버는 대부분 자원자다. 각자 자신의 삶과 그에 따르는 복잡한 문제들이 있다. 질문을 읽은 사람이 있냐고 묻기 전에 그들에게 질문에 대답할 수 있는 시간을 며칠 주자. 기다리는 동안 문제를 해결하려고 조사하면서 배운 내용(이를테면 에러 메시지와 그 의미)을 문서로 작성해서 전체 커뮤니티에 도움을 줄 수도 있다.

} 토론에 참여하는 데 도움이 되는 팁

모든 FOSS 기여 과정의 의사소통에는 다양한 불문율이 숨어 있다. 수십 년간 FOSS 세계는 의사소통 방법에 대해 많은 관습과 기대치를 개발해 왔다. 당연히 기여의 여러 측면에 따라 이러한 관습과 기대치는 다르다. 지금쯤이면 이러한 것들이 아무리 다양해도 놀랍지 않을 것이다. 그리고 대부분의 상황에 적용할 수 있는 가이드라인도 있다.

잠시 후에 특정 의사소통 채널에 맞는 가이드라인을 살펴볼 텐

데 우선 모든 종류의 의사소통에 적용할 수 있는 가이드라인을 알아보겠다. 이것들을 연습하면 좀 더 효과적으로 의사소통하는 데 도움이 될 것이다.

- 말하고 쓰기보다는 듣고 읽으라. 여러 사람이 참여하는 토론은 사소한 오해로 인해 금세 과열될 수 있다. 때때로 이러한 오해는 모든 정보가 제시되지 않는 데서 비롯되기도 한다. 전체 그림의 일부만 보고 답하면 그 대답 때문에 격론을 일으킬 수도 있다. 대답하기 전에 시간을 들여 전체적인 정보를 읽거나 듣자.
- 단순히 반응하기보다는 충분히 이해하고 나서 적절히 행동하라. 경청과 그냥 듣는 것은 다르다. 토론을 검토할 때는 잠시 멈춰서 그 내용을 완전히 이해했는지 확인하라. 다른 참여자가 말하려고 하는 내용을 귀 기울여 듣자. 그냥 건성으로 듣지 말자. 긍정적이든 부정적이든 강한 감정적 반응을 하고 싶다면 그 전에 잠시 기다리자. 토론에서 다른 사람에게 미칠 영향을 포함해서 자신의 반응이 어떤 결과를 불러올지 충분히 생각하자. 자동적인 반응은 다른 사람과 협업하는 효과적인 방법이 절대 아니다.
- 다른 관점을 이해하려고 노력하라(이해되지 않는다면 더 자세한 정보를 요청하라). 토론의 기술적인 측면을 이해하려 하고 있다면 시간을 내서 다른 토론 참여자의 관점에 대해 고려해 보라. FOSS 세계에는 훌륭한 사람들이 많이 있는데 그런 사람들은 적절한 이유가 없으면 거의 아무것도 하지 않는다(여러분이 동의하지 않더라도). 제안에 대한 관점이나 이유를 이해하지 못하겠다면 물어보라. 그냥 "이걸 제안한 것 같은데 그 이유를 잘 이해

하지 못하겠군요. 좀 더 자세히 설명해 줄 수 있을까요?"라고만 해도 의사소통 오류나 불같은 분노를 피할 수 있다.

- 경쟁이 아니다. 누구도 토론에 점수를 매기지 않는다. 제안이 받아들여지는 데 1등이 되어야 하는 경주가 아니다. 대화는 경쟁이 아니고 그렇게 취급할 이유도 없다. 자신이 매우 경쟁적인 사람이라면 토론에 참여할 때 그 점을 염두에 두고 자신의 반응이 어떤지 주의를 기울여라. 다른 사람들에게 도움이 되고 싶은가? 프로젝트를 위해 일하는가, 아니면 토론에서 '이기고' 싶을 뿐인가? 스스로에게 솔직해지자. 그리고 칭찬받거나 주목받고 싶어서가 아니라 프로젝트에 도움이 되기 위해 토론에 참여하자.

- 토론은 여러분을 두고 하는 이야기가 아니다. 거듭 말하지만 FOSS 프로젝트에서 토론은 여러분을 두고 하는 이야기가 아니다. 만약 그렇다면 뭔가가 매우 불쾌하게 잘못되어 가고 있는 것이다. 그런 드문 경우를 제외하면 토론은 개인을 지목하는 게 아니라 프로젝트에서 관심을 두는 일을 다뤄야 한다. 여러분의 제안이나 질문이 토론하는 동안 받아들여지지 않더라도 그게 인간으로서 여러분의 가치나 기여자로서 여러분의 실력을 공격하는 건 아니다. 그냥 제안이나 질문이 받아들여지지 않은 것이다. 사적으로 받아들이지 말라. 여러분의 실력이나 인간으로서 여러분의 가치를 실제로 공격하는 문제는 다음 장에서 다루겠다.

- 공개적으로 하라. 무엇보다도 기억하자. FOSS 프로젝트는 여러 지역, 아마도 전 세계에 분산된 커뮤니티에서 하는 공개 프로젝트다. 프로젝트와 관련된 대화는 공개적인 공간에서 이뤄져야 한다. 그러한 공간은 이슈 트래커, 메일링 리스트, 실시간 대화,

개인 간일 수 있다. 때때로 특정한 주제를 토론하기 위해 더 작은 그룹으로 나눌 필요도 있지만 토론 결과는 어떤 방식으로든 전체 커뮤니티에 보고되어야 한다. 예외(예를 들어 행동 수칙 위반 보고에 대한 토론)도 있지만 비공개 토론과 결정은 FOSS 커뮤니티나 프로젝트에서 드문 일이다.

FOSS 커뮤니티에서 토론에 참여할 때마다 이러한 가이드라인을 염두에 두자. 이러한 팁들에 따라 커뮤니티와 그 멤버들에게 존중을 표할 수 있고 여러분 역시 존중을 받을 수 있다. 커뮤니티의 존중받는 멤버로서 여러분의 기여는 효과가 나거나 영향을 끼칠 것이고 이는 시간을 들여 잘 의사소통하는 방법을 배웠기 때문이다.

〉 기대치를 설정하고 관리하는 것의 중요성

어느 그룹에서나 직면하는 많은 의사소통 문제는 우리가 가지고 있거나 다른 사람 마음에 심어 놓은 기대치에 주의를 기울이지 않는 데서 비롯된다. 우리가 말과 생각을 공유할 때 그것들을 경험하는 사람들은 우리의 말에 기반을 둔 일련의 가정과 기대치를 만들어 낸다. 우리가 취하는 행동이 다른 사람의 기대치에 미치지 못할 때 대체로 실망이 이어진다.

기여를 할 때 실망을 피하는 가장 좋은 방법은 기대치를 직접 설정하는 것이다. 무엇을, 왜, 언제 기여하려는지 분명하게 밝힘으로써 그렇게 할 수 있다. 이것을 사용자 인터페이스 디자인에서 일반적으로 쓰이는 놀람 최소화 원칙Principle of Least Astonishment, '부록. 용어 해설' 참고의 의사소통 버전이라고 생각하라. 기대만큼 행동을 취하면 아무도 놀라지(실망하지) 않을 것이다.

기여 기대치를 설정할 때 토론의 다른 참여자들이 그 기대치를 실제로 보거나 이해했다고 늘 확신할 수는 없다. 누구나 대화에서 똑같은 정보를 얻었다고 가정하는 것은 실패하거나 논쟁에 빠지기 쉬운 길이다. 사람의 마음을 읽을 수 없는데 전체 그룹이 똑같은 기대치를 공유했는지 어떻게 알 수 있을까? 예를 들어 "자, 확인 한번 하겠습니다. 다음 출시 때 그 기능을 제거하려고 합니다. 괜찮나요?"라고 물어보라. 이런 단순한 확인으로 오해가 드러나고 충돌을 피할 수 있음을 알게 된다면 놀랄 것이다.

이런 식으로 기대치를 설정하고 확인하면 또 다른 혜택이 있다. 무엇을, 왜, 언제 할지 정함으로써 결과물의 한계를 명시할 수 있다. 이렇게 하면 프로젝트의 무분별한 범위 확대를 줄일 수 있다. 기여를 완성하는 데 무슨 일을 해야 하는지, '완성되면' 어떤 모습일지 누구나 알 수 있다. 적절한 의사소통과 기대치 설정으로 잘 정의된 작업에 새로운 요구 사항을 더할 일은 거의 없다.

FOSS 커뮤니티의 다른 멤버들과 함께 기대치를 설정하고 확인하는 일만큼 그러한 기대치를 관리하는 일도 똑같이 중요하다. 세상은 복잡한 곳이고 기대치가 바뀌어야 할 때가 있다. 어떤 작업을 하다가 그 작업이 원래 생각했던 것보다 더 복잡하다는 사실을 깨달을 때가 있다. 개인 또는 직장 생활에 어떤 일이 생겨서 FOSS 기여를 잠시 미뤄야 할 때도 있다.

어떤 이유 때문에 커뮤니티의 기존 기대치를 충족시키지 못할 때 가장 도움이 되지 않는 행동은 무엇일까? 아무 말 없이 사라지

는 것이다. 무선 침묵radio silence과 같이 아무 말도 하지 않으면 기대
치를 만족시키지 못했을 때 커뮤니티에서 느낄 실망과 혼란만 커질
뿐이다. 문제를 해결하려고 조용히 애쓰면서 커뮤니티의 기대를
저버리지 않을 진전을 이뤄 내기를 바라겠지만 그렇게 해 봐야 불
가피하게 지연될 뿐이고 커뮤니티에서는 무슨 일인지 궁금해하게
되고 결국 기대치를 충족시키기 위해 함께 일할 수 있는 기회를 다
른 사람에게서 뺏는 것이다. 기대치를 바꿔야 하는데 침묵하면 모
든 사람의 시간과 힘을 낭비하게 된다. 그러지 말라.

작업을 하다가 기존 기대치를 만족시키지 못할 문제가 있음을
알게 된다면 바로 작업을 그만두고 그 문제에 대해 이야기하라. 직
장에서 예상치 못한 야근 같은 강행군 때문에 마감일을 일주일 미
뤄야 한다면 사람들에게 이야기하라. 자신이 제거하려는 기능이
예상치 못한 방식으로 프로젝트에 영향을 미칠 수 있음을 사람들
에게 알리라. 익숙하지 않은 무언가를 발견했을 때 도움을 구하라.
커뮤니티에 일찍 알려 줄수록 이슈가 일찍 해결되고 기대치가 다시
맞춰진다. 그리고 모든 게 부드럽게 돌아갈 것이다.

FOSS 프로젝트는 사람들에 의해, 사람들을 위해 만들어진다. 모
두 프로젝트에 참여하고 있고 도우려고 하지만 문제가 있다는 사실
을 사람들에게 알려 주지 않으면 도와줄 수 없다. 커뮤니티와 의사
소통할 때 기대치를 적절히 설정하고 확인하고 관리하자.

〉 의사소통 채널과 사용법

자, 일반적인 팁을 살펴봤으니 FOSS 프로젝트에서 쓰이는 다양한

의사소통 채널의 불문율에 대해 이야기해 보자. 프로젝트마다 의사소통 채널을 다르게 사용하지만('3장 기여 준비하기'에서 언급한 초강력 의견을 떠올려 보라) 대부분은 다음과 같은 채널을 사용한다.

- 메일링 리스트(리스트서브)
- 이슈 트래커
- 실시간 대화
- 콘퍼런스 콜

각 방식에 맞는 일반적인 모범 사례를 제시할 테니 완전히 처음부터 시작할 필요는 없지만 프로젝트 문서와 CONTRIBUTING 파일을 확인해 프로젝트에서 어떤 채널을 사용하고 각 채널에서 선호하는 소통 스타일이 무엇인지 알아 두는 걸 잊지 말자. 프로젝트 커뮤니티에서 선호하는 의사소통 방식에 관한 정보를 찾지 못했다면 이메일을 보내거나 이슈를 열어서 질문하라. 답을 받으면 문서에 즉시 업데이트하라. 여러분이 그런 질문을 했다면 다음번 신입 기여자도 같은 질문을 틀림없이 할 것이다. 문서를 업데이트해 프로젝트와 신입 기여자를 도울 수 있다.

〉 메일링 리스트

대부분의 프로젝트에서 여러 형태의 메일링 리스트(리스트서브)를 사용한다. 매우 큰 프로젝트에서는 필요에 따라 메일링 리스트를 여러 개 사용한다. 프로젝트 전체 개발을 위해 하나, 사용자 지원을 위해 또 하나, 공지나 커뮤니티 소식을 위해 하나, 이런 식으로 여러 개를 사용할 수 있다. 프로젝트에서 메일링 리스트를 어떻게 구성했든 간에 대개 CONTRIBUTING 파일이나 README 파일에서 정보를 찾을 수 있다.

메일링 리스트는 긴 토론, 특히 여러 지역에 흩어진 커뮤니티 멤버들 간에 의견을 나누는 데 뛰어난 채널이다. 메일링 리스트는 철저한 답변을 권장할 뿐 아니라 대화 속도를 늦춤으로써 모든 참여자에게 공정한 대화의 장을 제공한다. 메일링 리스트의 비동기적 특성 때문에 참여자들은 시간이 날 때 자유롭게 소통할 수 있다. 실시간 대화(나중에 다룬다) 같은 채널에서 때때로 느끼는, 항상 온라인 상태여야 한다는 압박 없이 자기 일정에 따라 토론을 읽고 토론에 응답할 수 있다. 메일링 리스트는 커뮤니티가 전 세계적으로 흩어져 있거나 사람들이 주로 말하고 쓰는 언어가 프로젝트에서 주로 쓰는 언어와 같지 않을 때 특히 유용하다. 메일링 리스트의 속도는 대체로 느려서 자신의 생각을 번역하느라 더 많은 시간이 필요한 사람들에게도 시간이 충분히 주어지므로 프로젝트와 커뮤니티에서 주로 쓰는 언어로 유창하게 말하는 사람들과 비슷한 위치에서 대화할 수 있게 된다.

메일링 리스트는 또한 커뮤니티 멤버와 프로젝트 사용자에게 훌륭한 역사적 참고 자료다. 해당 기능을 끌 수도 있지만 거의 모든 메일링 리스트에서 기본적으로 메일을 보관하고 그러한 보관소는 대체로 공개적으로 사용할 수 있고 검색할 수 있다. "왜 프로젝트에서 이런 식으로 할까?" 하고 궁금하다면 대개 메일링 리스트 보관소에서 답을 찾을 수 있다.

앞서 언급했듯이 메일링 리스트를 여러 개 쓰는 프로젝트도 있다. 지나치다고 볼 수도 있지만 메일링 리스트를 여러 개 쓰면 프로젝트와 관련된 모든 이메일의 홍수에 휩쓸리지 않고 필요한 정보만 얻을 수 있다. 이러한 리스트들은 공통된 이름에다 접미사를 붙여서 메일링 리스트에서 어떤 내용을 다루는지 구분해 나타낸다. 자주 쓰는 접미사로는 -dev, -user, -announce 등이 있다. -dev는 프로젝트의 기술적 개발에 대한 토론 전용 리스트이고 -user는 프로젝트 최종 사용자들의 질문과 토론 리스트이며 -announce는 새 버전 출시, 콘퍼런스 정보, 보안 경고 등에 관해 중요한 공지를 하고 토론은 전혀 하지 않는 트래픽이 많지 않은 리스트다. 프로젝트 문서를 확인해 어떤 메일링 리스트를 제공하는지 보고 자신과 관련 있는 리스트에만 가입하자. 전부 가입할 수도 있지만 자신이 원하거나 다룰 수 있는 분량보다 더 많은 이메일을 받게 될 것이다.

이메일 잘 쓰기

수십 년 넘게 많은(대부분 불문율로) 관습과 에티켓이 FOSS 메일링 리스트에서 생겨났다. 메일링 리스트가 대부분의 FOSS 프로젝트에서 의사소통 전략의 중요한 일부분이므로 이러한 관습을 잘 따르는 이메일을 쓰면 의사소통을 하는 데 도움이 되면서도 이메일 에티켓을 어겨 사람들을 짜증나지 않게 할 수 있다. 메일링 리스트에 새 메시지를 쓸(글타래를 시작할) 때 따라야 할 몇 가지 팁이 있다.

- 메시지를 한 가지 주제로 제한하고 대화 내내 그 주제에 충실하라.
- 제목을 잘 쓰라. 저널리즘에서 말하듯이 가장 중요한 내용을 먼

저 쓰라. 제목에서 토론하고 싶은 주제를 언급해야 한다. 간결하게 설명하라. 특정 이슈에 대해 질문한다면 제목 행에 이슈 번호를 적으라.

- 질문, 제안, 주장으로 메시지를 시작하고 나서는 (필요하다면) 메시지 나머지 부분에서 그것을 뒷받침하라.
- 메시지는 텍스트 위주로 쓰고 형식을 최소화하라.
- 메시지에 추가 참고 자료가 필요하다면 이메일 본문에 내용을 잘라서 붙여 넣기보다는 참고 자료를 다른 데 저장하고 나서 링크하라. 이러한 참고 자료에는 이미지, 스크린샷, 소스 코드, 에러 메시지, 스택트레이스 등 길고 공간을 잡아먹는 것들이 있다.
- 메시지 본문에서 참고 자료를 언급할 때 인라인으로 링크할 수도 있지만 링크를 메시지 각주로 표시해 본문 텍스트 흐름이 자연스럽게 읽힐 수 있게 하는 방식이 대체로 선호된다.
- 메시지에 첨부 파일을 포함시키지 말라. 많은 메일링 리스트 소프트웨어 패키지에서 최대 메시지 크기를 설정해 두는데 첨부 파일을 포함시키면 설정된 메시지 최대 크기를 넘어서 메시지가 전달되지 않는다. 대신 앞서 설명한 대로 링크를 걸라.

다음은 잘 쓴 메일링 리스트 메시지 예다.

보낸 사람: webdev@fossforge.com
받는 사람: webframework-api-listserv@example.com
제목: page.lastupdate.datetime이 잘못된 걸 반환하나요?

웹 사이트[0] 테마를 업데이트하고 있는데 각 페이지가 마지막으로 업데이트된 때를 보여 주면 방문자에게 도움이 되겠다는 생각이 들었습니다. 문서를 확인해 봤는데 이 정보를 가져오는 API 메서드가 없는 것 같았습니다.

그러고 나서 page 모듈[1] 소스 코드를 뒤져 보니 page.lastupdate.datetime 이라는 문서화되지 않은 메서드가 있는 걸 발견했습니다.

그 메서드를 호출하니 API의 다른 .datetime 메서드처럼 UTC 타임스탬프가 아니라 POSIX 시간이 반환됐습니다. 예를 페이스트빈에 올렸습니다[2].

그렇게 되는 게 맞나요? 문서화되지 않아서 잘 모르겠네요.
--V

[0] https://fossforge.com
[1] https://gitlab.com/webframework/blob/master/source/page/page.py
[2] https://pastebin.com/4cbeN8zj

메일링 리스트 메시지에 답장하기

메일링 리스트 메시지에 답장 쓰기는 비교적 쉬운 일이라고 생각할지도 모른다. 하지만 틀렸다. 메일링 리스트에 정확한 형식으로 답장을 쓰는 것에 대해 엄격한 규칙을 갖고 있는 FOSS 커뮤니티가 많다. 이 규칙은 어기기 쉬운데 문서로 거의 작성되지 않아서 그렇다. 다음에 나오는 내용은 메일링 리스트에 답장을 쓸 때 따라야 할 규칙에 관한 내용 중 일부인데 FOSS 프로젝트에 관련된 다른 내용처럼 시작하기 전에 조사를 좀 해 봐야 한다. 프로젝트 메일링 리스트 보관소를 보고 사람들이 대개 어떻게 답장을 하는지 살펴보고 자신이 메일링 리스트 글타래에 답장을 쓸 때 참고하라.

우선 상단 쓰기 대 인라인 답장 문제가 있다. 그다지 중요한 이유 같지는 않지만 많은 FOSS 참여자들은 이 두 가지 이메일 형식에 대해 강한 의견을 가지고 있다.

대부분 상단 쓰기 방식 이메일 답장에 익숙할 것이다. 상단 쓰기에서는 이메일 클라이언트에서 메시지를 선택하고 '답장'을 누른다. 선택된 메시지의 전체 내용이 새 메시지 버퍼에 복사되고 선택된 메시지 위에 답장을 쓰는데 답장 밑에 있는 나머지 버퍼는 수정하지 않고 '보내기'를 누른다. 지메일Gmail이나 구글 그룹스Google Groups 같은 유명한 이메일 서비스의 사용자 인터페이스는 이러한 메시지 답장 형식을 권장한다. 이메일 클라이언트는 새 메시지에 복사된 내용을 숨기는데 보통 '클릭하여 더 보기' 인터페이스를 눌러야 가려진 내용을 볼 수 있다.

보낸 사람: coredev@webframework.org
받는 사람: webframework-api-listserv@example.com
제목: Re: page.lastupdate.datetime이 잘못된 걸 반환하나요?

어, 좀 이상하군요. 이슈를 열어 주시겠어요[빠진 문서도 이슈로 열어 주세요]? 살펴볼게요.

알려 주셔서 고맙습니다!

안녕히 계세요.

Subha 드림

2018년 1월 23일 (화) 오전 10:45, VM Brasseur 님이 작성:
> 웹 사이트[0] 테마를 업데이트하고 있는데 각 페이지가
> 마지막으로 업데이트된 때를 보여 주면 방문자에게 도움이
> 되겠다는 생각이 들었습니다. 문서를 확인해 봤는데 이 정보를
> 가져오는 API 메서드가 없는 것 같았습니다.
>

> 그러고 나서 page 모듈[1] 소스 코드를 뒤져 보니

--클릭하여 더 보기--

상단 쓰기 방식 답장의 팬들은 메일링 리스트 글타래의 어떤 메시지든 항상 '클릭하여 더 보기'를 눌러서 전체 대화를 볼 수 있다는 점을 좋아한다. 필요한 정보를 찾기 위해 다른 사용자 인터페이스를 돌아다닐 필요가 없다.

상단 쓰기 방식 답장과 사뭇 다른 이메일 답장 형식으로 인라인 답장이 있다. 인라인 답장을 쓸 때도 메시지를 선택하고 '답장'을 누르면 선택된 메시지의 전체 내용을 새 메시지 버퍼에 복사한다. 그런데 상단 쓰기처럼 답장을 상단에 쓰고 메시지 버퍼 나머지 부분을 건드리지 않는 게 아니라 메시지 버퍼를 편집해 답장을 인라인으로 쓰는데 여러분의 답장 내용과 관련되는 메시지 바로 밑에 쓰게 된다. 답장과 관련 없는 버퍼 텍스트는 답장에서 지워도 된다.

인라인 답장의 팬들은 문장 바로 밑에 답장을 쓰면 각 문장의 문맥이 분명해지고 명확해진다는 점을 좋아한다. 또 답장에서 불필요한 텍스트를 지워서 훑어보기 쉽고 짧은 이메일 메시지를 쓸 수 있다는 점도 좋아한다. 글타래에 대한 추가적인 맥락이나 히스토리가 필요할 때 메일링 리스트(또는 자신만의 이메일) 보관소에 의존하기도 한다.

보낸 사람: coredev@webframework.org
받는 사람: webframework-api-listserv@example.com
제목: Re: page.lastupdate.datetime이 잘못된 걸 반환하나요?

2018년 1월 23일 (화) 오전 10:45, VM Brasseur 님이 작성:

> 그러고 나서 page 모듈[1] 소스 코드를 뒤져 보니

똑똑하시군요. :-)

> POSIX 시간이 반환됐습니다.

>

> 그렇게 되는 게 맞나요? 문서화되지 않아서
> 잘 모르겠네요.

ㅋㅋㅋ, 아니에요. 그래서는 안 돼요. 이슈를 열어
주시겠어요(빠진 문서도 이슈로 열어 주세요)?
살펴볼게요.

알려 주셔서 고맙습니다!

안녕히 계세요.

Subha 드림

프로젝트 커뮤니티마다 어떤 답장 방식을 다른 방식보다 선호하는
문화가 있지만 그러한 선호를 문서에 명시하는 경우는 드물다. 메
일링 리스트 보관소를 확인해 어느 답장 방식이 우세한지 보자. 선
호가 없어 보인다면 전달하려는 메시지에 가장 자연스러운 답장 형
식을 사용하라.

메일링 리스트 글타래 메시지에 답장을 쓸 때 제목 행은 그대로
두라. 그렇게 해야 사람들이 관심 있는 글타래와 관련된 메시지를
받은 편지함에서 훑어볼 수 있다. 맞다. 요즘 대부분의 이메일 클라
이언트는 글타래를 알아서 처리하지만 메일을 읽는 사람이 자신의
클라이언트를 어떻게 설정했는지 짐작하기란 쉽지 않다. 이 규칙
에 한 가지 예외가 있다면 기존 글타래에 기반을 둔 새 글타래를 시

작할 때다. 이 경우 그에 맞춰 제목 행을 바꾸면 된다. 하지만 원 제목을 was:와 함께 괄호 안에 두는 게 좋다. 예를 들면 다음과 같다.

보낸 사람: doclead@webframework.org
받는 사람: webframework-api-listserv@example.com
제목: 문서를 감사할 때인가요? (was: Re: page.lastupdate.datetime이 잘못된 걸 반환하나요?)

2018년 1월 23일 (화) 오전 10:45, VM Brasseur 님이 작성:
> 그러고 나서 page 모듈[1] 소스 코드를 뒤져 보니
> page.lastupdate.datetime이라는 문서화되지 않은
> 메서드가 있는 걸 발견했습니다.

지난 몇 달간 이런 보고를 몇 개 받았습니다. 모든 내용이
문서로 작성됐는지, 문서가 정확한지 감사할 때인가요?

~Lew

이메일 부담 관리하기

메일링 리스트 이메일에 관한 흔한 비판 한 가지는 넌더리나게 이메일이 많이 온다는 것이다. 메일링 리스트가 여러 개인 큰 프로젝트에서는 하루에 수십 통 넘는 이메일이 오기 일쑤다. 그런 이메일에는 잡음이 많아서 인지 부하가 걸리고(정신력이 소모된다), 생산성과 효율성이 떨어지게 된다. 어떻게 해야 이 모든 잡음에 치이지 않으면서 메일링 리스트에 가입할 수 있을까? 간단하다. 자신에게 직접 영향을 끼치는 잡음을 줄이는 것이다.

잡음을 줄이는 첫 번째 방법은 실제로 자신에게 영향을 미치는 메일링 리스트에만 가입하는 것이다. 현대 기술 덕에 우리는 서로

다른 수많은 정보 흐름에 훨씬 쉽게 연결될 수 있다. 그로 인해 놀라운 통찰을 얻기도 하지만 정보 과부하에 걸리기도 한다. 가뭄에 콩 나듯 튀어나오는 한두 가지 지혜를 놓치지 않으려고 조금이라도 흥미 있는 메일링 리스트에 전부 가입하고 싶은 유혹을 받을 수 있다. 그렇게 하기 전에 메일링 리스트의 부수적인 잡음이 자신의 삶에 어떤 영향을 끼칠지 조사해 보라. 이 세상의 시간은 제한되어 있다. 자신에게 그다지 영향을 미치지 않는 메일링 리스트의 잡음에 그 시간을 정말 투자하고 싶은가? 그러한 결정을 할 수 있는 건 자신뿐이다.

메일링 리스트에 꼭 가입해야 할 경우 인지 부하를 줄이는 두 번째 방법은 메일링 리스트 메일을 받은 편지함에 들어가지 않게 하는 것이다. 모든 현대적인 이메일 서비스는 필터 메커니즘을 제공하는데 자신이 사용하는 이메일 서비스에 필터 메커니즘이 없다면 이메일 클라이언트의 필터 기능을 사용할 수 있다. 필터, 폴더, 태그를 어떻게 구성하느냐 또는 무슨 메커니즘을 쓰느냐는 중요하지 않다. 중요한 점은 메일링 리스트 메시지가 받은 편지함(대체로 가장 높은 주의력이 요구되는 이메일이 들어가는 곳)에 들어가지 않게 해서 나중에 메일링 리스트 메시지를 쉽게 찾고 훑어볼 수 있을 뿐 아니라 신경 써야 할 더 중요한 일이 있을 때 쉽게 무시할 수 있도록 구성하는 것이다. 이렇게 구분하면 인지 부하를 줄이고 다른 일을 위해 뇌에 여유를 주는 데 크게 도움이 된다. 보이지 않으면 신경 쓰지 않게 된다.

메일링 리스트 때문에 생기는 인지 부하를 줄이는 세 번째 방법은 선택적으로 참여하는(훑어보는) 것이다. 정말 모든 메일링 리스트 메시지를 자세히 읽을 필요가 있는가? 프로젝트에 막 참여하기 시작했다면 그렇게 하고 싶을지도 모른다. 그렇게 하면 커뮤니티 멤버들이 어떻게 소통하고 프로젝트와 커뮤니티가 어떤 도전에 직면해 있는지에 대해 좋은 감각이 생길 수 있다. 하지만 환경에 좀 더 익숙해지면 모든 글타래의 메시지를 전부 읽기보다는 메시지 제목 행만 훑어보는 방식으로 바꾸고 싶을 것이다.

자세히 읽든, 훑어보든 어느 쪽이든 좋은 인상을 남길 수 있을 만한 경험과 지식을 쌓기 전까지는 메시지에 답장을 쓰기보다는 읽는 데 더 많은 시간을 써야 한다. 이해하지 못한 채로 말하면 어리석어 보일 뿐이다. 한 가지 예외는 질문이다. 자신이 이해하지 못하거나 맥락을 충분히 모르는 개념이나 주제에 대해 사람들이 토론하고 있다면 더 자세한 정보를 물어보라. 누군가 그러한 정보를 숟가락으로 떠먹여 주리라 기대하지 말라. 대신 더 자세히 공부하는 데 도움이 될 참고 자료를 어디에서 찾을 수 있을지 질문하라.

어쨌든 자신에게 해당되는 토론에만 참여하도록 하라. 모든 대화에 참여하려고 스스로에게 압박을 주기도 하는데 그럴 필요가 전혀 없다. 다시 말하지만 시간은 재생 가능한 자원이 아님을 기억하라. 어디에 써야 시간을 더 잘 쓸 수 있을까? 불손하게 들릴지 모르지만 인터넷에서 누군가 잘못했다고 해서[5] 자신이 그걸 꼭 바로잡을 사람이 될 필요는 없다. 그러므로 이상한 메시지는 건너뛰고 자신에게 해당되는 메일링 리스트 글타래에만 주의를 기울이자. 걱정하지 말라. 여러분의 의견이 또 다른 글타래나 리스트에서 필요하다면 누군가 말해 줄 것이다.

〉 이슈 트래커

이슈 트래커는 일반적으로 의사소통 채널로 여기지 않지만 많은 정보가 잘 관리되는 이슈 트래커를 통해 오간다. 깃허브, 깃랩, 비트버킷 등 유명한 버전 관리 시스템은 자사 서비스에 통합된 이슈 트래커를 제공한다. 흔히 보는 이슈 트래커로는 지라Jira, 버그질라 Bugzilla, 레드마인Redmine, 트랙Trac, OTRS가 있고 그 외에도 여러 가지가 있다. 몇몇 프로젝트 커뮤니티는 이러한 의사소통 채널을 다른 것보다 선호해서 질문과 토론을 하려면 이슈를 열라고 사람들에게 요청한다. 그러한 커뮤니티에서 이슈 트래커는 검색하기 쉬운 공개된 기록을 제공한다. 이슈 트래커에서 모든 토론을 관리한다는 것은 토론이 행동 아이템, 버그 보고, 기능 요청으로 금세 쉽게 바뀔 수 있음을 의미한다. 사람들에게 이슈를 할당함으로써 토론과 작업에 책임을 부과할 수 있고 커뮤니티 멤버들이 자신이 참여하는 토론과 작업을 따라가는 데 도움이 된다. 이슈가 과열되거나 논란이 될 때를 대비해 많은 이슈 트래커에는 조정이나 이슈 잠금 기능이 있어서 대화가 통제 불능의 악순환에 빠지지 않게 한다.

이슈 트래커를 의사소통 채널로 사용하는 게 인기를 얻고 있지만 FOSS 프로젝트에서는 여전히 예외적인 규칙이다. 대부분의 프로젝트에서는 이슈를 행동 아이템, 버그 보고, 기능 요청을 위해 남겨 둔다. 어쨌든 간에 프로젝트 이슈 트래커를 사용하기 전에 늘 CONTRIBUTING 파일이나 다른 문서를 읽자.

좋은 버그 보고 쓰기

이쯤에서 이슈 품질에 관한 주제를 이야기해 보면 좋을 것 같다. 이슈 품질은 대체로 열악하다. 기술 분야에 종사하는 사람들은 형편 없는 버그 보고를 쓰는 초자연적 능력을 지니고 있는 듯한데, 형편 없는 버그 보고를 해결하거나 고쳐야 하는 상황에 직면하게 되면 짜증이 나게 마련이다. 괜찮다. 고칠 수 있는 문제다. 이슈, 버그 보고를 잘 쓰는 가이드라인을 알려 주겠다. 이는 어느 프로젝트에서나 필요하므로 지금부터 배우기 시작하는 게 가장 좋다.

우선 FOSS 프로젝트에서 새 이슈를 열기 전에 이슈 트래커를 검색해서 여러분의 이슈가 이미 보고됐는지 보라. 열린 이슈(마무리되지 않은 작업)와 닫힌 이슈(마무리된 작업) 둘 다 검색하면 도움이 될 것이다. 여러분의 이슈가 이미 수정됐지만 아직 공개되지 않았거나 누군가가 보고했을 수도 있고 프로젝트 담당자가 필요한 수정이 아니라고 판단했을 수도 있다. 열린 이슈 중에서 찾아냈다면 코멘트를 덧붙이라. 닫힌 이슈 중에서 찾아냈다면 여러분의 이슈로 새로 열 필요가 있는지 생각해 보라. 새로 열기로 결정했다면 누군가가 작업하거나 프로젝트에서 토론해야 할 이슈이므로 가이드라인에 따라 새로운 이슈를 열고 닫힌 이슈를 참고 자료로 넣으라. 프로젝트 담당자가 그렇게 하라고 하지 않는 한 닫힌 이슈를 다시 열거나 닫힌 이슈에 코멘트를 덧붙이지 말라. 닫힌 이슈에 코멘트를 달면 잊히거나 무시된다. 그리고 닫힌 이슈 티켓을 다시 열면 프로젝트 담당자를 화나게 할 뿐 아니라 작업 흐름을 뒤엎게 된다.

새로운 이슈를 열기로 결정했다면 내용을 간단히 설명한 제목을 달라. 'API 문제'라는 제목은 모호해서 이슈 대기열을 검토하고 선별하는 담당자에게 도움이 되지 않는다. 'API 메서드 page.lastup-date.datetime이 POSIX 타임스탬프를 반환함'이 서술적인 제목이다. 제목은 다음에 나올 상세한 설명을 간결하고 구별되게 요약해야 한다. 영어를 쓴다면 50글자가 넘어가면 안 된다. 그 이상 넘어가면 읽기에 부담이 된다. 담당자가 이슈 목록을 훑어보면서 세부 내용을 파헤치지 않고도 이슈의 일반적 특성을 금방 이해할 수 있어야 한다.

어려운 부분은 그다음인데 바로 버그를 설명하는 것이다. 이 입력란은 보통 글자나 낱말 수 제한이 없으므로(아니면 제한이 있어도 아주 커서 사실상 없는 거나 마찬가지다) 공간을 필요한 만큼 자유롭게 써서 이슈를 완전하게 설명하라. '완전하게'는 무엇을 의미하는가? 이슈의 목적마다 달라질 것이다. 지원을 위한 질문에 필요한 정보와 기능 요청에 필요한 정보가 늘 같지는 않다. 일반적으로 말하자면 다음 정보는 항상 유용하다.

- 무엇을 했고 무엇을 예상했는데 대신 무엇을 보았는가?
- 재현 단계(버그일 경우)
- 플랫폼, 브라우저 또는 해당하는 기술적 정보
- 에러 메시지나 코드의 정확한 텍스트. 스크린샷은 검색할 수 없으므로 텍스트 형태로 에러 메시지를 재현하라.
- 해당될 경우 버그 스크린샷이 추가적인 맥락을 제공하는 데 도움이 된다.

주의할 점이 있다. 각 이슈는 한 가지 문제나 질문만 다뤄야 한다.

한 가지 이슈, 한 가지 질문이다. 문제나 질문이 여러 개 있다면 각 각에 대해 이슈를 열라. 예를 들어 프로젝트에 API와 관련된 문제들이 있다면 일관적이지 않은 데이터를 반환하는 API에 대한 이슈를 하나 열고 자신이 호출한 문서화되지 않은 API 메서드에 대한 이슈를 따로 열라.

잘 쓴 이슈의 예는 다음과 같다.

제목: API 메서드 page.lastupdate.datetime이 POSIX 타임스탬프를 반환함

설명: page.lastupdate.datetime 메서드가 POSIX 타임스탬프를 반환합니다. API의 다른 datetime 메서드(page.creation.datetime, user.creation.datetime 등)는 UTC 타임스탬프를 반환합니다. 이 문제는 애플리케이션의 어떤 페이지에서 API를 호출할 때 일어납니다.

예상한 것: 다른 관련 API 메서드와 일관되게 page.lastupdate.datetime이 UTC 타임스탬프를 반환

재현 단계: page.lastupdate.datetime 메서드를 호출해서 애플리케이션의 페이지 이름을 전달

소프트웨어가 죽어서 일주일치 작업을 잃어버렸어도 늘 정확하고 공손하고 존중하는 말을 사용하자. 담당자가 여러분의 이슈를 파헤칠 시간이 생길 때까지는 소프트웨어를 비난할 증거는 없다(컴퓨터 설정 때문일 수도 있다). 그리고 파일을 좀 더 자주 저장하는 방법을 배우지 않았다면 소프트웨어나 담당자에게 화를 내서도 안 된다. 이슈를 보고하고 이슈에 코멘트를 달 때는 존중하는 태도를 늘 유지하라. 그 사람들은 자기 시간을 써서 자발적으로 일하는 사람들이다. 결국 언젠가는 여러분이 프로젝트 이슈를 접수하는 사

람이 될지도 모른다.

프로젝트마다 이슈를 여는 특정한 가이드라인이 있다. 어떤 이슈 트래커 소프트웨어는 프로젝트 담당자가 이슈 템플릿을 정의해 이 가이드라인을 쉽게 시행할 수 있게 한다. 프로젝트에서 이슈 템플릿이나 가이드라인을 확립하는 데 시간을 들였다면 그것들을 사용하고 커뮤니티의 선호에 맞는 지시를 전부 따르라. 그걸 무시하면 프로젝트 담당자가 짜증을 내게 되고 여러분의 이슈가 해결되기보다는 무시되기 쉽다.

이슈 관리하기

이슈 관리는 중요하지만 소프트웨어 개발 과정에서 도외시되는 측면이다. 각 이슈는 어떤 가설을 반영하고 이슈의 목표를 충족시키거나 그렇지 못하는 일련의 실험이 이어진다. 그러므로 이슈 작업을 할 때는 자신을 과학자로, 이슈를 연구 노트로 생각하라. 과학자는 실험 과정에서 배우는 모든 걸 추적하는데 자신이 앞으로 참고하기 위해서뿐 아니라 다른 과학자들이 자신의 발견에서 배우고 자신의 발견에 잠재적으로 기여하게 하기 위해서다.

- 테스트할 가설과 테스트하는 데 사용하려고 계획한 방법
- 테스트 수행 방법과 나온 결과, 해당 결과가 나온 이유
- 테스트 후 가설의 현 상태와 다음 단계 예상

과학자처럼 이슈 작업을 할 때는 자신의 가설, 테스트, 결과를 추적해야 한다. 그렇게 함으로써 다른 사람이 배울 수 있는 정보를 구축

할 수 있다. 또한 이슈를 더 쉽게 이관할 수 있다. 그 이슈를 작업할 다음 사람은 무엇이 행해졌고 이유는 무엇이며 어떻게 했는지 알 수 있다. 이렇게 해서 노력이 중복되는 걸 최소화하고 모든 사람의 시간을 가장 잘 활용할 수 있다. 해결하지 못할 문제에 맞닥뜨렸을 때 이미 무엇을 시도했는지 적은 노트가 있다면 또 다른 커뮤니티 멤버가 참여해서 문제를 해결하는 데 도움을 주기가 더 쉬울 것이다. 또 다른 멤버가 여러분의 지난 작업을 검토하고 부정확한 가정을 지적할 수 있다. 그리고 좋은 이슈 노트의 가장 자주 쓰이는 기능을 잊지 말자. 바로 다른 무언가에 산만해지기 전에 무엇을 했는지 기억할 수 있게 해 주는 기능이다. 하루, 일주일, 한 달, 심지어 한 시간밖에 손을 놓지 않았는데 뭘 했는지 가물가물할 때 생각과 진전을 문서로 작성하는 훈련을 해 두었다면 많은 혼란을 줄일 수 있을 것이다.

이러한 정보를 추적하는 것은 자신이 작업 중인 이슈의 코멘트 란에 메모를 덧붙이는 것만큼이나 간단하다. 전혀 격식을 차릴 필요가 없다. 무엇을 했는지, 이유가 무엇인지, 어떤 결과를 봤는지 그냥 기록하라. 예를 들면 다음과 같다.

로컬 설치로 테스트함. 메서드가 뭘 반환하는지 보고 싶었는데 빠르고 쉬워서 그냥 curl을 사용함.

```
Pliny:webframework brasseur$ curl http://localhost/index/
lastupdate/datetime
{
    "name": "index",
    "type": "page",
```

```
    "properties": {
        "lastupdate": 1062313200
    },
}
```

확실히 POSIX 시간임. 다른 datetime 메서드처럼 UTC 시간이어야 함. 점심 식사 후 코드를 살펴보겠음.

이런 식으로 이슈를 관리하면 일이 많아지는가? 그럴지도 모른다. 이러한 이슈 관리 단계를 기존 작업 흐름에 추가하는 데 익숙해지지 못하는 사람들도 있다. 그런데 이슈에 관한 작업을 완전하게 문서로 작성하느라 들인 노력을 후회해 본 적이 있는가? 절대 없을 것이다. 문서로 작성하지 않아서 후회하지 않는가? 늘 그렇다.

이슈는 언제 '해결'되는가?

"이 이슈 해결됐나요?"라는 질문에 대한 대답은 명확해 보인다. 그러니까 문제가 있고 문제를 고쳤고 기여를 제출했으니 이제 이슈가 해결된 것이다. 맞지 않나? 이슈를 닫고 다른 일을 하면 된다. 그렇지 않나?

아니다.

프로젝트 이슈 생명 주기에 이미 익숙하지 않고 누군가가 그렇게 하라고 말해 주지 않는 한 이슈를 절대 닫지 말라. 여러분 편에서는 이슈가 마무리됐을지라도 할 일이 더 남아 있을지도 모른다. 수정 사항을 누군가가 문서로 작성해야 하거나 배포를 위해 패키지로 만들어야 할 수도 있다. 보안 검토가 필요할 수도 있다. 아마도 프로젝트에서 수정 사항을 다음 출시에 집어넣기 전까지 이슈를 열어 둘 수도 있다. 어쨌든 여러분의 수정 사항은 검토되어야 하는 게 현실이다. 이러한 일(아마도 다른 많은 프로젝트 관리 관련 일) 때문에 이슈를 열어 두거나 활성 상태로 두어야 할 수도 있다.

자, "이 이슈가 해결됐나요?"라는 질문은 실제로는 복잡한 질문이고 대답은 프로젝트나 이슈마다 달라진다. 따라서 프로젝트 작업 흐름과 완전히 맞는 게 확실하지 않다면 이슈를 절대 닫지 말라.

실시간 대화

IRC[6]는 1988년 야르코 오이카리넨Jarkko Oikarinen이 발명했다. 그리고 그 이후 실시간 온라인 대화는 FOSS 커뮤니티의 초석이 되었다. IRC가 아마도 FOSS 커뮤니티에서 사용된 최초의 그리고 여전히 가장 인기 있는 대화 시스템이지만 유일한 옵션은 아니다. 매터모스트, 매트릭스, 로켓챗, 기터gitter, 줄립Zulip, Riot.im 등 FOSS 프로젝트에서 사용되는 대화 옵션은 많다.

실시간 대화는 그러니까 사람들이 실시간으로 대화할 수 있게 해 준다(당연한 말이다). 그런데 대화는 실제로 동기적이면서도 비동기적으로도 이뤄진다. 세계의 다른 편에 있는 누군가와 열중해서 실시간 대화를 나눌 수도 있지만, 상대가 확인할 수 있을 때 답장을 할 수 있게 메시지를 남길 수도 있다. 실시간 대화는 이런 이중적인 성격 덕분에 시간대와 일정이 서로 다른 커뮤니티 사람들이 일을 조정하는 데 매우 강력하고 유연한 도구가 되었다.

실시간 대화의 동기적/비동기적인 이중적 성격 때문에 대화 중에 어떤 사람이 대화 가능한지, 언제 대화 가능한지 알기가 매우 어렵다. '실시간 대화'의 '실시간'은 다소 거짓말 같기도 한데 FOSS 커뮤니티 대화 시스템의 경우 대개 모든 대화가 비동기적이라고 가정하는 게 가장 안전하기 때문이다. 누군가가 대화를 그만두고 전화를 받는지, 회의를 하는지, 아이를 학교에 데려다주는지 전혀 알 수 없다. 시간대가 너무 달라서 질문을 했는데 상대방이 잠을 자고 있을 수도 있다. 그렇다고 해서 대화를 시작할 수 없다거나 대화방을 떠나야 한다거나 상대방이 돌아올 때까지 기다려야 한다는 의미는 아니다. 그냥 메시지에 상대방 사용자명을 언급하면 상대방에게 알림이 가고 상대방은 그 알림을 놓치지 않을 것이다.

'3장 기여 준비하기'에서 언급했듯이 실시간 대화를 선택하고 사용하는 것은 최근 들어 몇몇 FOSS 커뮤니티에서 거의 종교적인 중요성을 띠기도 한다. 커뮤니티에서 선택한 실시간 대화 시스템을 존중하고 바꿔야 하는 아주 좋은 이유가 없는 한 다른 시스템으로 바꾸자고 제안해서 논쟁을 시작하지 말라. 자신이 참여하는 프로젝트에서 어떤 대화 시스템을 사용하든 그것을 선택하고 유지 보수하는 데 많은 대화(그리고 아마도 논쟁)가 오갔음을 명심하라.

실시간 대화 시스템을 효과적으로 사용하는 방법

여러분은 대화 시스템 사용법에 익숙하다고 생각할지도 모른다. 하지만 FOSS 커뮤니티마다 수년간 발전시켜 온 여러 가지 대화 에티켓이 있고 이는 익숙한 다른 대화 시스템과 일치하지 않을 수도 있다.

사용하는 대화 시스템에서 프로젝트를 위해 여러 대화방이나 채널을 제공한다면 각 대화방의 주제에 주의하고 그 방에서 대화하는 동안 그 주제에 충실하라. 주제에서 벗어난 대화를 하면 사람들이 그 대화방에서 진행되는 중요한 대화를 따라가기 어려워질 수 있으므로 주제에서 벗어난 대화를 꼭 해야 한다면 다른 대화방이나 채널로 옮기라.

IRC 같은 몇몇 대화 시스템에서는 대화방이나 채널 주제에 URL을 넣을 수 있는 기능이 있다. 주제에 URL이 들어 있으면 클릭해서 그 페이지들을 읽어 보라. 그런 페이지들은 보통 토론에 대한 문서, 대화방 참여 규칙, 프로젝트 행동 수칙을 비롯해 대화방에 관련된 문서를 가리킨다. 이 URL을 무시하면 대화방 정책을 위반할 수 있고 방에서 쫓겨날 수 있다.

FOSS 프로젝트 대화방이나 채널에 처음 들어간다면 토론에 참여하기 전에 시간을 두고 조용히 잠수하라. 대화방 상황에서 잠수는 대화방에 참여해 무슨 이야기가 오가는지 읽기만 하고 대화에는 직접 참여하지 않는 것을 의미한다. 이렇게 조용히 관찰하면 대화방 문화, 관습, 대화 스타일에 대한 감이 생긴다. 외국에 방문했을 때 그 언어를 알게 되는 것과 비슷하다. 현지인이 의사소통하는 법을 배우기 위해 조금만 노력해도 현지를 좀 더 쉽게 돌아다닐 수 있다.

FOSS가 처음인 사람들이 대화방에 들어와서 흔히 처음 하는 말은 "질문 하나 해도 될까요?"일 것이다. 대부분의 사람들에게 이는 공손한 행동인데 교실에서 손을 들고 말하는 것과 비슷하다. 경험이 많은 FOSS 대화방 또는 채널 멤버들에게 그런 공손한 질문은 불필요한 잡음이다. 대화방의 목적은 질문과 대화를 권장하는 것이니 질문은 당연한 행동이라서 허락을 받을 필요가 없다. "질문해도 되냐고 질문하지 말고 그냥 질문해요"라는 문구를 보게 될 것이다.

달리 말하면 질문해도 되냐고 허락을 공손하게 요청하기보다는 그냥 공손하게 질문하라.

앞서 언급한 동기적/비동기적인 이중적 성격 때문에 대화는 여러분이 거기 없어도 계속된다. 그렇게 쌓인 대화는 스크롤백scrollback이라고 한다. 대화방이나 대화에 따라 스크롤백은 길이가 수백 줄이상에 달하기도 한다. 원하지 않는다면 그 스크롤백을 모두 읽을의무는 없다. 뭔가를 놓칠 수도 있다. 하지만 대화방에서 여러분에게 특별히 중요한 어떤 대화가 오갔다면 누군가가 그 메시지에서여러분을 언급했을 것이다. 그러한 언급을 핑ping이라고 하는데 보통은 읽을 메시지가 있다고 여러분에게 알려 준다. 대부분의 실시간 대화 클라이언트에는 스크롤백에서 여러분을 언급한 지점으로바로 건너뛸 수 있는 기능이 있으므로 스크롤백을 거슬러 올라가서관련 있는 부분을 찾을 필요가 없다. 하지만 어쨌든 스크롤백을 읽을 필요가 있으니 대화 맥락을 알 수 있게 된다.

대화방이나 채널 토론에 참여할 때 완전한 문장을 쓰고 '채팅체'나 줄임말보다는 완전한 낱말을 쓰라. 또 정확한 대문자 쓰기와 구두점을 비롯해 할 수 있는 한 문법을 잘 지키라(약간 틀려도 괜찮다. 문법을 완벽하게 지키는 사람은 거의 없다). 실시간 대화는 텍스트로 된 의사소통 채널이어서 대화방이나 채널에서 여러분과 이야기하는 사람들은 여러분이 가독성 있고 이해할 만하게 문장을 구성하지 못하면 여러분을 잘 이해하지 못하거나 여러분의 말을 존중하지 않을 것이다. 그 사람들이 주로 쓰는 언어가 대화방에서 쓰는언어와 다를 수도 있다. 서투른 문법이나 줄임말을 쓰면 그 중요한사람들이 여러분의 질문에 답을 하기가 불가능하지는 않더라도 어려워질 수 있다.

　대화방에서 대화할 때 자신이 하는 말이 소리를 지르는 것처럼 보이게 하려는 의도가 아니라면 제발 대문자로 문장 전체를 쓰지 말자. 누구나 소리를 지르고 싶을 때가 이따금 있지만 최소로 해야 한다. 소리 지르는 사람으로 알려지고 싶지는 않을 것이다.

　무엇보다도 FOSS의 실시간 대화 시스템의 토론에 참여할 때는 인내해야 한다. 프로젝트 커뮤니티 멤버들은 대부분 자원자들이고 자신만의 삶이 있고 프로젝트 이외의 의무가 있다. 그들 중에는 여러분과 완전히 다른 시간대에 살고 있어서 여러분이 깨어 있을 때 자고 있는 사람도 많다. 질문을 한 후 상대방이 자기 일정과 삶의 의무를 다하고 나서 대화방에 들어와 여러분에게 답할 수 있도록 몇 시간은 기다려야 한다. 몇 시간이 지났는데도 답을 듣지 못했다면 대화방이 커뮤니티 멤버들과 의사소통하기에 가장 좋은 방법이 아닐 수 있다. 프로젝트에 다른 의사소통 채널이 있는지 README 파일이나 CONTRIBUTING 파일을 확인하라.

〉 콘퍼런스 콜

가끔은 프로젝트 커뮤니티가 광대역 환경에서 실시간 의사소통을 위해 사람들을 모으는 것도 합리적이다. 직접 만나는 것도 좋지만 비용과 일정 면에서 엄두가 나지 않는 일이다. 커뮤니티 멤버들이 전 세계적으로 흩어져 있을 뿐 아니라 하는 일이나 소득 수준도 다르다면 그 사람들을 한 자리에 모을 수 없으므로 콘퍼런스 콜로 일정한 수준의 브레인스토밍 시간을 마련할 수 있다.

시간대가 여전히 문제지만(소프트웨어를 가지고 일한다면 익숙해져야 한다) 콘퍼런스 콜로 여러 지역에 흩어진 프로젝트 커뮤니티 멤버들이 모여서 생각을 공유하면서 다른 의사소통 채널로는 할 수 없었던 방법으로 동료 기여자를 알게 될 수 있다.

콘퍼런스 콜에 사용하는 도구는 프로젝트와 멤버들의 인터넷 사용 환경에 따라 달라진다. 많은 커뮤니티 멤버가 대역폭이 제한된 지역에 살거나 모바일 기기 데이터 요금제에 많은 돈을 내야 한다면 비디오 콘퍼런스는 합리적이지 않다. 따라서 FOSS 프로젝트용 콘퍼런스 콜은 가능한 한 많은 커뮤니티 멤버가 참여할 수 있도록 음성 전용 참여 옵션이 있다는 점이 특징이다. 이 옵션이 없으면 커뮤니티 멤버들이 원격으로 그리고 실시간으로 협업해서 문제를 토론한다는 콘퍼런스 콜의 목표를 이루기 어렵다.

콘퍼런스 콜 에티켓

상상할 수 있겠지만 콘퍼런스 콜에 사람들이 모이는 것은 대부분의 FOSS 프로젝트에서 매우 특별한 행사다. 콘퍼런스 콜을 하는 동안에 제한된 음성 또는 화상 통화 시간을 최대한 활용할 수 있는 몇 가지 방법이 있다.

시작하기 몇 분 전에 전화를 걸라. 이렇게 하면 정확한 전화번호인지 확인할 수 있어서 번호가 정확하지 않을 경우 사람들에게 급하게 메일이나 메시지를 보낼 예비 시간을 확보할 수 있다. 콘퍼런스 콜에서 온라인 서비스를 사용할 경우 몇 분 일찍 접속하면 필요한 소프트웨어나 업데이트를 다운로드할 수 있고 콘퍼런스 콜이 시작되기 전에 모든 게 매끄럽게 실행되게 할 수 있다.

콘퍼런스 콜을 개최한 사람은 항상 의제를 제시해야 한다. 의제를 제시해야 사람들이 무엇을 토론할 계획인지 알고 미리 준비할 수 있다. 또 그 주제에 관심 없는 사람들은 빠질 수 있고 콘퍼런스 콜을 아예 받지 않을 수 있다. 콘퍼런스 콜을 주최하는 사람이 아니라면 콘퍼런스 콜 의제에 주의를 기울이라. 필요한 정보를 미리 준비하라. 대화를 다른 주제로 바꿔서 콘퍼런스 콜을 틀어지게 하지 말라. 그렇게 하면 의제를 토론하기를 기대하며 콘퍼런스 콜에 참여한 모두의 시간을 존중하지 않는 것이다.

콘퍼런스 콜에 참여할 때는 말하지 않는 경우 항상 마이크를 소음하라. 미세한 배경 잡음도 콘퍼런스 콜을 방해할 수 있어서 참여한 모든 사람의 시간을 낭비하게 된다. 화상 없이 음성 전용으로 콘퍼런스 콜에 참여했다면 말하기 시작할 때 이름을 항상 밝히라. "비키입니다. 퍼시 씨가 제안하는 내용은 이해했는데 우려되는 게 있습니다." 커뮤니티는 자주 모일 기회가 없으므로 여러분의 목소리를 알아차릴 것이라고 가정하지 말라.

〉 빙산의 일각

이 장에서는 FOSS 커뮤니티에서 대화하는 방법에 대한 많은 불문율을 다뤘다. 지금쯤이면 이러한 규칙의 적용 가능성은 프로젝트, 커뮤니티, 문화, 선호에 따라 다르다는 점을 짐작할 수 있을 것이다. 이 장을 가이드라인으로 삼되 프로젝트의 확립된 의사소통 규범을 늘 따라야 한다.

FOSS 커뮤니티에서 다른 사람들과 의사소통하는 방법을 알았으

니 사람들을 알아야 할 시간이다. 직접 만나는 것보다 더 좋은 방법
은 무엇일까?

사람들이 중요하다

지금쯤이면 이 책의 많은 부분에서 다른 사람들과 소통하는 방법과 팁을 주로 다루었음을 알아챘을 것이다. FOSS에서 가장 중요한 측면은 코드가 아니라 사람이기 때문이다. FOSS 기여에서는 단순히 코드, 디자인, 문서 작업이 아니라 참여와 커뮤니티가 중요하다. 라이선스로 소프트웨어가 사용 가능하게 되지만 그 소프트웨어를 만드는 건 사람들이고 커뮤니티가 사람들을 지원한다. 이 공식에서 하나만 제거해도 전체 시스템이 무너진다.

기여자 사이의 소통이 혁신을 이끄는데, 더욱 중요한 점은 그것이 세계 반대편에 사는 사람들과 평생의 협력과 우정을 이끌어 낸다는 점이다. 이러한 관계는 성취감과 영감을 주면서 일이 제대로 되게 한다. 이 장에서는 여러분이 사람들과 만나는 방법과 FOSS 커뮤니티와 관계 맺는 방법을 배우는 데 도움을 주려 한다. 그러한 만남은 비정기적인 모임일 수도, 큰 국제 콘퍼런스일 수도, 아니면 그 사이의 모든 모임이 될 수도 있다. 그리고 저마다 가이드라인이 있다. 가장 중요한 점은 이 장에서 여러분이 FOSS 세계에서 이루어지는 의사소통에 관한 미지의 해역을 항해할 수 있게 돕는다는 것이다. 많은 모래톱이 수면 아래 있는데 그것들을 볼 줄 모른다면 여러분과 여러분의 FOSS 경력은 완전히 난파될지도 모른다.

〉 만나기

FOSS 프로젝트에 기여할 때 좋은 점 중 하나는 커뮤니티 동료들과 만날 기회가 생긴다는 것이다. 때때로 이러한 모임에는 전 세계에서 온 사람들이 참석하기도 한다. 모임에 참석하면 사람들을 만나고 사람들로부터 배울 기회가 주어진다. 대면 모임은 신뢰를 쌓고 우정을 맺고 튼튼하게 하며 다른 사람들과 공감을 키우는 데 도움이 된다. 이 마지막 사항은 이따금 간과되기도 하는데 매우 중요하다. 로라 델리조나가 쓴 기사Laura Delizonna [Del17]에 따르면 팀원 사이의 공감은 심리적 안전을 느끼는 공간을 만들어 의사소통과 생산성을 개선한다고 한다. 또한 환영할 만한 부수 효과로 우리가 더 나은 인간이 되는 데 도움이 되는데 이는 우리 모두가 필요로 하는 것이다.

때때로 이러한 모임은 콘퍼런스나 행사 형식을 취하기도 한다. 규모가 큰 모든 FOSS 프로젝트가 콘퍼런스를 열지는 않지만, 콘퍼런스를 연다면 그 행사는 그 범위가 매우 크고 국제적이 되는 경향이 있다. 데비안Debian 리눅스 배포판을 위한 데브콘프DebConf와 아파치 소프트웨어 재단Apache Software Foundation에서 지원하는 프로젝트를 위한 아파치콘ApacheCon은 해마다 열리고 수백 명의 참가자를 끌어모은다. 오픈스택 커뮤니티는 해마다 여러 행사를 연다. 오픈스택

PTG_{Project Teams Gathering} 또한 일 년에 두 번 열린다. 오픈스택 다음 버전 디자인과 개발에만 순수하게 중점을 둔 PTG는 수많은 커뮤니티 멤버와 기여자를 끌어들인다. 오픈스택 서밋_{OpenStack Summit}은 일 년에 두 번 열리는데 정기적으로 수천 명이 참가하며 전 세계적으로 매우 큰 FOSS 관련 행사 중 하나다. 그런 종류 행사 중 실제로 가장 큰 행사는 FOSDEM_{Free and Open source Software Developers' European Meeting}이다. 다른 행사와 달리 FOSDEM은 한 커뮤니티나 기술에 초점을 맞추지 않는다. 대신 FOSS에 관심이 있거나 참여하고 있는 모든 사람을 대상으로 한다. 해마다 2월 초에 전 세계에서 6000명이 넘는 참가자가 벨기에 브뤼셀에 와서 열정적인 동료 FOSS 지지자들을 만나고 그들로부터 배운다.

꼭 수백, 수천 명의 참가자가 모이는 큰 모임이어야 할 필요는 없다. 여러 도시와 지역에 FOSS 프로젝트와 기술에 전념하는 지역 모임이나 사용자 그룹이 있다. 이러한 그룹이 큰 도움이 될 수 있다. 그룹에서 새로운 프로젝트를 소개해 줄 수 있을 뿐 아니라 여러분이 기여 도중에 막힌 부분을 그룹 멤버들이 기꺼이 도와줄 것이다. 이러한 그룹을 어디에서 찾을까? meetup.com[1]이 시작하기에 좋은 곳이다. 가장 가까운 도시나 지역을 선택해 '오픈 소스'를 검색해 보자. '리눅스'나 '파이썬' 같은 특정 프로젝트나 기술을 검색할 수도 있다. 몇 가지 옵션이 나올 수도 있는데 나오지 않더라도 걱정하지 말라. 그룹을 찾는 다른 방법들도 있다. 미국의 경우 대부분의 공공 도서관에는 그룹이 모일 뿐 아니라 광고를 할 수도 있는 커뮤니티 공간이 있다. 도서관에 그런 공간이 없다면 사서에게 지역 기술 그룹을 아는지 물어보라. 사서는 이와 같은 지역 정보에 관한 멋진 정보원인데 사람들은 이런 사실을 잘 모른다. 자신이 사는 지역에 종합 대학교나 단과 대학교 또는 다른 교육 기관이 있다면 가끔 들러서 학과 사무실, 경력 개발 센터, 학생 회관, 도서관 근처의 게시판을 확인해 보라. 이러한 교육 기관에서도 그룹을 위한 온라인 게시 글을 제공할지도 모른다. 온라인이든 오프라인이든 자신이 사는 지역의 교육 기관에서 확인해 볼 만한 그룹에 대한 여러 옵션을 제공할 것이다.

때로는 큰 행사와 지역 모임이 한데 섞여 있는 걸 발견할 수도 있다. 즉, 좀 더 작고 특화된 지역 행사가 큰 콘퍼런스에서 함께 열리는 것이다. Linux.conf.au_{LCA}와 파이콘 호주_{PyCon AU}는 주 콘퍼런스 전날 각각 작은 행사(LCA는 '미니콘프', 파이콘 호주는 '전문가 트랙')를 주최한다. 리눅스 재단_{Linux Foundation}의 오픈 소스 서밋_{Open Source Summit} 콘퍼런스는 일 년에 여러 번 전 세계 여러 지역에서 열리는데 다양성, 사업, 네트워킹 등 한 가지 주제에만 전념하는 하루짜리 서밋 같은 작은 행사 연계를 권장한다. 남캘리포니아 리눅스 엑스포_{Southern California Linux Expo, SCALE}는 보통 주 콘퍼런스가 시작하기 전에 특화된 작은 행사를 개최한다. 대부분의 FOSS 관련 콘퍼런스나 다른 기술 콘퍼런스 역시 작은 그룹들이 저녁에 행사 시설을 사용하도록 권장한다. 이러한 작은 모임은 BoF_{birds of a feather} 또는 오픈 스페이스_{Open Space} 세션이라는 이름으로 진행된다. 근처에서 콘퍼런스가 열린다면 일정을 보라. 콘퍼런스 자체에는 참가하고 싶지 않더라도 부대 행사 중에는 확인해 볼 만한 것이 있을지도 모른다.

대면 모임의 혜택

크든 작든, 지역 모임이든 전 세계 모임이든, 정기적이든 한 번이든, 어떻든 간에 할 수 있다면 커뮤니티에서 주최하는 대면 모임에 참석해 보기를 권한다. 온라인 교류에서도 많은 걸 배울 수 있지만 누군가의 옆에 앉아 과자 한 봉지를 나눠 먹으며 대화하는 것만 못하다.

대면 모임은 확실히 새로운 사람들을 만나고 새로운 친구들을 사귀는(그리고 과자도 먹을 수 있다) 훌륭한 기회이면서 많은 실용적인 혜택도 제공한다. 우선 이러한 모임은 프로젝트의 핵심 기여자나 경험 많은 기여자를 만날 수 있는 최고의 장소다. 콘퍼런스 같은 큰 모임은 가장 집중적으로 모이는 행사이므로 배울 수 있는 기회가 가장 많다. 이런 사람들을 얼굴을 맞대고 만나는 것은 멘토링을 받을 수 있는 대단한 기회다. 많은 행사에서 해킹 실습 세션이 열리니 주변의 경험 많은 사람과 협업하거나 그 사람들에게서 배울 수 있다.

'2장 자유 소프트웨어·오픈 소스에서 얻을 수 있는 것'에서 FOSS 덕분에 인맥 면에서 어떻게 혜택을 얻을 수 있는지 이야기했다. 대면 모임은 그러한 혜택이 현실이 되는 이상적인 곳이다. 큰 행사에서든 작은 행사에서든 전에는 만날 기회가 없었던 사람들을 만날 기회가 생긴다. 특히 큰 행사에서는 전 세계에서 온 커뮤니티 멤버들에게 자신을 드러낼 수 있다. 다양한 사람을 자신의 인맥에 더할 수 있다는 것은 정말 믿기지 않는 일이고 영감을 얻는 대화와 브레인스토밍을 많이 할 수 있다. 다음 직장을 찾을 수도 있고, 아니면 채용을 하고 있다면 다음 팀원을 만날 수도 있다.

전반적으로 프로젝트 커뮤니티의 모든 모임은 순수하게 온라인 교류로는 달성하지 못하는 계획, 작업, 학습, 유대감을 위한 기회를 제공한다.

대면 모임의 단점

아무리 좋다고 해도 대면 모임이 늘 즐겁지는 않다. 대면 모임에도 단점이 있는데 특히 큰 콘퍼런스 같은 행사가 그렇다.

주된 단점은 이러한 행사들은 비용이 많이 든다는 점인데 대부분의 커뮤니티는 그 정도 비용을 감당하지 못한다. 비용에는 교통비, 숙박비, 식비, 등록비가 포함된다. 이런 것들은 분명한 비용이고 탁아 비용 같은 것도 들어간다. 이따금 커뮤니티에서 몇몇 사람에게 재정을 지원해서 참석할 수 있도록 돕기도 하지만 그런 지원이 있다고 해도 제한되어 있다.

참가하는 데 필요하지만 불확실하면서도 까다로운 비용이 바로 시간인데 이를 위한 지원 프로그램은 없다. 일, 학교 공부, 가족을 제쳐 놓고 크든 작든 모임에 참석할 수 있는 사람은 많지 않다. 좀 더 작은 모임이나 콘퍼런스는 더 많은 사람이 참석할 수 있도록 행사 일정을 저녁이나 주말에 잡기도 하지만 참가하고 싶어 하는 모든 커뮤니티 멤버의 일정을 만족시킬 수 있는 방법은 절대 없다.

대면 모임의 또 다른 단점은 중압감이 너무 크다는 점이다. 볼 것과 할 일이 많고 사람도 많아서 커뮤니티 신입 멤버에게는 그다지 익숙하지 않다. 이 모든 요인이 결합되면 대면 모임은 누군가에는 매우 불편하고 겁나는 모임이 될 수 있다.

⟩ 콘퍼런스나 모임에서 대처 팁

대면 모임의 단점(이를테면 참가하는 데 드는 다양한 비용)에 대해서는 할 수 있는 일이 별로 없지만 대처하는 팁은 여러 가지가 있다.

대면 모임에 익숙하더라도 콘퍼런스 같은 큰 모임에서는 중압감이 크게 느껴질 수 있다. 아무 문제없이 바로 열심히 참여하는 사람들도 있지만 좀 불편해하며 적응하는 데 시간이 좀 더 필요한 사람들도 있다. 어느 쪽도 잘못된 것은 전혀 없으므로 자신에게 가장 잘 맞는 쪽으로 하자. 이러한 커뮤니티 모임의 목적은 배우고 작업하고 사람을 알아 가는 것이다. 억지로 자신에게 맞지 않는 방식으로 행사에 참가한다면 그러한 목표를 이룰 수 없다. 어떤 접근 방식을 취하든 다음에 나오는 내용은 커뮤니티 콘퍼런스를 최대한 활용하는 데 도움이 되는 팁이다.

둘씩 함께하는 방식을 활용하라

프로젝트와 커뮤니티가 상대적으로 생소하거나 전에 행사에 참석해 본 적이 없다면 여러분만 그런 사람이 아니니 안심해도 된다. 둘씩 짝짓는 방식을 활용해 커뮤니티 콘퍼런스를 좀 더 즐기는 걸 고려해 보라. 짝이 있으면(여러 명이어도 된다. 꼭 한 명이어야 한다는 제한은 없다) 행사가 덜 겁이 나고 돌아다니기 더 쉬워진다. 아는 사람이 아무도 없어도 여러분과 여러분의 짝이 함께 콘퍼런스 행사에 관한 팁, 조언, 힌트를 공유하고 서로 협력해 가장 좋은 콘퍼런스 세션을 전부 찾을 수 있다. 둘씩 짝짓는 방식으로 항상 누군가와 함께 먹고 돌아다니면 새로운 행사에 참석하는 데 접근성이 더 좋아진다. 짝은 서로에게 눈을 떼지 않고 다음 날 일찍 비행기를 타야 하는데 밤늦게까지 깨어 있거나 술을 너무 많이 마시는 것 같은 어리석은 선택을 하려고 할 때 주의를 줄 수 있다.

콘퍼런스에서 짝을 찾는 건 쉽다. 그냥 커뮤니티에 연락해서 자신이 새로운 멤버임을 알리고 콘퍼런스에서 짝이 되어 줄 사람이 있는지 물어보면 된다. 여러분의 첫 번째 커뮤니티 콘퍼런스를 위해 조금이나마 기꺼이 도와주려는 사람들을 찾을 수 있을 것이다. 커뮤니티에 따라 전에 콘퍼런스에 참석해 본 적이 없는 사람들에게 짝이 되어 주는 경험 많은 커뮤니티 멤버를 만날 수도 있다. 이러한 커뮤니티 협업은 더 좋은 경험을 이끌어 내고 더 강하고 밀접하게 커뮤니티를 결합시킨다. 그리고 그렇게 사귄 친구는 평생 친구가 되기도 한다.

네트워킹이 세션보다 중요하다

공식적으로 FOSS 프로젝트 콘퍼런스의 주된 목적은 모여서 배우고 일하는 것이다. 콘퍼런스는 보통 튜토리얼, 워크숍, 강의, 토론 형태의 적극적이거나 아니면 수동적인 학습을 위한 주제 세션 일정으로 구성되며 비슷한 주제의 세션을 트랙으로 묶어 배치하기도 한다. 커뮤니티 콘퍼런스에 처음 참석한다면 일정에 있는 단 한 시간도 빠지지 않고 세션에 참석하려는 유혹(?)을 강하게 받을 것이다. 그렇게 할 수도 있지만 한 가지 비밀을 말해 주겠다. 모든 세션에 갈 필요는 없다. 대신에 좀 더 가치 있는 걸 할 수 있다면 세션을 좀 빠져도 아무 문제없다. 좀 더 가치 있는 일은 무엇일까? 복도 트랙 hallway track이라는 게 있다.

복도 트랙은 공식 일정 세션 밖에서 벌어지는 모든 학습을 일컫는 명칭이다. 이것은 복도, 후원사 부스, 커피 판매대에서 나누는 대화다. 콘퍼런스에 참석한 사람들은 복도 트랙을 많이 활용하고 복도 트랙이 행사에서 가장 값진 부분이라고 생각한다. 주 세션에서 많은 내용을 배울 수 있지만 복도 트랙에서는 사람들을 만나서 세션에 앉아 있어서는 가능하지 않은 흥미로운 대화에 빠져들 수 있다. 이러한 대화를 하면서 커뮤니티, 프로젝트, 업계에 대해 많은 것을 배울 수 있다. 친구를 사귀고 멘토를 만나고 다음 고용주를 소개받을 수도 있다. 주 세션은 프로젝트의 기술적 측면에 대해 많은 내용을 가르쳐 주지만 복도 트랙은 사람들과 관련된 측면에 대해 많은 걸 가르쳐 주므로 놓쳐서는 안 된다. 가장 효과적인 콘퍼런스 경험은 주제 세션 참석과 복도 트랙을 유익하게 섞는 것이다.

복도 트랙의 또 다른 이름은 네트워킹이다. '2장 자유 소프트웨어·오픈 소스에서 얻을 수 있는 것'에서 경력상 혜택을 다루면서 네트워킹에 대해 이야기했다. 다시 떠올려 보자. 컴퓨터 네트워킹이 단지 컴퓨터끼리 통신하는 수단이라면 사람 사이의 네트워킹은 그냥 사람들이 다른 사람들과 의사소통하는 것이다. 특별하거나 까다로운 건 없다. 하지만 네트워킹을 좀 더 쉽게 할 수 있는 몇 가지 방법이 있다.

우선 연락처 정보가 들어 있는 회사 명함이나 개인 명함을 가지고 가서 나눠 주라. 맞다. 디지털 시대에는 구식 방법처럼 보인다는 걸 나도 안다. 하지만 믿어 달라. 명함은 여전히 유용하다. 또 빨리 효과적으로 오타 없이 그리고 시끄럽고 붐비는 상황에서 정보를 공유할 수 있는 매우 효율적인 방법이다. 휴대 전화와 달리 명함은 전파나 네트워크가 없는 곳에서도 통한다. 기본적인 카드도 훌륭하지만 재치 있고 괜찮은 디자인을 더한다면 사람들이 여러분을 기억하고 여러분의 카드를 보관하는 데 도움이 될 것이다. 또한 명함은 좀 더 안전하다. 명함을 디자인하고 주문할 때 어떤 정보를 보이게 할지 조정할 수 있다. 주로 쓰는 이메일 주소를 공유하고 싶지 않은가? 어떤 정보를 넣어야 한다는 요구 사항은 없다. 이름, 웹 사이트, 소셜 네트워킹 사용자명, PGPPretty Good Privacy 열쇠 지문 등 어떤 정보든 자신만의 명함을 디자인할 때 누구와 무엇을 공유할지 정할 수 있다.

네트워킹을 쉽게 하는 또 다른 팁은 '미리 준비한' 질문을 잊지 말라는 것이다. 그렇게 하면 새로운 누군가를 만날 때 대화를 시작할 준비가 늘 되어 있는 셈이다. 당연히 상황에 맞아야 한다. FOSS 행사에서 누군가에게 다가가 "자신이 나무라면 어떤 나무가 되고 싶으세요?"라고 물어보면서 대화를 시작할 수도 있지만 그런 대화는 바라는 대로 잘되지 않는다. 불쾌감을 주지 않으면서 효과적인 대화를 시작하려면 상대방이 여러분에게 자신에 대해 이야기하고 여러분이 따라갈 수 있는 정보를 줄 수 있도록 간단하고 자유롭게 대답할 수 있는 질문을 하는 편이 좋다. 예를 들어 다음과 같이 대화를 시작할 수 있다.

A: 안녕하세요. 전 안와르Anwar입니다. 전 이 콘퍼런스가 처음인데요. 몇 번 참석하셨어요?

B: 안녕하세요, 안와르 씨. 전 지크리Zikri라고 합니다. 전 이번이 세 번째이고 프로젝트에 기여한 지는 5년쯤 됐어요.

A: 와, 5년이요? 전 아직 신입인데요. 지크리 씨는 프로젝트에서 어떤 일을 하세요?

아니면 다음과 같은 미리 준비된 간단한 질문을 시도해 볼 수도 있다.

- "이 행사에 오는 데 얼마나 걸렸나요?"
- "다른 프로젝트에도 기여하고 있나요?"
- "지금까지 마음에 들었던 세션은 무엇이었나요?"

복도 트랙에 서 있다가 새로운 사람들을 만나서 새로운 대화를 시작할 때는 팩맨 규칙Pac-Man Rule[2]을 이용하는 걸 고려해 보라. 오픈 소스 문서 서비스인 리드더독스ReadTheDocs와 기술 문서 작성 콘퍼런스인 라이트더독스WriteTheDocs 창시자인 에릭 홀셔Eric Holscher에 의해 유명해진 팩맨 규칙은 둥글게 앉거나 서서 대화를 나눌 때 참가자들이 원 사이에 간격을 두는 것이다. 이 간격 때문에 원이 팩맨 비디오 게임 캐릭터처럼 보이게 되는데 이렇게 되면 다른 사람들이 대화에 참여하도록 권하는 효과가 있다. 팩맨 규칙은 FOSS 커뮤니티 콘퍼런스 같은 바쁜 행사에서 사람들이 환영받고 있고 소속되어 있다고 느끼게 하는, 눈에 띄지는 않지만 효과적인 방법이다. 팩맨 대화를 보게 되면 자유롭게 끼어들어서 사람들이 무슨 이야기를 하는지 들어 보고 자신이 최신 정보를 잘 알고 있다면 대화에 참여해 기여하라.

 행사에서 대화를 시작하는 방법을 배우는 것만큼이나 대화를 끝내는 방법을 준비해 두는 것도 유용하다. 우리는 모두 끝없는 시간과 관심을 바라지만 그런 걸 가질 수 있는 사람은 아무도 없다. 종일 서서 FOSS 프로젝트의 기술적이거나 사회적이거나 정치적인 세부 사항에 대해 이야기하고 싶더라도 언젠가는 대화를 끝낼 필요가 있다. 모든 대화가 흥미롭지는 않다는 사실을 인정하자. 괜찮다! 예의 바르게 이야기만 한다면 (좋든 싫든 간에) 다음 세션이나 대화에 참석하기 위해 대화에서 빠져도 아무 문제없다. 갑작스럽게 돌아서서 떠나는 게 효율적으로 보일지 몰라도 그렇게 하면 상대방에게 비우호적인 메시지를 보내는 셈이다. 대화에서 빠질 수 있는 공손한 방법이 많이 있다. 예를 들면 다음과 같다.

- (시간을 보며) "세션을 들으러 가야겠어요. 나중에 봐요. 괜찮죠?"
- "화장실이 어디죠?"
- "오늘 살펴봐야 할 일이 좀 있어서요. 나중에 뵐 수 있으면 좋겠네요."
- (메시지를 받았든 받지 않았든 전화를 보고) "아, 메시지에 답장을 보내야겠네요. 이야기 나눠서 즐거웠어요!"

이상적으로는 대화에서 빠지겠다고 사실을 말할 수도 있지만 악의 없는 거짓말을 해서 지루하거나 불편한 주제의 대화에서 빠져나올 수 있다면 그룹의 다른 사람들과의 관계를 망치지 않으면서 자신을 돌보는 데 필요한 일을 하는 게 좋다.

스스로를 돌보는 게 무엇보다도 중요하다
지금까지 네트워킹을 이야기했는데 지금부터 '스스로를 돌보기'를 주제로 이야기해 보겠다. 모든 순간을 커뮤니티 동료 멤버들과 함께 보내고 싶을 수 있지만 그렇게 하는 건 실수다. 물론 힘이 넘쳐서 최소한으로 먹고 자고 씻고 쉬고 최대한 술을 마시며 행사를 치를 수 있지만 그다지 좋은 경험을 하지 못할 것이라고 장담한다. 행사에 오느라 많은 시간, 노력, 돈을 투자했을 것이다. 왜 그 모든 걸 불필요하게 과도한 일을 하는 데 허비하는가? 다른 사람들과 이야기하면서 좀비처럼 보이고 행동하고 냄새를 풍기면 좋은 인상을 주지 못한다. 잠이 부족한데 의지만 있어 봐야 뭔가를 배우기는 어려울 것이다.

그러므로 가장 좋은 상태로 움직일 수 있도록 행사에 참여하는 동안에는 스스로를 돌봐야 한다. FOSS 커뮤니티 콘퍼런스와 행사에서는 마라톤 선수처럼 움직여야지, 단거리 주자처럼 뛰어서는 안 된다. 페이스를 조절하고 결승선에 도착하는 데 필요한 힘을 공급받으라. 그렇게 하는 방법이 많지만 콘퍼런스에서 스스로를 돌보는 요소 중 도외시하는 네 가지가 있는데 음식, 물, 잠, 정신적 휴식이다. 각각은 뇌가 계속해서 건강하게 움직이는 데 필수다.

칼로리는 거듭 말해야 할 정도로 중요하다. 운동선수는 얼마나 먹느냐와 무엇을 먹느냐 사이에 차이가 있다고 말한다. 커피 판매대에서 집어 먹은 스콘scone 같은 빵과 전날 마신 맥주가 에너지를 주긴 하지만 그게 꼭 양질의 식사가 되지는 않는다. 뇌가 효율적으로 움직이려면 설탕, 지방, 알코올 이상의 것이 필요하다. 하루에 괜찮은 식사를 최소한 한 끼라도 먹는 좋은 방법은 다른 사람들과 함께 식사를 하는 것이다. 음식은 행사에서 만나는 사람들과 유대를 다지는 좋은 방법이다. 관계를 강하게 구축할 수 있을 뿐 아니라 동시에 뇌도 강하게 할 수 있다.

　물 섭취는 FOSS 콘퍼런스에 참여할 때 사람들이 소홀히 하는 또 다른 요소다. 먹지도 자지도 않고 알코올이나 카페인을 너무 마시는 식으로 자기 관리를 소홀히 하지 말고 물을 충분히 마시자. '충분한 물'의 정의를 내리지는 않겠다. 나는 FOSS 전문가이지, 의료 전문가가 아니기 때문이다. 행사 내내 물을 한 병 가지고 다니며 조금씩 여러 번 마시면서 채워 넣는다면 좋은 몸 상태를 유지할 수 있을 것이다. 재사용 가능한 물병을 가지고 오거나(편리하다) 후원사 전시 공간이 있는 행사라면 하나 얻을 수도 있다. 아무것도 없으면 행사에 가는 길에 가게에서 물병을 하나 사서 그걸 재사용하라. 수분을 적절히 공급하면 행사에 참석하는 데 필요한 에너지가 좀 더 오래가고 안정되어서 하루를 좀 더 쉽게 보낼 수 있을 것이다.

　음식과 물이 콘퍼런스 결승선을 통과하는 데 크게 도움이 되지만 재충전만큼 에너지를 주는 건 없다. 뛰어나고 유쾌한 사람들과 멋진 대화를 하느라 밤을 새지 않을 수 없을 때가 있다. 그런 기회는 받아들이라고 권하기도 하지만 우선 그런 사람들을 만날 수 있도록 필요한 휴식을 취해 균형을 잡을 것도 권한다. FOSS 콘퍼런스나 행사에서 집에서처럼 잠을 많이 자는 사람은 없지만 그렇다고 해서 날마다 최소한으로 몇 시간만 자라는 의미는 아니다.

　세션을 거르고 복도 트랙에 참가해도 괜찮듯이 행사를 거르고 자신에게 잠시 정신적 휴식을 주는 것도 괜찮다. FOSS 콘퍼런스와 행사에서는 분주해지기 쉽다. 짧은 기간 내에 많은 사람을 만나고 많은 정보를 배우려고 한다. 그러한 정보를 얻으면서 탈진하지 않으려면 잠시 시간을 내서 쉬어야 한다. 숙소로 돌아가 낮잠을 자거나 산책을 하거나 조용한 곳을 찾아 생각을 적어 보자. 시간을 내서 배운 내용을 정리하면 행사에서 시간을 최대한 활용할 수 있을 것이다. 집중적인 교류를 하면 매우 피곤해지는 사람들도 있다. 자신이 그러한 사람이든 아니든 행사에 돌아가기 전에 잠시 물러나서 정신력을 충전하는 게 좋다. 그렇게 하려고 내 허락을 받을 필요는 없지만 내가 괜찮다고 말했으니 자유롭게 '자기 시간'을 보내라.

앞 단락을 읽고 자신이 그런 사람이 확실하다고 생각하는 사람들도 있을 것이다. 여러분이 그런 사람이라면 훌륭하다! 자신의 한계를 알고 존중하는 사람들을 만나기란 드문 일이다. 팁이 빠하든 그렇지 않든 행동의 결과를 받아들여야 한다. 행사 기간 동안 잘 먹지도, 마시지도, 자지도 않는다면 행사 기간 동안 그리고 행사 후 고생한 데 대해 비난받을 사람은 자신뿐일 것이다. 친애하는 여러분, 알아서 잘하도록 하라.

행동 수칙

행동의 자유를 누리려면 결과에도 책임을 져야 한다. 이제 행동 수칙에 대해 이야기해 보자. '3장 기여 준비하기'를 읽었다면 행동 수칙이 무엇인지 이미 알 것이다. 3장을 읽지 않았다면 지금 읽어 보기를 권한다.

모든 FOSS 콘퍼런스나 행사에 행동 수칙이 있지는 않지만 보통은 있다고 생각하고 행동하는 것이 좋다. 많은 발표자와 참가자(나를 포함)가 행동 수칙이 없는 행사를 피한다. 어떤 결정을 할지는 자신의 마음을 따르기를 권한다. 어떤 접근 방식을 취하느냐에 대해 옳고 그른 게 없기 때문이다. 자신에게 맞는 걸 하라.

행사가 행동 수칙에 따라 치뤄진다면 행동 수칙을 읽고 이해하고 준수하는 것이 중요하다. 그리고 필요하다면 자신과 다른 사람의 안전을 보장하는 데 행동 수칙을 사용하라. 행사에 참석했는데 자신이 하려는 말이나 행동이 행동 수칙을 위반하지는 않을지 의심스럽다면 "그렇다"라고 가정하고 그런 말이나 행동을 하지 말고 논란이 덜 될 만한 방식으로 말하거나 행동하기를 권한다.

자신이 행동 수칙을 절대 위반하지 않을 사람이라고 해도 잠시 시간을 내서 행동 수칙을 검토해 볼 만하다. 받아들여지는 행동이 무엇인지뿐 아니라 왜 행동 수칙이 우선적으로 필요한지 때때로 되새길 필요가 있다. 행동 수칙은 여러 다른 의견을 침묵시키려는 게 아니다. 행사에서 모두를 환영할 수 있는 환경을 제공하려는 것이다. 그래서 행동 수칙은 있는 편이 좋다.

⟩ 직접 모임 만들기

커뮤니티 행사나 콘퍼런스에 가지 못할 수도 있고 자신이 사는 지역에 아무 모임도 없을 수 있다. 어떻게 해야 커뮤니티와 관계를 맺을 수 있을까? 직접 만들면 된다. FOSS에 대해 공부하고 공유하고 FOSS에 기여하는 데 전념하는 그룹을 직접 만들 수 있다. 모임을 만드는 건 생각보다 훨씬 쉽고 보람이 있다.

지역 모임은 프로젝트와 그 커뮤니티에 대해 배우는 탁월한 방법이다. 지역 모임 멤버들은 더 큰 FOSS 프로젝트 커뮤니티에서 발견할 수 없는 독특한 관점을 제공할 것이다. 우선 지역 모임 멤버들은 프로젝트의 주된 언어와 문화와는 다른 언어와 문화를 공유할 수도 있다. 이 덕분에 프로젝트에 대해 함께 배우면서 지식과 도움을 공유하기가 더 쉽다.

지역 모임을 시작한다고 해서 뭔가 큰 걸 만들 필요는 없다. 물론 아마 정기적으로 모이는 지역 모임을 보면 외부 강사가 발표를 하고 행사를 위해 음식과 음료를 후원하는 회사도 있을 것이다. 하지만 여러분의 모임에는 그 모든 게 포함될 필요가 없다. 특히 처음에는 더 그럴 필요가 없다. 좀 더 복잡하고 정기적인 행사를 조직하는 데 많은 시간을 투자하기 전에 모임에 대해 지역 개발자들이 얼마나 관심이 있는지 측정만 하려면 작게 시작하라. 1회성 모임으로 시작해서 사람들을 지역 술집, 도서관, 카페에 모아 놓고 이야기를 나누며 어떻게 되어 가는지 보라. 이렇게 하면 관심을 측정할 수 있을 뿐 아니라 좀 더 정기적으로 여는 모임을 조직하는 일을 도와줄 사람을 찾는 데도 도움이 된다. 여러 사람이 이러한 일을 하는 게 좋은데 과부하가 걸리거나 탈진하는 사람이 없도록 책임과 부담을 분산하기 때문이다. 모임에 몇 명만 나온다면? 축하한다! 사람들을 모으기 전보다 몇 명 더 왔으니 모임을 성공적으로 만든 셈이다!

전에 FOSS 모임이나 콘퍼런스에 가 봤다면 자신이 새로 만든 모임이 똑같은 형식, 이를테면 커뮤니티 멤버가 발표하기 같은 것을 정확히 따라야 한다고 머릿속에 그리고 있을지도 모른다. 발표는 동료로부터 프로젝트에 대해 더 배우는 좋은 방법이고 그룹에서 원하거나 필요로 하는 만큼 공식적으로 또는 비공식적으로 할 수 있다. 그냥 모임을 시작하면 발표에 적합한 발표자나 공간을 준비하기 어려울 수 있다. 이런 것들을 준비하는 데 시간이 걸릴 때도 있지만 그로 인해 모임을 준비하는 자신의 능력을 제한할 필요는 없다.

'해킹의 밤(hack night, 스프린트sprint라고도 한다)'은 준비하기 쉽고 규모나 활동이 약간 제한된 모임 형식이다. 기본 아이디어는 모임 멤버들이 한 장소에 모여서 프로젝트를 위한 기여 작업을 하거나 그렇지 않으면 자유롭게 각자 하고 싶은 일을 하는 것이다. 이와 같은 행사를 여는 것은 쉽다. 그냥 커뮤니티에 언제 어디서 만나자고 알리고 행사 주제만 정하면 된다. 고려해 볼 만한 특별한 주제로 '신입 기여자'가 있다. 프로젝트에 기여하는 법을 배우고 싶은 사람들을 모아서 질문에 대답해 주고 커뮤니티의 다른 멤버들이 지원해 주는 것이다.

버그 청소, 문서 작성, 새로운 출시 테스트 모두 재미있고 쉬운 주제지만 주제가 꼭 있어야 하는 건 아니다. 때때로 가장 좋은 모임은 순전히 사교적 형태로 모두 모여 대화를 나누며 서로 알아 가는 모임이다. 이런 행사에서 FOSS 프로젝트와 커뮤니티에 대해 공유하면 어색함을 깨기 좋아서 사람들이 더 쉽게 긴장을 풀고 어울릴 수 있다. 지역 커뮤니티의 필요에 부응할 수 있도록 발표, 해킹의 밤, 친목 도모, 아니면 다른 어떤 것이든 모임 형태를 자유롭게 섞어 보고 맞춰 보고 엮어 보라.

신입 기여자로서 해킹의 밤에 가야겠다는 생각을 하기란 쉽지 않다. 자신보다 더 많이 아는 사람들이 가득할 것이다. 자신이 방해가 될 거라고 생각할 수도 있다. 그렇지 않나? 그 사람들의 작업 속도가 자신 때문에 느려질 수도 있다. 전혀 그렇지 않다. 해킹의 밤은 대개 매우 비공식적이고 규모나 활동이 제한된 일이다. 사람들이 행사 동안 이루려는 계획이 있을 수도 있지만 그런 계획은 규칙이라기보다는 가이드라인이다. 이런 모임은 편하다는 특성뿐 아니라 숙련된 사람들의 도움을 받을 수 있다는 점 때문에 경험이 부족한 기여자와 초심자를 좀 더 끌어들이는 경향이 있다. 해킹의 밤에 나오는 사람들은 항상 질문에 답하고 다른 커뮤니티 멤버들을 도울 준비가 되어 있다. 그냥 랩톱 또는 노트북을 들고 행사에 들러 처음 왔다고 말하라. 대부분의 해킹의 밤 행사에서 따뜻한 환영을 받고 놀라게 되고 기쁘기도 할 것이다.

〉 커뮤니티에서 더 중요한 역할 맡기

'3장 기여 준비하기'에서 설명한 내용을 다시 떠올려 보자. 프로젝트에는 경험과 책임에 따른 대략적인 계층이 있고 이를 양파 모양으로 나타냈다.

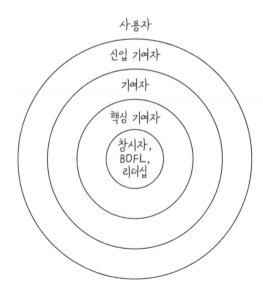

신입 기여자로서 여러분은 아마도 양파의 가장 바깥 껍질에서 시작할 것이다. 하지만 거기에 머물러야 할 이유는 없다. 적극적으로 계층 위로 올라가려는 동기가 있는 사람도 있고 좀 더 편한 접근 방식에 만족하는 사람도 있다. 두 가지 접근 방식 다 똑같이 유효하므로 특정한 경로를 추구하도록 강요받는다고 느낀다면 걱정할 필요가 없다. 어떤 속도를 선호하든 간에 양파 속으로 들어가는 것이 중요하다면 자신의 기회를 발전시키는 데 도움이 될 몇 가지 팁이 있다('계속 기여하기' 같은 명확한 단계는 제외).

커뮤니티 계층에서 위로 올라가기 위해 할 수 있는 가장 좋은 일은 모든 걸 혼자서 하려고 하지 않는 것이다. 커뮤니티는 사람들로 구성되고 사람들이 서로 도우며 목표에 다다른다. 하지만 여러분이 도움을 필요로 하거나 원한다는 걸 사람들이 알아차릴 거라고 기대할 수는 없다. FOSS 프로젝트 개발은 때로는 몹시 바쁘고 모든 사람이 프로젝트 밖에 각자의 삶과 일이 있다. 아마도 돕고 싶지만 도움이 필요한지 알아채지 못했을 수도 있다. 해법은 직접 물어보는 것이다. 이는 매우 중요하다. 여러분을 양파 속으로 끌어 주는 건 그 사람들의 책임이 아니기 때문이다. 여러분의 개발에 대한 소유권을 갖는 건 여러분의 책임이다. 양파 속에 도달하는 권리는 타고나는 게 아니다. 얻어 내야 한다.

도움을 요청할 때 "저, 제 멘토가 되어 주고 싶은 분 있나요?"라고 일반적으로 요청할 수도 있지만 구체적으로 말하면 더 나은 반응을 얻을 것이다. 자신의 기여를 개선할 수 있는 방법에 대해 생각해 보고 나서 문제를 잘 정의해서 조언을 구해 보라. 예를 들면 다음과 같다. "코드 검토를 더 잘하고 싶습니다. 저와 짝을 이뤄서 검토를 할 때 제가 뭘 봐야 하는지 가르쳐 줄 분 있나요?" 요청을 잘 정의하면 시작 조건과 종료 조건이 생긴다. 바쁜 사람들은 그에 대해 감사할 것이다. 정해져 있지 않고 잠재적으로 시간을 잡아먹을 지도 모르는 상황에 빠지는 위험 없이 도울 수 있는지 알 수 있기 때문이다.

프로젝트에서 다른 사람들의 도움을 받을 때면 그 기회를 이용해 자신이 기여자로서 그리고 커뮤니티 멤버로서 어떻게 하고 있는지 피드백을 요청하고 다음 단계에 도달하려면 무엇을 해야 하는지 (그 프로젝트를 위한 무엇이든지) 물어보라. 그렇게 하기 전에 '5장 기여하기'로 돌아가서 피드백 받기에 대해 설명한 절을 다시 읽어 보라. 사람들이 여러분의 부족한 점을 열거하는 걸 들을 준비가 되어 있지 않을 수도 있기 때문이다. 사람들에게 솔직하게 피드백을 부탁한다면 대부분 솔직하게 피드백을 줄 것이다. 그러므로 사람들이 말하는 내용에 주의를 기울이고 여러분이 그다지 좋아하지 않는 말을 듣더라도 사적으로 받아들이지 말라.

양파 속으로 들어가는 동안 꼭 도움을 요청해야 하는데 특히 전체 커뮤니티에 도움을 요청하라. 단지 양파 한가운데에 더 가까운 사람들에게만 초점을 두지 말고 다른 사람들을 무시하지도 말라. 특정 사람들에게 비위를 맞추는 행동은 커뮤니티를 배려하는 행동이 아니고 그렇게 함으로써 아마도 커뮤니티 전체에 불쾌감을 주게 될 것이다. 프로젝트 핵심 멤버들은 도움을 주고 지도해 줄 수 있는 준비가 되어 있지만 그들만이 그런 일을 할 수 있는 건 아니다. 프로젝트 커뮤니티의 모두가 공유할 경험과 가르쳐 줄 교훈을 가지고 있다. 누군가와 편하게 대화를 나누다 뜻밖에도 편리한 새로운 도구나 깜짝 놀랄 만한 CSS 팁을 추천받을지 모르는 일이다. 전체 프로젝트의 다양한 작업을 도울 수 있도록 눈여겨보고 있으면 프로젝트와 프로젝트를 지원하는 커뮤니티에 대해 더 익숙해질 수 있을 것이다. 무엇보다도 이러한 익숙함이 양파 한가운데로 들어가는 데 도움이 될 것이다.

FOSS는 사람이다

"FOSS는 사람이다"라는 이야기를 자주 들을 것이다. 이 말은 영화 소일렌트 그린의 섬뜩한 대사를 참고한 것이 아니다(영화에서 인육으로 만든 소일렌트 그린이란 제품이 나오는데 이 제품의 비밀을 폭로하는 대사가 "소일렌트 그린은 사람이다"이다). 몇몇 커뮤니티는 사람을 갈아 넣는다고(비유적으로 말하자면) 알려져 있기는 하지만 FOSS 개발이나 유지 보수에서 어떤 사람도 문자 그대로 소비되지는 않는다. 하지만 사람이 없으면 FOSS는 그저 생명 없는 코드 더미일 뿐이다. 커뮤니티는 코드에 생명을 주는 곳이다. 사람은 FOSS의 영혼이다. 이 점을 절대 잊지 말라. 그리고 기여할 때 사람들을 항상 생각하라. 여러분은 결국 이제 그들 중 한 사람이다. 환영한다!

불행히도 때로는 사람들과의 소통이 바라던 만큼 매끄럽지 않을 때가 있다. 모든 게 잘못되어 갈 때 어떻게 해야 할까?

무언가 잘못되어 갈 때

FOSS 프로젝트에 기여하는 일이 늘 즐겁거나 장밋빛이지는 않다. 기여하는 과정에서 많은 일이 잘못될 수 있다. 이러한 일들에는 빌드 에러, 개발 환경 구성의 어려움, 신기술 학습 같은 기술적인 것이 있다. 하지만 그 과정에서 좀 더 흔한 장애물은 사실상 언어 장벽이나 적대적인 커뮤니티 멤버 같은 사람에 관련된 것들이다. 이번 장에서는 FOSS 프로젝트에 기여하려고 할 때 잘못될 수 있는 가장 일반적인 일들뿐 아니라 그런 문제를 극복하거나 피할 수 있는 몇 가지 방법을 살펴보겠다.

FOSS 세계에 대한 나쁜 평판

여러분이 직면할 첫 번째 장애물은 전혀 기여할 수 없겠다는 생각이 드는 것이다. 지난 수십 년간 FOSS 세계에 대해 어떤 평판이 생겼다. 바로 기여하기 어렵다는 것이다. 물어봐도 도움을 받지 못할지도 모른다. 커뮤니티 멤버들은 우호적이지 않고 사람을 판단하고 환영하지 않는다. "이봐, 받아들여. 우리도 힘들게 했으니 당신도 그렇게 해야 해"라는 태도가 만연해 있다. 커뮤니티 멤버들은 반대되는 의견이나 불완전한 기여를 보면 공격적이 되고 모욕을 준다. FOSS에서 살아남는 유일한 방법은 철면피가 되거나 '자기 이익만 생각하는' 것이다.

이것이 FOSS에 대한 평판이다. 이런 평판이 현실에 근거를 두고 있다는 점을 알려 주게 되어 유감이다. 내가 열거한 나쁜 특성 모두를 FOSS 커뮤니티에서 볼 수 있고 의심할 여지 없이 앞으로도 나타날 것이다. '8장 사람들이 중요하다'에서 배웠듯이 FOSS 세계는 사람들로 구성되어 있다. 일생에 걸쳐 배웠겠지만 사람들은 때로는 까다롭고 복잡하며 질척거리고 매우 불쾌하게 굴기도 한다. 따라서 사람들과 관계를 맺으려는 어떤 노력(또는 모든 노력)은 잠재적으로 까다롭고 복잡하며 질척거리며 불쾌해질 수 있다. FOSS도 예외는 아니다.

많은 FOSS 커뮤니티에서 그러한 불쾌함을 일으키는 행동을 묵인하는 게 사실이지만 모든 FOSS 커뮤니티가 불쾌하다고 평하는 건 부당하다. '6장 코드 작성 이외의 기여도 중요하다'에서 언급했던 학계 연구[BBFV01]를 기억하는가? 그 연구에서는 사람이 긍정적인 것보다 부정적인 데 더 집중한다는 점을 보여 주었다. 같은 경향이 FOSS 커뮤니티에서도 나타난다. FOSS 커뮤니티 중 압도적인 다수는 기여자를 돕고 지원하며 환영하고 기여자에게 고마워하지만 부정적인 행동을 묵인하는 일부 커뮤니티가 썩은 사과가 되어 전체 사과 상자를 망치고 FOSS 커뮤니티의 전반적인 평판에 좀 더 안 좋은 영향을 미친다. 하지만 대부분의 커뮤니티는 다른 사람들에게 얼간이처럼 구는 건 나쁘다고 인식하고 있고 FOSS가 오랜 시간 나쁜 평판을 얻게 한 행동을 막고 감시하고 있다.

맞다. 심술궂고 거칠고 성질이 급한 FOSS 커뮤니티도 있다. 하지만 여러분과 같은 사람들로 이뤄진 커뮤니티를 찾을 수 있을 것이다. 프로젝트를 개선하려고 하고 소소하지만 의미 있는 방법으로 효과를 내려고 하는 보통 사람들 말이다. FOSS 커뮤니티의 나쁜 평판에 겁먹지 말고 여러분의 기여가 필요하고 가치 있다는 사실에 용기를 내라. FOSS 세계를 탐험하다 보면 부정적인 행동을 묵인하는 커뮤니티를 발견할 수도 있는데 그럴 때 할 수 있는 가장 효과적인 일은 거기에서 나오는 것이다. 그런 식으로 취급받아서는 안 된다. 그리고 커뮤니티 멤버들이 얼간이처럼 굴어도 괜찮다고 생각하는 사람들은 여러분의 시간, 충실함, 기여를 받을 자격이 없다.

기여할 프로젝트를 찾을 수 없을 때

여러분이 경험할지도 모르는 또 다른 문제는 기여할 프로젝트를 찾지 못할 수도 있다는 것이다. '4장 프로젝트 찾기'를 다 읽고 그 내용대로 했지만 여러분의 요구 사항과 기준에 맞는 프로젝트가 보이지 않을 수도 있다.

여러분에게 맞는 FOSS 프로젝트가 없다고 생각한다면 솔직히 말해 내 첫 번째 반응은 스타 트렉의 스팍처럼 눈썹을 추켜올리며 회의적인 표정을 짓는 것이 되겠다. 오늘날 수많은 프로젝트가 존재하는데 여러분의 필요에 맞는 프로젝트가 하나도 없다는 말인가? 그런 경우가 있을 수도 있겠지만 믿기 어렵다. 미안하지만 그럴 가능성은 거의 없다. 그런데 여러분이 기여할 프로젝트를 찾지 못했다는 사실은 그대로다. 그러면 뭐가 어떻게 된 걸까?

앉아서 여러분이 이 문제를 겪게 된 과정에 대해 이야기 나누지 않았지만(그런 방식으로는 잘 판단할 수 없다는 데 여러분도 동의할 것이다) 여러분의 기준과 요구 사항이 지나치게 좁게 정의되었다는 의심이 든다. 아니면 기준을 대체로 또는 일부 만족시키는 게 아니라 전부 만족시키는 프로젝트를 찾고 있었는지도 모른다. 그러한 제한 때문에 프로젝트 후보군이 좁아져서 여러분의 바람과는 반대의 결과가 나왔을 것이다. 전체 후보 프로젝트가 너무 많아도 처리하기 어렵지만 좁은 것 역시 충분하지 않다. 착수해 볼 수 있는 적당한 크기의 후보군을 만드는 게 이상적이다.

후보군을 잘 만들었다면 검색 기준을 넓힐 필요도 있다. 자신의 기준이 한 가지 관심 분야에서만 프로젝트를 찾는 것이었다면 관련된 관심 분야를 목록에 추가해 보라. 전자 음악을 좋아한다면 악보 조판을 위한 프로젝트나 오디오 파일을 서로 다른 파일 포맷으로 변환하는 프로젝트에서 즐겁게 일해 볼 수도 있다. 프로그래밍 언어 옵션을 넓혀 보는 것도 도움이 된다. 파이썬을 잘 모르더라도 배울 의지가 있다면 새로운 후보 프로젝트 세계를 찾을 수 있을 것이고 옵션이 더 늘어날 것이다.

여러 옵션이 생겼다면 덜 까다롭게 살펴보라. 물론 자신의 특정한 요구에 딱 맞는 가장 완벽한 프로젝트가 있다면 멋지겠지만 그런 경우는 거의 없다. 대부분의 프로젝트는 기준의 일부만 만족시키고 모든 기준을 만족시키는 프로젝트는 없음을 알게 될 것이다.

괜찮다! 몇 가지 기준만 만족시키는 프로젝트라도 목표를 향해 나아가는 데 도움이 되는 잠재력을 지니고 있다. 자신에게 가장 중요한 기준은 무엇인지, 그냥 있으면 좋은 기준은 무엇인지 아는 게 중요하다. 가장 중요한 기준을 충족시키는 프로젝트에 주의를 기울이면 자신에게 맞는 프로젝트를 찾는 데 성공할 것이다.

회사 정책

'1장 자유 소프트웨어·오픈 소스의 기초와 철학'에서 배웠듯이 저작권은 복잡한 것이다. 그런데 저작권 개념과 지적 재산 개념은 모든 FOSS 프로젝트와 기여의 밑바탕에 깔려 있다. 여러분의 창작에 대해 자동으로 저작권을 가질 수도 있지만 몇몇 나라에서는 신청해야 한다는 것과 어떤 때는 고용주가 여러분을 고용하는 동안 여러분이 만든 것에 대해 저작권을 보유한다는 점도 배웠다. 이는 FOSS 프로젝트에 기여하려고 할 때 큰 장애물이 될 수도 있다. 고용 계약에 따라 프로젝트에 기여한 저작물이 여러분의 것이 아니게 될 수도 있기 때문이다. 저작권을 보유할 수 없는 기여를 제출하는 것은 여러분에게나 여러분의 고용주에게나 프로젝트에나 법적인 재앙의 원인이 된다.

누가 저작권을 소유하는가?

FOSS 프로젝트에 기여하기 전에 고용 계약을 먼저 검토하는 게 필수다. 계약서를 못 찾겠다면 인사과에 사본을 요청하라. 계약서가 있다면 다음에 나오는 각 상황에서 만들어진 여러분의 저작물을 누가 소유하는지 확인하라.

- 회사 업무 시간에 회사 기기로
- 회사 업무 시간에 여러분의 기기로
- 개인 시간에 회사 기기로
- 개인 시간에 여러분의 기기로

이 표를 사용해 각 조건에서 만들어진 저작물에 대한 저작권을 누가 소유하는지 각 칸에 표시하라. 여러분이 소유하는가, 아니면 회사가 소유하는가?

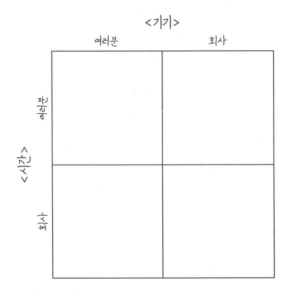

특정 조건에서 누가 저작권을 소유하는지 불분명하다면 두 가지 옵션이 있다. 첫 번째 옵션은 안전하게 그 조건에서 만들어진 여러분

의 저작물에 대한 저작권을 고용주가 항상 소유한다고 가정하는 것이다. 그 조건에서 여러분이 저작권을 소유한다고 가정하고 도박하듯 운을 시험해 볼 수도 있지만 그런 방향으로 가정하면 비싼 대가를 치를 수 있다. 두 번째 옵션 역시 돈이 들지만 적게 든다. 계약서를 가지고 변호사를 찾아가 표의 각 조건에서 누가 저작권을 소유하는지 알고 싶다고 물어보는 것이다. 가능하면 업무를 시작하기 전에 알아보는 게 이상적이다. 각 표의 칸이 '회사 소유'로 밝혀진다면 계약 조건 변경을 협상할 가장 좋은 시점이다. 때로는 표에 있는 조건 중 하나 또는 그 이상에서 여러분의 FOSS 기여에 대한 저작권을 유지하게 해 달라고 고용주에게 말해서 허가를 받을 수도 있다. 이에 대해서는 나중에 좀 더 이야기하겠다.

표의 칸을 채워 넣어서 특정 조건에서 여러분의 저작물에 대한 저작권을 누가 소유하는지 잘 이해하게 됐다면 관리자나 상사에게 이야기해서 FOSS 프로젝트에 기여하고 싶다고 알리라. 여러분이 저작권을 유지하는 조건에서 기여했더라도 관리자에게 알려서 관리자가 나중에 놀라지 않게 하는 게 좋다. 관리자나 상사 역시 특정 조건에서 누가 저작권을 소유하는지 모를 수 있으므로 이슈가 되기 전에 알리는 편이 가장 좋다. 여러분이 기여하든 말든 관리자가 신경 쓰지 않을 수도 있지만 그렇게 가정하지 않는 게 가장 좋다(특히 여러분이 회사 업무 시간이나 회사 기기를 이용해 기여하기를 바란다면 말이다).

동의 얻기

관리자와 이야기할 때 회사에서 FOSS 프로젝트에 기여하는 데 대해 전반적인 정책이 있는지 물어보라. 때로는 고용 계약에 명시되어 있지 않았더라도 직원이 특정 프로젝트에 기여하고 저작권을 유지할 수 있도록 회사에서 허락하기도 한다. 어떤 때는 회사에서 기여해도 좋다고 허가하지만 회사 이름 또는 회사 계정으로 했을 때만 허가하기도 한다. 물어보기 전까지는 절대 알 수 없으므로 시간을 내서 이러한 정보를 모으라.

필요한 정보를 알아본 후 FOSS 프로젝트에 기여하고 그 저작물에 대해 저작권을 유지할 수 있는 공식적인 방법이 없다는 게 밝혀질 경우, 고용 계약 또는 회사 기여 정책에 예외를 둘 수 있는지 관리자에게 물어볼 필요가 있다. 물어보기 전에 이러한 예외를 승인하면 회사에 이득이 된다고 설명하는 사업적 이유를 전부 준비하라. 기여가 옳은 일이라고 해서 회사가 선한 마음으로 그 일을 할리는 없다. 회사가 이러한 협의에서 무언가를 얻을 수 있으며 여러분의 기여가 회사를 법적 위험에 빠뜨리지 않음을 증명해야 한다. 회사가 이러한 예외를 승인하게 할 수 있다면 그 내용을 문서로 작성하라. 기여하도록 허락받았음(그리고 기여 조건)을 확인하는 이메일이 있으면 나중에 상황이 바뀌었을 때 약간의 보호를 받을 수 있다. 예를 들어 여러분이 다른 팀으로 옮겼는데 그 팀의 관리자가 여러분이 기여하도록 예외를 승인받았다는 사실을 모를 수도 있다. 예외에 대한 증거를 작성해 놓으면 도움이 되므로 곤란한 상황에 빠지지 않을 수 있다. 과거 관리자는 여러분이 기여하도록 허락했지만 새 관리자는 여러분이 다른 방식으로 시간을 쓰기를 바랄수도 있다.

CLA 또는 DCO

기여하고 싶은 프로젝트에 기여가 받아들여지기 전에 서명해야 할 CLA나 DCO가 있다면 여러분이 할지도 모르는 기여에 대한 저작권이 누구에게 있는지가 특히 중요하다. '3장 기여 준비하기'에서 CLA와 DCO는 한 프로젝트에서 여러 사람이 저작권을 보유할 때 생길 수 있는 저작권 분쟁을 관리하는 데 쓰려고 몇몇 프로젝트에서 사용하는 법률 문서라고 설명했다. 이러한 문서들은 여러분의 기여를 프로젝트에 제공할 법적 권리가 여러분에게 있는지 확인할 것을 요구한다. 이러한 문서에 서명하기 전에 여러분에게 실제로 여러분의 기여에 대한 저작권이 있는지 확실히 해 두는 것이 매우 중요하다. 여러분의 고용주에게 실제로 저작권이 있는데 서명하면 여러분과 프로젝트, 고용주에게 아주 큰 골칫거리가 될 수 있고 직장을 잃을지도 모른다.

여러분이 만든 저작물에 대한 저작권을 누가 소유하는지가 별것 아닌 일처럼 보일지도 모르지만 앞서 읽은 내용대로 중요한 일이다. 저작권법과 관련되어 무책임한 행동을 하는 것은 현명하지 못하며 늘 주의하는 편이 좋다. 여러분이 기여하는 것에 대한 저작권을 여러분이 가지고 있는지 100% 확실하지 않고 그에 대해 서면으로 기록해 두지 않았다면 위험을 무릅쓰고 기여하지 말라.

기여 과정이 불분명할 때

프로젝트를 찾았고 고용주가 프로젝트에 기여해도 좋다고 확인해 주었고 이제 열심히 기여를 시작할 준비가 됐다! 이때가 대개 흥미

진진한 순간이다. 에너지가 가득하고 의욕이 있고 적극적으로 프로젝트에 영향을 끼치려고 한다. 불행히도 그리고 너무 자주 그러한 에너지는 프로젝트에 신입 기여자를 위한 좋은 문서가 없다는 사실을 알게 되자마자 사라져 버린다.

프로젝트에 신입 기여자를 위한 문서가 부족한지 바로 알 수 있는 표시는 CONTRIBUTING 파일이 아예 없거나 있어도 내용이 텅 비어 있는 것이다(특히 깃허브에 호스팅된 프로젝트에서 최근 자주 보이는 추세). 그런 점은 기여하기 어려울지도 모른다는 위험 신호이지만 프로젝트에서 신입 기여자를 위한 과정을 전혀 문서로 작성하지 않았다는 의미는 아니다. 몇몇 프로젝트에서는 그러한 정보를 README 파일에 넣어 두므로 시작하기 전에 그 파일을 전체적으로 꼭 읽어 보라.

프로젝트에 CONTRIBUTING 파일이 있지만 내용이 빈약해서 프로젝트나 FOSS 기여에 이미 익숙하지 않은 사람들에게 별다른 지침을 제공하지 못할 때도 있다. 이러한 상황은 한동안 기여해 온 기여자들이 있는 작은 프로젝트에서 흔히 볼 수 있다. 그 사람들은 오랫동안 기여해 오면서 전체 경험에서 어떤 부분이 낯선 것인지 잊어버려서 신입 기여자를 위한 과정을 문서로 작성할 때 필요한 정보가 무엇인지 더는 알지 못한다. 예를 들면 다음과 같다.

기여

기여하고 싶다면 그냥 풀 요청을 보내라.

코딩 표준

코드를 린팅(linting)하고 우리에게 보내기 전에 코드가 PEP 8을 따르는지 확인
하라.

이러한 CONTRIBUTING 파일은 프로그래밍이나 기여 경험이 많은
사람에게 어느 정도 의미가 있지만 그렇지 않다면 그다지 유용하지
않다. 이 파일은 여러분이 풀 요청을 어떻게 보내는지, 린팅이 무엇
인지(린팅 방법과 린팅을 하는 이유는 고사하고), PEP 8이 무엇을
의미하는지, PEP 8 준수 여부를 어떻게 확인하는지 알고 있기를 기
대한다. 또 여러분이 프로젝트에서 그러한 용도로 이슈 트래커를
사용한다는 사실을 이미 알고 있다고 가정하기 때문에 도움이 필
요하거나 질문이 있을 때 어디로 가야 하는지 지침을 제공하지 않
는다.

   CONTRIBUTING 파일에 자세한 내용이 많지 않고 가정과 용어만
잔뜩 있는 상황에서 어떻게 해야 할까? 먼저 익숙하지 않은 용어와
과정을 전부 조사하라. 앞서 든 예의 경우 자주 쓰는 검색 엔진으
로 린팅과 PEP 8에 대해 공부하거나 '5장 기여하기'를 다시 읽고 풀
요청에 대한 기억을 되살릴 수도 있다. 이 책 마지막에 있는 부록의
'용어 해설'도 유용할 것이다. 이렇게 조사하면 익숙하지 않은 개념
을 배울 수 있을 뿐 아니라 좀 더 검색하는 데 필요한 어휘를 알게
되거나 다른 프로젝트 멤버에게 질문을 잘할 수 있다.

   질문을 하는 것은 기여 과정을 명확히 하는 다음 단계다. 조사를
하면 기여를 시작할 수 있을 정도의 정보를 얻을 수는 있겠지만 이
해 수준에는 여전히 빈틈이 있을 것이다(특히 CONTRIBUTING 파일
이 아예 없다면). 그러한 틈을 채우려면 질문을 해야 하는데 CON-

TRIBUTING 파일에 어디에 가서 질문을 하라고 나와 있지 않으면 좀 곤란해질 수 있다. README 파일에서 메일링 리스트, 실시간 대화방 또는 프로젝트 커뮤니티에서 선호하는 다른 의사소통 경로를 언급하고 있는지 확인해서 그 선호하는 경로를 통해 질문을 하자. CONTRIBUTING, README, 다른 문서를 확인한 후에도 여전히 프로젝트 담당자에게 질문하는 방법을 모르겠다면 프로젝트 이슈 트래커에 이슈를 열고 거기에 질문을 하라.

의사소통을 통해 배웠든, 자신이 받은 답변을 통해 배웠든 질문과 조사를 통해 배운 내용을 CONTRIBUTING 파일에 기록하라(없으면 만들라). 이렇게 하면 다음 신입 기여자가 프로젝트에서 작업하기 시작할 때 할 질문이 줄어들어서 기여하기 쉬워질 뿐 아니라 똑같은 질문에 늘 대답하지 않아도 돼서 담당자의 시간이 절약된다.

프로젝트에 CONTRIBUTING 파일이 없거나(아니면 유용하지 않거나) 기여하는 방법에 대한 질문에 답을 얻지 못한다면 기여할 또 다른 프로젝트를 찾는 걸 고려해 보라. 여러분의 시간과 기술은 귀중하다. 그것들을 기여하기 어려운 프로젝트에 낭비하지 말라. 세상에는 수많은 FOSS 프로젝트가 있다. 여러분의 시간과 기술을 알아주고 존중하는 프로젝트에 그것들을 공유하라.

언어 장벽

때로는 절차보다는 사실상 언어에서 문제가 생기기도 한다. 예를 들어 다음 텍스트는 무슨 말일까?

ನಿಂಗೆ ಭಾಷೆ ಅರ್ಥ ಆಗೋಲ್ಲ

Niṅge Bhāṣe Artha Āgōlla

인도 남서부에서 주로 쓰이고 전 세계적으로 수백만 명이 사용하는 언어인 칸나다어Kannada를 읽을 줄 모른다면 이 텍스트가 '당신은 언어를 이해하지 못한다'라는 뜻임을 알 수 없을 것이다. 앞에 나온 텍스트가 아름다운 곡선처럼 보인다면 FOSS에 기여할 수 있는 수많은 사람이 언어 장벽에 부딪힐 때 느낌을 알 수 있을 것이다.

FOSS는 전 세계적인 현상이지만 대부분의 프로젝트에서 구어와 문어로 영어를 주로 사용한다. 영어는 문서, 코드 주석, 메일링 리스트, 실시간 대화, 프로젝트의 다른 텍스트 의사소통에서 가장 많이 쓰이지만 유일한 언어는 아니다. 검색해 보면 주된 의사소통 언어로 여러분의 모어를 사용하는 프로젝트를 발견할 수 있을지도 모른다. 하지만 당장은 영어 기반 프로젝트가 아닌 경우는 그 수가 적다.

프로젝트에서 사용하는 자연 언어가 무엇이든 해당 언어를 이해하지 못한다면 기여하려고 할 때 불리한 상황에 처할 것이다. 이러한 이슈를 처리할 수 있는 옵션은 꽤 제한되어 있다. 더 잘 이해할 수 있는 언어에 기반을 둔 프로젝트를 찾거나 자신이 선택한 프로젝트에서 사용하는 언어를 배우는 것이다. 새로운 언어를 배우는 방법에 관해 조언하지는 않을 것이다. 이 책의 범위를 벗어나기 때문이다. 하지만 자신이 잘 이해하지 못하는 언어를 사용하는 프로젝트에 기여하고 소통하는 방법에 관해서는 몇 가지 조언할 게 있다.

우선 자신이 언어를 배우는 중임을 프로젝트에 알려서 기대치를 조정하는 게 도움이 된다. 사람들은 대개 누군가가 원어민이 아님을 구분할 수 있다. 이에 대해 솔직히 이야기해도 해가 되지는 않는다. 커뮤니티에 별도 메시지를 쓸 필요도 없고(쓰지 않는 편이 아마 더 나을 것이다) 복잡하게 쓸 필요도 없다. 커뮤니티와 처음 의사소통할 때 이슈 트래커든, 메일링 리스트든, 자신의 의도를 전달할 어떤 수단으로든 자신이 언어를 배우는 중이라고 짧게 언급하면 된다. 예를 들면 다음과 같다.

> 테스트 스위트 실행에 대해 질문이 있습니다. 말실수를 하더라도 양해해 주세요. 영어를 배우는 중이거든요. 너그럽게 봐 주세요. 제 질문은…

프로젝트에서 사용하는 언어에 좀 더 익숙해지려고 공부하는 중일 때는 가능한 한 비동기 의사소통 수단을 사용하라. 이메일, 이슈 트래커는 생각한 후 질문과 대답을 쓸 시간을 준다. 심지어 실시간 대화 시스템에서도 그렇게 할 수 있다. 이는 대면 대화에서는 불가능한 방식이다. 이러한 특징은 알맞은 낱말이나 문장 형식을 즉시 기억해 내야 한다는 추가적인 압력을 받지 않고도 언어를 연습하고 언어에 유창해지는 데 도움이 된다.

자신이 질문이나 문장을 이해한다고 가정하는 건 그다지 도움이 되지 않는다. 무언가에 대해 행동을 취하기 전에 질문이나 문장을 다시 말해서 맞는지 확인하라. "문서 파일들을 디렉터리 하나에 재정리해야 한다고 이해했는데 맞나요?" 같은 식으로 물어보라. 잠시 시간을 내서 자신이 이해한 내용을 확인하고 나서 요청받은 행동을 하면 모두의 작업 시간과 나중에 생길지도 모르는 많은 골칫거리를 줄일 수 있다. 필요한 내용을 잘못 이해했더라도 낙담하지 말라. 원래 문장이나 질문이 명확하지 않았을 수도 있다.

다시 말하지만 자신의 글쓰기가 자신이 생각한 만큼 분명하다고 가정하지 말라. 언어와 의사소통은 복잡한 것이고 우리는 모두 이따금 오해하기도 한다. 더 길고 중요한 메시지를 커뮤니티에 보내고 싶다면 모두에게 보내기 전에 친구나 또 다른 커뮤니티 멤버에게 검토하게 해서 자신의 생각대로 실제로 표현됐는지 확인하라. 이렇게 하면 좀 더 효과적인 메시지를 전달할 수 있을 뿐 아니라 검토자가 준 피드백을 받아들여서 언어를 연습하고 공부하는 안전한 시간을 확보할 수 있다.

자신이 선택한 FOSS 프로젝트에서 주로 사용하는 언어에 유창하더라도 지금까지 말한 많은 팁을 적용할 수 있다는 점을 주목하라. 누구도 완벽하지 않고 모두가 편집자가 필요하다. 그 언어를 안다고 해도 자신이 이해한 내용이나 표현을 재확인하는 걸 두려워하지 말라. 재확인하면 많은 혼란을 피하고 소프트웨어 개발 과정을 합리화하는 데 도움이 된다.

기여가 거절당할 때

기여에 대해 생각하고 기여물을 만드느라 많은 시간을 썼을 것이다. 여러분의 작업이 자랑스럽다고 느끼거나 최소한 그 일을 계속할 수 있게 여러분의 기여가 받아들여지기를 열망할 것이다. 그래서 기여를 위해 최선을 다했고 프로젝트에 제출했는데… 거절당했다. 무슨 일이 벌어진 걸까? 왜 그 사람들은 여러분이 공을 들인 기여를 거절했을까?

화내기 전에 걱정하지 말라. 다 잘될 것이다. 여러분 때문이 아니다. 그 사람들에게 어떤 이유가 있어서다. 아니면 여러분 때문이라도 그래도 괜찮다(대개는 그렇다). 여러분의 기여가 거절당하는데는 수많은 이유가 있는데 그러한 이유 중 여러분 개인이나 여러분 작업의 품질과 상관있는 경우는 드물다.

'7장 커뮤니티와 소통하기'에서 말했듯이 프로젝트에서 여러분의 기여를 거절하는 데는 많은 이유가 있다. 대체로 거절하는 이유는 수수께끼가 아니다. 프로젝트 담당자가 기여에 평을 남기거나 이메일을 보내, 그때 왜 여러분의 기여를 받아들일 수 없었는지 알려 줄 것이다. 거절하는 가장 일반적인 몇 가지 이유는 다음과 같다.

- 불쑥 기여해서다. 프로젝트와 사전에 의사소통을 거의 하지 않아서 예상하지 못한 기여를 불시에 받은 경우다.
- 기여는 좋았으나 불필요해서다. 프로젝트 로드맵에 없는 무언가나 프로젝트 담당자가 포함시키지 않기로 이미 결정한 것 또는 프로젝트에 참여하는 누군가가 이미 기여했거나 이미 동작 중인 걸 기여했을 수도 있다.
- 기여가 프로젝트 표준에 맞지 않아서다. 프로젝트에 코딩, 테스트, 디자인, 문서 작성 표준이 있는가? 기여를 제출하기 전에 그것들을 확인했는가? 문서로 작성된 표준에서 크게 벗어나는 기여는 프로젝트 담당자가 기여자에게 기여에서 어느 부분이 모자란지 여러 방식으로 설명하기보다는 그냥 거절하는 게 더 쉽다.

- 기여자가 CLA에 서명하지 않아서다(또는 DCO를 위한 커밋을 하지 않아서다). 서명된 CLA나 DCO를 요구하는 프로젝트는 기여가 아무리 좋고 유용해도 서명하지 않은 기여자가 보낸 기여를 받지 않는다.
- 프로젝트 멤버들이 비열해서다. 매우 드물지만 원하지 않는다고 여러분의 기여를 그냥 받아들이지 않는 프로젝트 담당자와 만날 수 있다. 타당한 이유 없이 다른 사람들과 협업하기를 바라지 않는 것이다.

기여가 거절당하는 걸 막거나 최소한 거절당하더라도 덜 놀라는 방법들이 있다. 이 책을 여기까지 읽었다면 그게 무엇인지 이미 알 것이다. FOSS 기여에는 세 가지 규칙이 있다.

1. 모든 기여자 문서를 읽으라(그리고 그 문서들을 따르라).
2. 기여하기 전에 의사소통하고 확인하라.
3. 기여를 제출하기 전에 피드백을 요청하라.

잘 모르겠을 경우 어느 FOSS 기여 상황에서든지 이 세 가지 규칙으로 돌아가면 거의 모든 걸 처리할 수 있다. 기여가 프로젝트에서 거절당하는 것까지 포함해서 말이다.

이 규칙들을 따른 후에도 기여가 거절될 수 있고 그 이유에 동의할 수 없을지도 모른다. 대응하기 전에 잠시 멈추라. 당시에는 감정적이 될 수 있지만 FOSS 세계에서는 단순히 반응하기보다는 적절히 행동하는 게 일반적으로 더 낫다. 잠시 시간을 두고 진정하고 나서 감정보다는 사실로 문제에 대응하라. 여러분의 기여가 프로젝트에 포함될 만큼 가치 있다고 생각할 수도 있지만 사실로 그것을 증명하지 못한다면 누구의 마음도 바꾸지 못할 것이고 여러분의 기여는 거절된 채로 남을 것이다. 적절한 사실을 제시했는데도 여러분의 기여가 계속 거절당할 수도 있다. 그래도 괜찮다. 여러분이 옳다고 토론에서 이기려고 논쟁을 계속하지는 말라. 담당자의 판단을 선선히 받아들이고 담당자에게 시간을 내 주어 고맙다고 말하라. 그리고 새로운 일로 넘어가라.

커뮤니티 문제

이미 지적했듯이 사람들은 매우 복잡하고 까다로우며 질척질척한 존재다. 커뮤니티는 사람들로 구성되기 때문에 마찬가지로 복잡하고 까다롭고 질척질척하다. 대부분의 인간 활동에서 정말 흔히 볼 수 있는 수많은 문제가 커뮤니티에서 드러나는 것은 이러한 요인들의 영향을 받아서다. 완전한 커뮤니티는 없다. 문제가 있음을 인식하고 그것들을 고치려는 커뮤니티와 이슈를 알지 못하고 굴러가는 커뮤니티만 있을 뿐이다.

이 두 가지 커뮤니티 중 어느 쪽에 가입했든지 간에 인간 상호작용과 커뮤니티 문화에서 기인한 문제들에 직면하게 될 것이다. 이러한 이슈들을 피하며 일할 수도 있고 문제를 고치는 데 전념할 수도 있다. 아니면 문제를 처리하거나 문제를 뒤로 하고 커뮤니티를 떠나는 것 중 결정할 수도 있다. 어떤 접근 방식을 취하느냐는 전적으로 자신에게 달려 있지만 스스로 선택해야 한다는 점을 강조하고 싶다. 커뮤니티의 문제를 처리하거나 고쳐야 한다는 의무감을 느낄 필요는 없다. 커뮤니티의 상황이 불편하다고 느낀다면 자유롭게 그 커뮤니티를 떠나서 다른 커뮤니티를 찾으라.

반응이 없는 커뮤니티

여러분이 경험하게 될지도 모르는 한 가지 문제는 커뮤니티가 완전히 무반응인 경우다. 귀중한 시간을 써서 기여물을 만들고 프로젝트에 제출했는데 아무 일도 일어나지 않는다. 커뮤니티 멤버들은 여러분의 기여를 확인하거나 받아들이는 건 고사하고 검토하는 데도 전혀 관심이 없다. 블랙홀에 기여한 것처럼 아무 대답도 들을 수 없다. 반응이 올 때도 있지만 몇 주 또는 몇 달이 걸리기도 한다.

커뮤니티에서 여러분에게 빨리 응답하지 않는 이유는 매우 많은데 그중 여러분 개인이나 여러분이 한 기여의 품질과 상관있는 이유는 별로 없다. 한 가지 이유로 커뮤니티에 사람이 그다지 많지 않아서일 수도 있다. 프로젝트를 담당하는 사람이 적을수록 기여를 검토하는 것뿐 아니라 제출하는 데도 시간이 오래 걸린다. 그러한 커뮤니티 멤버들은 그 수가 얼마이든 간에 각자의 삶과 그 삶에 수반되는 수많은 복잡함을 떠맡기에도 바쁘다. 그러한 복잡함 위에 FOSS 프로젝트 담당이라는 짐을 더하면 많은 커뮤니티 멤버들이 탈진해 프로젝트에 관심을 덜 쏟게 된다. 그렇게 되면 프로젝트는 활발하게 유지되지 못한다. 이러한 요인들 때문에 여러분이 기여를 제출하거나 프로젝트에 그냥 질문만 했을 때도 느린 반응이나 무반응이 나오게 된다.

그렇다면 어떻게 해야 할까? 기여를 제출하기 전에 커뮤니티 멤버에게 알려 주고 검토를 받을 수 있는 예상 시간을 알려 달라고 할 수 있다. 여러분이 이슈를 이해했거나 프로젝트에서 여러분의 기여를 필요로 하는지 확인받아야 할 때 이메일, 실시간 대화, 이슈 트래커로 알려 주는 게 대개는 가장 쉽다. 기여를 제출하기 전에 미리 이렇게 하면 기여를 제출하는 쪽과 받는 쪽의 관계에 관해 기대치를 정할 수 있고 전체 과정을 부드럽게 진행하는 데 도움이 된다.

기여를 제출한 후에는 기여가 검토를 기다리고 있다고 사람들에게 상기시키기 위해 살짝 재촉할 수도 있다. 재촉하기까지 얼마나 기다릴지는 여러분의 필요, 프로젝트 커뮤니티의 일반적인 소요 시간, 상황에 따라 달라지는 여러 요인에 달려 있다. 일반적으로는 담당자에게 여러분의 기여를 봤는지 재촉하기 전에 최소한 일주일 정도 기다리는 게 예의다. 오래 기다렸더라도 시간을 내서 검토해 달라고 사람들에게 요청할 때는 공손하게 하라. 여러분의 기여를 받아들일 사람들에게 얼간이처럼 군다면 아무 대답도 받지 못할 것이다.

몇 주가 지나도 커뮤니티에서 아무런 대답을 듣지 못했고 프로젝트에서 어떤 활동도 일어나지 않는다면 프로젝트가 하나 또는 그 이상의 이유로 휴면 중일 가능성이 있다. 취할 수 있는 옵션이 두 가지 있는데 둘 다 여러분 쪽에서 많은 일을 해야 할 수도 있다. 첫 번째 옵션은 커뮤니티에 연락해서 프로젝트 리더직을 인계받을 수 있는지 물어보는 것이다. 그렇게 하면 특히 기존 담당자가 너무 바쁘거나 탈진했을 때 프로젝트에 새 생명을 불어넣을 수 있다. 하지만 리더직을 인계받으려는 프로젝트가 그러한 탈진의 원인이었음을 인지하는 것도 중요하다. 그러한 부담을 떠맡기 전에 그것을 감당할 수 있는지 주의 깊게 생각하라.

두 번째 옵션은 프로젝트를 포크fork해서 원 프로젝트 대신 여러분이 포크한 프로젝트를 사용하는 것이다. 누군가 여러분의 기여를 승인해 주길 기다릴 필요 없이 프로젝트의 별도 복사본(포크)을 만들어 필요한 변경을 하는 것이다[1]. 프로젝트를 포크하면 여러분의 변경 사항을 원 프로젝트에 꼭 기여할 필요가 없다.

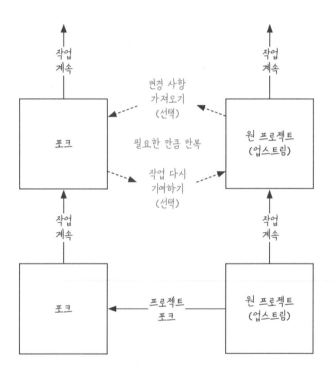

이렇게 생각할지도 모르겠다. "잘됐네! 포크하면 내 기여를 인정하지 않는 느려 터진 한심한 인간들과는 상대하지 않아도 되잖아!" 물론 그렇게 볼 수도 있다. 하지만 프로젝트 포크는 마지막 수단이어야 한다. 포크해서 자신만의 버전을 만드는 것보다는 원 프로젝트

(또는 업스트림upstream)에서 작업하는 편이 거의 항상 더 낫다. 프로젝트가 여전히 활발히 개발 중이라면 자신의 프로젝트와 원 프로젝트를 계속 동기화하는 게 많은 도움이 된다. 동기화하지 않는다면 치명적인 버그나 보안 수정뿐 아니라 프로젝트를 좀 더 유용하게 만드는 기능을 놓칠 수도 있다.

깃허브 같은 코드 호스팅 서비스에서는 '포크'라는 낱말을 단순히 저장소에서 git clone 명령을 실행하는 것과 같은 뜻으로 사용하지만[2] 여기에서 말하는 포크는 원 프로젝트 커뮤니티에 적대적으로 보일 수 있는 사회적 성격의 움직임이다. 즉, 다음과 같이 말하는 것 같은 인상을 줄 수 있다. "여러분은 일을 제대로 하지 않고 있군요. 여러분의 프로젝트에 기반을 둔 저만의 프로젝트를 만들어서 더 나은 프로젝트와 커뮤니티를 키울 겁니다. 자, 어쩔 건가요?" 프로젝트를 꼭 포크해야 한다면 그 접근 방식에 신경을 써서 의도치 않게 불쾌감을 주지 않도록 주의하라. 개인 용도로 자신만의 복사본을 만드는 것보다는 원 프로젝트에서 커뮤니티와 함께 일하는 것이 더 좋은 방식이다.

반응이 지나친 커뮤니티

때로는 조용한 커뮤니티가 아니라 동전의 다른 면에 해당하는 지나친 의사소통을 경험할 수도 있다. 즉, 사람들이 여러분의 기여에 대해 이러쿵저러쿵하는 걸 멈추지 않는 것이다. 너무 많은 사람이 동시에 의사소통을 하면 아무런 의사소통이 이뤄지지 않는 것만큼이나 실망스럽다. 반응이 지나친 커뮤니티의 경우 주방에 요리사가 너무 많은 것과 다름없다. 기여를 받을 때마다 수많은 사람이 끼어

들어 피드백을 주고 각자 자신이 선호하는 변경 사항을 요구하고 어쩌면 서로 다른 의견을 줄 수도 있다. 이러한 의사소통 과잉 때문에 여러분이 상충하는 관점을 조정하려다 보면 프로젝트 담당자가 여러분의 기여를 승인하는 게 불가능해질 수도 있다.

꼭 그런 경우는 아니겠지만 커뮤니티의 반응이 지나치다면 프로젝트 커뮤니티가 정치적 문제를 겪고 있거나 지침이나 방향이 없다는 징후일 수도 있다. 프로젝트가 합의된 단일한 궤도로 움직이도록 협업하기보다는 기여 검토자마다 자신의 의제만 발전시키려 하거나 다른 커뮤니티 멤버들로부터 지지를 쌓고자 하는 것이다. 불행히도 여러분의 기여는 그 한가운데 끼어 있다.

반응이 지나친 커뮤니티에서는 어떻게 해야 할까? 먼저 그 사람들이 문제를 깨닫고 있는 것처럼 보이는지 확인하라. 정치가 벌어지는 게 아니라 모든 사람이 자신만의 특별한 방식으로 도움이 되기 위해 노력을 하는 것일 수도 있다. 정치이든 아니든 커뮤니티에서 여러분에게 상충하는 정보를 주고 여러 관점으로 과부하를 걸고 있음을 깨닫지 못하고 있을 수도 있다. 아니면 프로젝트에서 받아들일 만한 수준이 되도록 하기 위해 기여 작업을 더 다듬어서 완성하게 하려는 것일 수도 있다. 그런 경우라면 상충하는 정보를 주고 있음을 공손하게 지적하고 어떤 방식으로 해야 좋은지 물어보라. 이때 모든 관점을 요약하면 도움이 된다. 그러한 내용을 한군데 나열하면 검토자가 얼마나 어리석은 행동을 했는지 드러낼 수 있다. 예를 들면 다음과 같다.

안녕하세요. 도움과 피드백에 감사합니다. 다만 요청받은 몇 가지 변경

사항을 조정하는 데 어려움을 겪고 있습니다. 이러한 요구 사항의 우선
순위를 정해 주거나 그것들을 이해할 수 있게 도와주실 분 있나요?

- 로고에 맞춰 버튼을 파란색으로 만들기
- 버튼을 녹색으로 만들어 강조하기
- 버튼을 지우고 링크로 만들기
- 로그인 페이지를 등록 페이지와 통합하고 버튼 사용하기

도와주서서 고맙습니다.

커뮤니티에 대해 공부한 후 문제가 너무 혼란스럽거나 정치적으로
격론을 불러일으킬 수 있어서 이러한 합의 구축이 효과가 없을 거
라고 판단할 수도 있다. 이런 경우 시도해 볼 만한 몇 가지 다른 옵
션이 있다. 여러 의견 중 어떤 것이 가장 인기 있고 지배적인 의견
인지 판단해서 그것을 만족시키는 데 집중할 수 있다. 이렇게 할 경
우 정치적 분쟁이 일어났을 때 한쪽을 지지하는 결과를 야기할 수
있다는 데 주의하라. 이 방법을 택하기로 결정하기 전에 관련된 어
느 정치적 의제를 지지해야 편할지 반드시 확인하라. 또 다른 옵션
은 핵심 기여자들과 이야기해서 여러분이 상충하는 관점을 듣고 있
는 상황을 지적하고 문제를 중재해 달라고 요청하라. 프로젝트, 기
여, 충돌 등 전체적인 상황에 따라 여러분과 직접 협업해 달라고 핵
심 기여자에게 요청하고 싶을 수도 있다. 그렇게 하면 정치와 혼란
으로부터 여러분을 보호하고 잠재적으로 기여 수용 과정 속도를 높
이는 데 도움이 될 수 있다.

목적이 불분명한 커뮤니티

아무것도 끝내지 못할 것 같은 사람을 아는가(아니면 그게 자신일 수도 있다)? 새로운 뭔가, 이를테면 새로운 프로젝트, 새로운 취미, 새로운 생각 등을 끊임없이 시작하지만 실제로 끝까지 가는 걸 결코 보지 못한다. 몇몇 프로젝트도 이와 같다. 강력한 리더십이나 기본적인 프로젝트 로드맵조차 부족해서 커뮤니티가 어떤 기능이나 계획에서 또 다른 것으로 거듭 방침을 바꾼다. 우선순위가 있지만 수시로 바뀌고 그렇게 바뀌는 데 이전 '최'우선순위에 바쳐진 시간과 힘이 들어간다. 사람들이 수많은 작업을 기여하지만 그 어느 것도 아무 방향으로도 이끌지 못한다. 예를 들어 커뮤니티에서 두 달간 노력을 집중해 사용자 인터페이스를 번역했는데, 결과는 번역 작업은 마무리되지 않고 방치된 채 대신 싱글 사인 온single-sign-on 기능을 추가하기로 진로를 바꾸었다고 하자. 여러분의 기여가 그 번역 계획의 일부였다면 방침이 바뀌었을 때 여러분의 손에 남은 건 중단된 기여뿐이다. 기여가 받아들여졌더라도 계획이 마무리되지 않으면 결코 쓰이지 않을 것이다. 여러분의 직장이나 개인 프로젝트에서 사용하기 위해 그 계획이 필요했거나 기여가 출시되어야 했다면 이는 문제가 될 수 있다.

커뮤니티와 프로젝트가 목적이 불분명할 때 이러한 문제를 다룰 수 있는 한 가지 방법은 작은 목적을 추가하는 것이다. 필요한 계획을 완성하기 위해 커뮤니티에서 협력자들을 모으거나 필요한 기술과 경험이 자신에게 있다면 스스로 그렇게 할 수도 있다. 이처럼 프로젝트의 한 부분에 자신만의 노력을 집중함으로써 솔선수범할 수 있다. 다른 사람들이 알아차리기 시작하면 다음번 큰 과제를 위해

당장 가능한 일을 포기하기보다 계획을 완성하고 좀 더 집중할 수 있는 방향으로 프로젝트를 발전시킬 수 있게 된다. 이렇게 하면 프로젝트 로드맵이나 출시 주기를 만드는 일에 참여할 수 있고 프로젝트 관리와 협상 기술도 필요할 것이다. 가장 중요한 것은 시간과 인내 측면에서 큰 헌신이 필요하다는 점이다. 이러한 변화 노력이 성공하려면 서둘러서는 안 된다.

프로젝트를 좀 더 집중된 방향으로 발전시키는 활동에 앞장서거나 참여할 시간(또는 인내)이 없다면 남은 유일한 옵션은 혼돈에 익숙해지고 바뀌는 프로젝트 우선순위의 흐름 속에서 일하는 법을 배우는 것이다. 또는 앞서 설명한 대로 프로젝트를 포크하거나 자신의 시간과 기여가 좀 더 즉각적이고 긍정적인 영향을 미칠 수 있는 또 다른 일을 찾아 그 프로젝트를 떠나는 것이다.

커뮤니티 정치

'반응이 지나친 커뮤니티'(218쪽)에서 설명한 내용을 읽고 아마도 추측했겠지만 FOSS 프로젝트 커뮤니티에서는 때로 정치적으로 격론이 벌어진다. 솔직히 말해 둘 이상의 사람이 관여하는 일에는 정치적 논쟁이 벌어질 수 있는데 FOSS 담당자, 기여자, 사용자는 특히 열정적인 집단이다. 그러한 열정은 간혹 충돌을 일으키고 충돌은 정치나 다른 분쟁을 일으킨다. 사실 모든 정치가 나쁜 건 아니다. 사람은 결국 정치적 존재이고 정치 때문에 수많은 놀라운 일을 해내기도 한다. 하지만 세상에는 정치에서 야기되는 유쾌하지 않은 일들이 있음을 다들 잘 알 것이다. FOSS 프로젝트 커뮤니티도 다르지 않고 때로는 추한 정치 때문에 고통을 받기도 한다.

부정적인 정치의 가장 일반적인 형태는 한 프로젝트 안에 있는 파벌 간 내분이다. 이 파벌은 이 의견이 있고 저 파벌은 저 의견이 있고 어딘가에 또 다른 파벌이 있고 하는 식이다. 어떤 파벌은 의견이 무엇인지는 분명하지 않지만 다른 두 파벌이 하려는 일에 반대한다. FOSS 정치의 또 다른 흔한 형태는 야심적인 커뮤니티 멤버들이 구축한 제국이다. 어떤 사람들에게는 중요한 인물로 보이고 인정받는 것이 그들의 삶에서 높은 우선순위이며 그게 바로 권력을 쌓는 방식이다. 로드맵을 정하고 변경 사항을 승인하는 것 같은 FOSS 프로젝트에서 발견되는 사소한 권력만 주어져도 어떤 사람들은 그것을 이용해 다른 사람들을 조종하고 기여자와 기여를 자신의 의제를 발전시키는 장기판의 졸卒로 사용한다.

어떤 프로젝트에 참여했는데 프로젝트가 부정적 정치 때문에 만성적으로 고통받고 있는 모습을 발견한다면 당연히 정치에 관여하지 않으려고 할 수 있다. 어느 쪽 편도 들지 않고 기여를 보내고 제출 내용을 검토하고 질문에 대답할 수 있다. 그렇게 하기가 매우 어렵기는 하지만 할 수는 있다. 상황을 평가해서 특정 파벌에 서는 것이 대개는 더 쉽지만 상황에 따라 바람직한 옵션이 아닐 수도 있다. 커뮤니티 정치의 일부분이 되지 않고서는 프로젝트에 참여할 수 없는데 그러한 정치에 관여하고 싶지 않다면, 가장 좋은 옵션은 그 커뮤니티를 떠나서 정치적 혼란이 덜한(또는 그 종류가 다른) 프로젝트를 찾는 것이다.

무례한 커뮤니티 멤버들

이 장 시작 부분에 언급했듯이 FOSS 세상이 항상 긍정적인 평판만

받은 건 아니다. 일부 부정적 평판은 몇몇 프로젝트에 기여하기가 어려운 데서 비롯됐지만 부정적 평판의 압도적 다수는 FOSS 세계가 수년간 망나니로 잘 알려진 수많은 사람을 불러들여 왔고 불러들이고 있으며 앞으로도 불러들일 것이라는 데서 비롯됐다. 망나니라는 말과 그 파생어를 사용하는 데 반대하는 사람도 있을 것이다. 사과한다. 하지만 여기서 그 어휘를 바꾸지는 않겠다. 그러한 사람들과 그들의 태도는 헤아릴 수 없는 피해를 일으켰고 말을 순화해서 그런 피해를 축소하지는 않을 것이다. 이 책에서 나는 주저하지 않고 망나니를 망나니라고 부르겠다. 그렇게 하지 않으면 그들이 커뮤니티에 얼마나 해로운지 잘 드러나지 않을 것이다.

사람들이 모이는 곳이라면 어디서나 이런 사람들을 발견할 수 있지만 FOSS 세계의 덜 구조화된 특성은 이런 불쾌한 사람들에게 비옥한 토양이 된다. 중심이 되는 권위, 문서로 작성된 공통 행동 가이드라인, 환영받지 못하는 행동을 처리하는 공유된 틀이 없으면 이러한 망나니들은 황금률을 내팽개치고 완전히 제멋대로 자신들의 망나니짓을 정당화한다.

이러한 망나니짓은 여러 형태를 띠지만 모든 행동은 특정 개인을 향하지 않더라도 커뮤니티 멤버, 특히 신입 기여자에게 불쾌하고 불편한 느낌이 들게 한다. 여러분이 목격할지도 모르는 망나니짓의 몇 가지 형태는 다음과 같다.

- 기여보다는("좋은 생각이 아니네요.") 사람에 대해 말하는("멍청하네.") 인신공격성 피드백
- 검토, 피드백, 토론에서 불필요한 부정적 의견

- 재미를 넘어 아무 이유 없이 다른 사람들을 깎아내리기
- 커뮤니티 계층 구조에서 더 낮은 위치에 있는 사람들 공격하기

이러한 행동이 사람들을 불편하고 불쾌하게 한다면 왜 커뮤니티에서 그에 대해 어떤 조치를 취하지 않을까? 결국 커뮤니티는 무언가를 용인하는 곳이다. 따라서 그 커뮤니티가 망나니들을 용인한다면 어떻게 될까? 많은 커뮤니티가 이처럼 불편하고 불쾌한 상태로 오랫동안 존재해 왔고 결국 그 상태가 정상이 되고 말았다. 그런 커뮤니티들은 이런 상태가 문제임을 더는 깨닫지 못한다. 단지 '우리가 여기에서 일을 하는 방식'이 그렇다고 생각하기 때문이다. 일부 커뮤니티 멤버들은 문제가 있다고 인식하지만 해결해야 할 뭔가가 있다고 나머지 커뮤니티 멤버들에게 동의를 얻지는 못한다. 커뮤니티에서 뭔가가 끔찍하게 망가졌다는 합의를 얻더라도 그것을 고치기 위해 무엇을 해야 하는지에 관해 비슷한 합의에 도달하지 못하게 하는 장애물에 부딪히게 된다.

문제를 인식하고 해결하기 위해 합의를 구하는 과정에 망나니들도 끼어든다. 늘 그렇지는 않지만 망나니들이 커뮤니티 내에서 권력이 있는 자리에 오르기도 한다. 이와 같은 권력이 있는 자리에서는 반발 없이 자신들이 바라는 대로 무엇이든 말하고 행할 수 있다는 자신감이 커지기 때문에 불쾌감을 증폭시키는 효과가 있다. 그들은 "나를 제거할 수 없어. 나는 너무 중요하니까"라고 생각한다. 권력의 자리에 있든 아니든 망나니들은 보통 대화에서 가장 큰 목소리로 이야기한다. 그런 인간들은 때론 똑똑해서 커뮤니티가 합의에 이르거나 행동을 취하지 못하도록 수사修辭적인 꼼수를 쓰기

도 한다. 망나니들은 커뮤니티 문화 변화라는 이미 어려운 문제를 극복할 수 없는 일로 바꾸기도 한다.

자, 썩은 사과가 바구니 전체를 망치는 것 같은 커뮤니티를 만난다면 어떻게 해야 할까? 아무도 그런 행동을 고치려 하지 않거나 커뮤니티에 행동 수칙이 없거나 커뮤니티에서 행동 수칙을 시행하지 않는다면 할 수 있는 가장 쉬운 일은 커뮤니티에서 나와서 망나니와 망나니짓이 용인되지 않는 곳을 찾아가는 것이다. 신입 기여자로서 여러분에게 이런 행동을 용인하는 커뮤니티를 바꾸는 데 필요한 힘과 영향력은 없기 때문이다.

좋은 소식은 거의 모든 커뮤니티에 썩은 사과가 있지만 점점 더 많은 커뮤니티에서 행동 수칙을 만들고 시행하고 있다는 것이다. 커뮤니티에서 망나니들을 용인하지 않고 그런 문제에 대해 무언가를 한다. 여러분이 환영받고 여러분의 전문성과 기술이 존중받는 프로젝트가 많이 있다.

참여하기 전에 커뮤니티에 문제가 있는지 알아보는 방법

망나니와 망나니짓에 대한 이야기 때문에 맥빠졌겠지만, 말했듯이 형편없는 인간을 참아 주지 않으며 초라하게 취급받을지도 모른다는 두려움 없이 참여할 수 있는 프로젝트가 많이 있다. 그런데 그런 프로젝트를 어떻게 찾을까? 프로젝트에 참여하지 않고 좋은 프로젝트인지 그렇지 않은 프로젝트인지 어떻게 구별할 수 있을까?

1단계는 프로젝트에 행동 수칙이 있는지 보는 것이다. '3장 기여 준비하기'에서 배운 내용을 기억한다면 행동 수칙은 프로젝트 커뮤니티에서 환영받거나 환영받지 못하는 행동의 종류, 환영받지 못한 행동을 했을 때 결과, 커뮤니티 멤버가 그러한 행동을 신고할 수 있는 곳과 신고하는 방법을 문서화한다. 프로젝트에 행동 수칙이 있다는 점이 커뮤니티가 FOSS에 기여할 수 있는 안전한 공간임을 보증하지는 않지만 고무적인 신호다. 반대로 행동 수칙이 없거나 행동 수칙을 만드는 것에 대한 대화가 논쟁을 일으키는 커뮤니티는 망나니들을 품고 용인하는 곳일지도 모른다. 프로젝트에 행동 수칙이 없다면 커뮤니티에 참여할 때 경계를 늦추지 말라.

2단계는 커뮤니티 멤버들이 사람들을 어떻게 대하는지 조사하고 직접 확인하는 것이다. 이슈에 관한 대화를 검토하고 메일링 리스트를 훑어보고 실시간 대화 시스템에 들어가서 잠수 상태로 무슨 이야기가 오가는지 보라. 이렇게 하면 프로젝트 담당자가 어떻게 의사소통하는지, 환영받지 못하는 행동을 용인하는지 잘 관찰할 수 있다. 사람들이 비열한지, 성급한지 또는 다른 사람들의 질문에 대답할 때 비난을 퍼붓는지, 인신공격성 발언이나 평을 하는지 등을 볼 수 있다. 또 커뮤니티 멤버들이 질문에 대답하는지 아닌지도 볼 수 있다. 대답하지 않는 게 커뮤니티가 사람들을 환영하지 않는다는 표시는 아니지만 새롭게 기여할 때 도움을 잘 받을 수 있다는 표시도 확실히 아니다.

3단계는 수소문하는 것이다. FOSS 개발에 참여한 다른 사람들을 안다면 해당 커뮤니티에 대해 아는 게 있는지 확인해 보라. 소문뿐이라도 그들이 들었던 이야기를 물어보면 커뮤니티에 대해 많은 것을 배울 수 있다. 문제가 있는 커뮤니티에는 평판이 생기고 나쁜 커뮤니티에서 멀어지라고 사람들에게 경고하는 소문 네트워크가 있을 때도 있다.

조사를 하다 보면 참여하려고 계획했던 커뮤니티에 관해 알게 된 사실이 불편하게 느껴질 수도 있다. 그런 경우라면 원래 계획을 계속 따라야 할지 또는 기여하는 데 덜 혼란스럽고 더 환영받는 프로젝트를 찾아야 할지 신중히 고려해 보라. FOSS에 기여하는 데 쓰는 시간은 여러분이 가진 것 중 가장 귀중한 것이다. 일단 시간을 쓰면 더 얻지 못하므로 여러분을 존중하는 커뮤니티를 찾는 데 시간을 쓰도록 하라. 계획을 바꿔 여러분을 인정하고 존중하는 다른 프로젝트에 여러분의 기술과 시간을 쓰는 것도 괜찮다. 여러분에게는 선택할 권한이 있다. 그것을 사용하라.

때로는 여러분이 문제다

이런 말을 해서 안됐지만 커뮤니티의 망나니가 여러분일 때도 있다. 무례하고 마구잡이로 행동하는 게 취미인 사람들이 있다. 여러분이 그런 사람이 아니라고 생각하고 싶지만 우리는 모두 다른 사람에게 무례하게 굴 때가 있다(의도적이든 그렇지 않든 간에). 이러한 행동을 억제하는 조치를 취하지 않는다면 우리는 모두가 뒤에서 수근대는 사람, 자신의 기여를 검토받기 두려운 사람, 커뮤니티 모임에서 다른 망나니들만 같이 앉고 싶어 하는 사람이 될 것이다. 정말 그런 사람이 되고 싶은가? 우리 대부분은 "맙소사, 아니오"라고 대답하겠지만 그런 상황을 피하려면 우리의 행동과 그 행동이 다른 사람에게 미치는 잠재적인 영향을 알아야 한다.

FOSS 프로젝트 신입 기여자로서 다음과 같은 행동을 하면 정말 얼간이처럼 보일 수 있으며 완전한 망나니짓으로 신속하게 향하는 길이기도 하다.

- 설명을 따르지 않는다. 저장소에 완벽하게 좋은 CONTRIBUTING 파일이 바로 있어도 무시하고 자신만의 방식으로 기여하려고 한다.
- 필요한지, 원하는지 확인하지도 않고 기여를 보낸다. 당연히 어떤 프로젝트도 자신의 기여를 거절하는 어리석은 행동을 하지 않을 거라고 생각하기 때문이다.
- 다른 사람들과 협업하기보다는 고립되어 혼자서 작업한다. 다른 사람들이 걸리적거려서다. 다른 사람들이 항상 제안하고 질문해서 최악이라고 여긴다.
- 사실보다는 가정에 따라 행동한다. 솔직히 전체 객체 모델 코드를 완전히 뜯어 고쳐 재작성하더라도 아무도 신경 쓰지 않을 것이라 생각한다. 아니, 그런 변경 사항을 만드는 데 다시 확인할 필요는 전혀 없고, 일단 추진하면 모두가 괜찮다고 할 거라고 가정한다.
- 사람들을 경멸한다. 이 주제에 관한 모든 책을 읽어서 가장 잘 안다고 생각한다. 사람들이 자기 말을 듣지 않는다고 여긴다. 사람들이 어리석다고 간주한다.

요약하자면 어떤 사람이 거만하고 자기도취적이고 이기적인 행동을 할 경우 그런 행동은 그 사람을 특급 망나니로 보이게 하는 행동이다. 이러한 행동은 전부 자각·인식·주의가 부족하고 특정 행동이 다른 사람에게 어떤 영향을 미치는지 신경 쓰지 않는 데서 비롯된다. 이따금 우리는 모두 이런 둔감한 행동을 하는데 그걸 인지하고 다시는 그렇게 하지 않으려고 조치를 취하는 한 문제가 되지는 않는다. 문제는 그로부터 배우는 건 고사하고 우리 자신의 행동을 전혀 성찰하지 않을 때 생긴다.

이 책은 자기 치유서가 아니라서 더 나은 사람이 되는 방법을 가르쳐 주는 건 이 책의 범위를 벗어나므로 더 자세히 다루지는 않겠다. 하지만 나는 모든 면에서 자신부터 시작하라고 권하고 싶다. FOSS 프로젝트나 커뮤니티에 기여할 때 개인적, 사회적, 기술적인 문제 등을 경험하면 비난할 사람이나 손가락질할 곳을 찾기 전에 그 손가락을 먼저 자신에게 돌리라. 자신의 어떤 행실이나 행동이 문제에 영향을 끼치지 않았을까? 다르게 할 수는 없었을까? 문제에 대한 대응이 상황을 개선했는가, 아니면 악화시켰는가? 앞으로 그런 일이 다시 일어나지 않게 하려면 무엇을 깨달아야 할까? 행동을 어떻게 바꿔야 다음번에는 좀 더 긍정적인 결과를 만들 수 있을까?

자신의 행동이 문제를 일으켰든 그렇지 않았든 상관없이 이러한 질문들을 스스로에게 물어보라. 문제를 일으킨 다른 요인을 찾기 전에 자신의 행동을 반성하는 습관을 들이라. 다른 사람들에게 피드백을 구하라. 자신을 개선하는 것을 시작으로 다른 사람들과 협업해서 커뮤니티를 개선하라. 겸손하게 행동하고 부족한 점을 깨닫고 늘 배우라.

커뮤니티에서 떠나는 방법

좋은 이유든, 나쁜 이유든, 그저 그런 이유든, 어떤 이유든 간에 프로젝트와 커뮤니티를 떠나야 할 때가 있다. 어떻게 떠나야 할까?

이유는 실제로 중요하지 않으며 커뮤니티를 떠날 때 좋은 FOSS 구성원으로 기억되기 위해 밟아야 할 단계에 아무 영향을 주지 않는 다는 걸 알면 놀랄지도 모른다. 이 단계들은 직장을 떠날 때 밟아야 할 단계들과 비슷하므로 생소하지는 않을 것이다.

- 진행 중인 작업을 전부 커밋하거나 제출하라. 이슈나 기능과 관련해 작업을 이미 시작했고 진전이 좀 있었다면 변경 사항을 프로젝트에 제출해야 다른 사람들이 처음부터 다시 시작하지 않고 여러분의 작업에 기반을 두고 일할 수 있다.
- 작업 중인 모든 이슈를 좋은 상태로 남겨 두라. 여기서 '좋은 상태'란 여러분이 그만둔 지점에서 다시 시작하기 쉬운 상태를 의미한다. 그렇게 하려면 작업 중인 문제를 다시 설명하고 지금까지 이룬 진전을 요약하고 남은 할 일 목록을 만들고 사람들이 여러분이 진행했던 작업을 어디에서 찾을 수 있는지 알려 주어야 한다.
- 지식을 넘겨 주라. 아직 하지 않았다면 프로젝트에서 일한 시간 동안 얻은 정보와 지식으로 문서를 업데이트(하거나 추가)하라. 이 단계가 빠지면 여러분이 배운 모든 게 여러분이 떠날 때 커뮤니티에서 사라질 것이다.
- 자원에 대한 접근 권한을 인계하라. 서버 또는 저장소에 대한 관리자 접근 등 특정 자원에 대한 접근 권한이 있는가? 여러분이 떠날 때 없어지지 않도록 이러한 접근 권한을 인계하라. 그렇게 하면 프로젝트 보안을 보장할 수 있다. 결국 누군가가 왕국의 열쇠를 가지고 있어야 한다면 열쇠가 엉뚱한 사람의 손에 들어가

는 상황을 바라지 않을 것이다.

- 떠난다고 알리라. 여러분이 떠나는 걸 사람들에게 알리지 않으면 사람들은 여러분이 질문에 대답하고 개발을 도와줄 수 있으리라고 기대할 것이다. 메일링 리스트(또는 어떤 의사소통 채널도 괜찮다)에 짧게 메일을 보내 여러분이 떠나며 더는 기여하지 못한다고 알리고 질문이 있을 때 연락하는 방법을 알려 주라. 왜 떠나는지 자세히 설명할 필요는 없다.
- 모든 의사소통 채널과 저장소에서 떠나라. 그냥 탈퇴하면 된다.

이렇게 하면 충분하다. 이제 커뮤니티를 떠난다. 물론 작업하고 있는 일에 따라 떠나는 과정이 마무리되기까지 시간이 걸릴 수도 있으니 서둘지는 말라. 프로젝트와 커뮤니티를 떠나는 이유와 상관없이 떠날 때는 정중한 것이 늘 좋다. 커뮤니티에서 나쁜 경험을 했더라도 화를 내고 난폭하게 탁자를 뒤엎듯 행동하지 말라. 누구에게도 좋은 모습이 아니다. 순탄하게 조용히 떠나라. 이와 관련해 내가 앞서 말했듯이 떠나는 이유를 커뮤니티에 말할 필요는 없다. 단순하게 사실 그대로 "오늘부로 더는 기여하지 못합니다"라고 말하면 완벽하다. 커뮤니티를 떠나는 이유가 그동안 환영받지 못했고 도움이 되지 못했으며 사람들이 무례하게 굴어서라면 떠나는 길에 피드백을 주고 싶을 수도 있다. 그렇게 하기 전에 스스로에게 물어보라. 자신을 그렇게 대한 커뮤니티가 피드백에 신경을 쓸까? 그런다고 뭐가 달라질까? 두 질문에 대한 대답은 "아니오"다. 그러므로 시간을 허비하지 말고 자존감을 다치지 않게 해로운 환경에서 벗어나라.

덫에 걸렸다고 느낄 필요는 없다

내가 이번 장 내내 강조한 내용은 나쁜 상황에서 빠져나올 힘이 여러분에게 있다는 것이다. 솔직히 충분히 이야기하지 못한 것 같기도 하다. FOSS에 기여하기 위해 낯이 두꺼울 필요는 없다. 모욕적이거나 무례한 커뮤니티를 용인할 필요는 없다. 커뮤니티가 여러분을 존중하지 않는 프로젝트에 시간을 투자할 필요는 없다. 여러분에게는 상황을 바꿀 힘이 있다. FOSS 프로젝트에 기여하다가 문제를 마주치면 그 문제가 여기서 설명한 문제이든 다른 문제이든 간에 그것을 극복하는 데 필요한 '투자 수익률'을 고려해 보라. 그렇게 하는 데 시간을 쓸 만한 가치가 실제로 있는지 고려해 보라. 프로젝트를 하기 위해 다른 옵션은 없을지 고려해 보라. 그리고 나서 투자한 만큼 좋은 수익이 없을 것 같으면 프로젝트를 떠나라. 프로젝트가 반응이 없거나 여러분의 기여에 감사하지 않으면 프로젝트를 떠나라. 커뮤니티가 망나니와 망나니짓을 용인하면 프로젝트를 떠나라. 수많은 FOSS 프로젝트가 있다. 건강하지 않은 프로젝트를 떠나서 여러분과 여러분의 기여가 존중받는 프로젝트를 찾으라. 아니면 여러분만 좋다면 자신만의 프로젝트와 커뮤니티를 시작할 수도 있다. 이는 성취감을 줄 수 있지만 말만큼 쉽지는 않다. 다음 장에서는 자신만의 프로젝트에 착수해서 그것을 성공시키는 팁을 알려 주겠다.

자신만의 프로젝트를 시작하라

다른 누군가의 프로젝트에 기여하는 것도 좋지만 자신만의 프로젝트를 시작해 보는 건 어떨까? 프로젝트를 하나 재빨리 준비해서 코드 호스팅 서비스에 던져 놓아도 되지만 우선 프로젝트를 쓸 만하고 기여할 만하게 만드는, 중요한 세부 사항에 주의를 기울이면 더 좋은 결과를 많이 얻을 것이다.

이번 장에서는 여러분이 개인 프로젝트를 공개하고 싶어 한다고 가정한다. 업무를 위한 프로젝트를 공개하는 것도 비슷한 단계를 많이 공유하지만 완전히 다른 종류의 일이므로 다음 장에서 다룬다. 회사에서 공개하는 프로젝트는 범위가 다르기도 하지만 위험 허용 수준, 지적 재산 고려, 프로젝트를 공개하는 전략적 이유 면에서 완전히 다르다. 이러한 특징으로 인해 FOSS 프로젝트를 공개하는 접근 방식에 큰 차이가 있고 공개를 엉망으로 하면 막대한 비용을 치를 수 있다.

말하자면 이번 장은 개인 프로젝트에 해당하는 내용이다. 회사 프로젝트를 공개하고 싶다면 전문가의 도움을 받으라(정신과 전문의가 아니라 FOSS 전문가여야 한다). 첫 단계는 칼 포걸_{Karl Fogel}의 탁월한 책인 『오픈 소스 소프트웨어 만들기_{Producing Open Source Software}』[1]를 읽는 것이다. 이 책이 프로젝트에 기여하는 방법을 설명하는 데 비해 칼의 책은 프로젝트를 공개하는 방법을 알려 주는 훌륭한 책이다. 특히 회사 내에서 프로젝트를 공개하는 방법을 잘 설명하고 있다.

자신만의 프로젝트를 공개하는 빠른 시작 가이드

이번 장에서 소개하는 모든 팁을 읽고 따르기를 강하게 권하지만 급해서 프로젝트를 즉시 내놓아야 한다면 어떤 규모의 프로젝트든 성공하기 위해 꼭 포함시켜야 하는 타협 불가능한 짧은 파일 목록이 있다.

- README 파일
- 사용자 가이드
- CONTRIBUTING 파일
- 행동 수칙
- 적절히 적용된 라이선스

"행동 수칙이라고요? 정말요?"라고 물어보는 소리가 들리는 것 같다. "예, 정말이요"라고 대답하겠다. 행동 수칙은 예전에는 FOSS 프로젝트가 성공하는 데 필수가 아니었으나 이제는 필수다. 행동 수칙이 없으면 프로젝트가 구식으로 보이기 때문에 포함시켜야 하는 것이다. 행동 수칙이 없으면 프로젝트에 참여하거나 기여하지 않으려는 사람들이 많고 더 많은 사람이 FOSS에 기여하기 시작하면서 이러한 사고방식이 커지고 있다. 행동 수칙은 빠르게 프로젝트가 받아들여지고 기여자를 얻는 데 필요한 최소한의 것이 되고 있다. 행동 수칙을 포함하지 않아서 프로젝트의 잠재력이 충분히 발휘되지 못하는 일이 없도록 하라.

목록의 나머지 세 항목인 라이선스, CONTRIBUTING 파일, 사용자 가이드 역시 꼭 필요하다. 라이선스 파일 없이 누군가가 여러분과 이야기하지 않고 여러분의 프로젝트를 사용하는(또는 프로젝트에 기여하는) 것은 불법이다. 사용자 가이드가 없다면 누군가가 여러분의 프로젝트로부터 가치를 얻기가 어렵다. CONTRIBUTING 파일이 없다면 프로젝트에 기여를 제출하는 방법을 아무도 모를 것이다.

대체로 이 네 파일은 다음과 같은 이야기를 한다. "제 프로젝트를 자유롭고 열린 조건으로 여러분과 공유합니다. 사용하는 방법은 사용자 가이드에 나와 있습니다. 문제를 발견하거나 새로운 기능을 원할 경우 도울 수 있는 방법은 해당 내용을 설명한 파일을 보세요. 여러분을 환영하고 이 커뮤니티에서 편안하게 활동하세요." 이것은 설득력 있는 이야기이고 사용자와 기여자를 끌어들일 것이다. 사람들을 끌어들이고 싶다면 프로젝트에 최소한 이 네 가지가 있는지 확인하라. 하지만 최소한의 것으로는 프로젝트에 충분하지 않다. 그냥 당장 하는 게 아니라 올바른 방식으로 하고 싶다면 이번 장을 계속 읽으라.

목표가 무엇인가?

여러분은 자신의 프로젝트를 FOSS로 공개하고 싶어 한다. 그런데 그 이유는 무엇인가? 분명한 답이 있는데 어리석은 질문을 하는 것처럼 보일 수 있다. 그런데 정말 그럴까? 잠시 생각해 보면 처음 예상했던 것만큼 대답하기가 쉽지 않다는 사실을 발견할 것이다. 하지만 그 대답은 이후 따라야 할 단계들을 생각할 때 유용할 것이다. 목표는 프로젝트를 공유하는 것이겠지만 그게 아니라면 여러분의 참여를 최소화하려는 것일 수도 있다('일방적 떠넘기기' 방법이라고 부른다). 이는 회사에서 더는 쓰지 않지만 다른 사람들에게 나중에 유용할지도 모를 유틸리티 라이브러리 같은 작은 프로젝트에서 일반적인 현상이다. 아마도 개발에 도움이 필요하면 사용자와 기여자 커뮤니티를 만들어야 할 것이다. 업계 전반에서 사용할 수 있지만 독점적인 정보를 노출하지 않는 프로젝트는 이런 식으로 공개하면 유용하며 특화할 필요 없는 기능을 작업할 때 경쟁자가 협업자가 될 수도 있다. 그렇게 해야 하기 때문에 공개하는가? 예를 들어 공적 자금으로 개발된 프로젝트는 그 비용을 낸 누구나 접근할 수 있어야 한다.

"목표가 무엇인가?"라는 질문에 대한 답을 알면 프로젝트 공개를 준비할 때 노력을 집중하는 데 도움이 된다. 원하는 게 '일방적으로 떠넘기고' 빠져나오는 것이라면 공개 준비에 시간과 노력을 덜 투자해도 빠져나올 수 있다. 그게 아니라 사용자와 기여자를 끌어들이고 유지해야 한다면 프로젝트를 세상에 공개하기 전에 문서화와 절차에 더 많은 시간을 써야 한다는 사실을 알 것이다. 문서화가 잘된 프로젝트를 공개하는 건 어린이집에서 "쿠키 먹고 싶은 사람?" 하고 말하는 것과 같다. 주목을 받게 되고 북적북적한 방에서 가장 인기 있는 사람이 되는 것과 비슷하다. 프로젝트를 공개하는 이유와 프로젝트를 공개하는 데 필요한 것을 알고 있다고 가정하지 말라. 프로젝트를 공개하기 위한 작업을 시작하기 전에 맛있는 차 한 잔을 따르고 몇 분간 그 일에 대해 생각하라.

| 커뮤니티 최적화

프로젝트를 떠넘기려는 게 아니라면 사용자와 기여자를 끌어들이고 싶을 것이다. 다시 말하면 커뮤니티를 만들고 싶을 것이다. 커뮤니티 구축 방법을 배울 수 있게 돕는 전담 조직[2][3]이 있으므로 여기에서 자세히 다루지는 않겠다. 하지만 이 책을 여기까지 읽었다면 역량 있고 효과적인 커뮤니티를 이끄는 데 도움이 되는 요소를 이미 많이 알고 있을 것이다. 이러한 요소에 맞게 새 프로젝트를 최적화하면 사용자, 기여자, 협업자를 끌어들이는 적절한 길로 나아갈 수 있을 것이다.

커뮤니티를 최적화하는 데 필요한 요소들은 다른 사람들의 신뢰를 확립, 구축, 유지하는 데도 도움이 된다. 이러한 요소들을 구현할 때는 한결같이 신뢰할 만하고 열린 자세를 유지하는 게 중요하다. 어떤 식으로든 가식적인 모습을 보이면 여러분이 영리해서 그걸 숨길 수 있다고 생각해도 사람들이 알게 될 것이고 여러분과 여러분의 프로젝트에 준 신뢰를 철회할 것이다. 신뢰를 잃으면 회복하기 어렵다. 또 프로젝트가 좋은 평판을 얻을 기회를 망치게 되는

데 이는 새로운 커뮤니티 멤버들을 끌어들이기 어려워짐을 의미한다. 이러한 요소들을 확립할 때는 불쾌감을 일으킬 만한 위험이 없도록 신중하게 단계를 밟아야 한다.

그렇다면 커뮤니티를 구축하면서 동시에 신뢰를 확립, 구축, 유지하는 데 도움이 되는 요소들은 무엇일까? 여러분은 이미 그것들을 알고 있다.

- 강제적인 행동 수칙: 프로젝트에 행동 수칙이 있다는 것은 여러분이 프로젝트의 전체적인 건강뿐 아니라 사람들의 편안함, 안전, 행복에 관심이 있다는 사실을 나타낸다. 행동 수칙은 커뮤니티가 프로젝트를 개선하기 위해 존재하며 그러한 노력을 방해하는 비전문가적이거나 무례한 행동을 환영하지 않는다는 신호다. 행동 수칙이 있으면 사람들은 젠더, 성적 지향, 종교, 나이 같은 속성에 기반을 둔 개인적이고 부당한 공격을 두려워하지 않고 커뮤니티에 가입하고 기여할 수 있음을 알게 된다.
- CONTRIBUTING 가이드: 이 가이드는 프로젝트 커뮤니티가 신입 기여자의 요구와 어려움을 이해하고 예상하고 있음을 나타내는 신호다. 가이드를 처음 만들 때는 버그가 있을 수 있지만 예상할 수 있는 일이다. 신입 기여자의 생각에 집중하고 그들의 관점을 이해하며 그들에게 필요한 정보를 제공하려고 최선을 다하면 신입 기여자는 여러분이 그들에게 관심이 있고 그들의 시간을 존중함을 알게 된다.
- 풍부한 문서: 이 책은 전부 기여와 기여자에 대한 내용인데 문서를 필요로 하는 건 그들만이 아니다. 대부분 기여자가 되기 전에

는 프로젝트 사용자인데 사용자 문서가 거의 없으면 아무도 프로젝트에서 개발한 소프트웨어를 즐겁게 사용하지 못할 것이고 큰 잠재적 기여자군을 잃게 될 것이다. 설치, 사용, 문제 해결에 관한 가이드를 최선을 다해 제공하라. 프로젝트에 API가 있으면 모든 매개 변수와 반환값을 문서로 작성하고 예제 코드를 제공하라. 프로젝트를 누군가가 사용하기 쉽게 만들었다면 사용자들 또한 커뮤니티에 쉽게 참여할 수 있을 것이다.

• 즉각 반응하는 커뮤니티: 사용자, 기여자, 커뮤니티 멤버 모두 여러분만큼이나 시간 여유가 제한되어 있다. FOSS 프로젝트 기여나 관련 질문에 대한 답변을 기다리느라 개인 프로젝트를 보류해야 한다면 꽤나 불만스러울 것이다. 다른 사람들의 시간을 존중하고 빠른 의사소통 문화가 있는 커뮤니티를 구축하라. 그러한 의사소통을 할 때 대답이나 기여 검토를 꼭 자세하게 할 필요는 없지만 최소한 질문이나 기여를 확인했음을 알리고 감사를 표하고 보낸 사람이 언제 좀 더 자세한 답변을 들을 수 있는지 기대치를 설정하라. 그러고 나서 그 약속을 지키라. 프로젝트나 커뮤니티가 다른 사람들을 위해 병목 현상을 최소화하면 좋은 평판을 얻는 데 도움이 된다.

이 모든 팁은 한 가지로 귀결된다. 다른 사람들에게 공감하라. 다른 사람들의 입장이 되어 그들의 질문, 문제, 필요를 예상해 보라. 이러한 공감이 새로운 사용자와 신입 기여자를 끌어들이는 환경과 문화를 만들고, 예상보다 커뮤니티를 좀 더 빨리 구축하는 데 영향을 미칠 수 있다. 그것은 또한 일종의 모범을 보이는 상황이 된다.

여러분이 새로운 사용자, 신입 기여자, 새로운 커뮤니티 멤버를 이해하고 그들에게 공감하는 모습을 새로운 커뮤니티 멤버들이 본다면 그들도 이러한 행동을 모방해 더 공감하고 이해하는 행동을 취할 것이다. 공감은 '프로젝트에서 일하는 방식'이 되어 커뮤니티에 새로운 멤버들을 환영하는 긍정적인 순환을 만들어 낼 것이다.

개방적으로 일하라

프로젝트를 공개하기 전에 비밀리에 또는 개인 목적을 위해 작업했을 수도 있다. 몇몇 사람의 도움을 요청했을 수도 있지만 대개는 비공개로 그리고 어쩌면 구경꾼의 비판적 시선 밖에서 작업했을 것이다. 프로젝트를 공개하는 순간 모든 게 바뀐다. 그때부터 자유롭고 개방적이며 공개적이 되는 것이다. 모든 개발 과정 역시 자유롭고 개방적이며 공개적이 된다. 그렇지 않으면 사용자와 기여자의 신뢰를 잃을 것이다.

이러한 과정은 기술적인 '기여물을 만들고 검토하고 병합하는' 개발 단계에만 한정되지 않는다. 개발 단계가 공개적으로 그리고 사람들의 주목 속에서 수행되므로 중요하기는 하지만 말이다. 그러한 과정에는 제품 관리와 프로젝트 로드맵도 포함된다. 자신의 목적에 가장 잘 맞는 방향으로 프로젝트를 이끄는 데 익숙하겠지만 프로젝트를 공개하고 사용자가 생기면 커뮤니티에 가장 잘 맞는 방향으로 바꾸어야 한다. 몇몇 큰 프로젝트 커뮤니티는 BDFL benevolent dictator for life이 잘 이끌어 나가기도 하지만 BDFL도 프로젝트 방향에 관해 자신의 의지를 일방적으로 강요하지는 않고 대신 프로젝트와 커뮤니티의 전체적인 이익을 고려한다.

프로젝트를 공개하는 것은 여러분이 모든 종류의 협업에 열려 있음을 커뮤니티에 암시하는 것이다. 커뮤니티 멤버들은 프로젝트의 방향에 의견을 제시하고 기여를 통해 방향을 잡아 나갈 수 있기를 기대할 것이다. 커뮤니티 멤버들과 협업하지 않거나 커뮤니티 멤버들의 기여를 받아들이지 않거나 또는 그럴 시간이 없다면 프로젝트를 FOSS로 공개하는 것에 대해 다시 생각해 보기를 권한다.

간단하고 알기 쉽게 하라

소프트웨어 세상에 사는 우리는 세부 사항에 빠져들기를 좋아한다. 필요하든 그렇지 않든 간에 우리는 사소한 것에 대해 생각하고 논쟁하는 데 몇 시간을 보낼 것이다. 거기에 완벽주의 성향까지 더해 조기 최적화를 위한 처방을 가지고 있거나 그런 최적화가 필요한지 확인해 보지도 않고 프로그램이나 프로세스를 최적화하려고 할 것이다. 프로젝트를 FOSS로 공개하려고 준비하는 동안 조기 최적화를 해 버리면, 모든 걸 과하게 고려하고 지나치게 아키텍처화하느라 분명히 문서화는 부실한 채로 공개는 무기한 지연될 것이다.

전에 FOSS 프로젝트를 공개해 본 적이 없다면 순조롭게 진행될 수 있도록 가능한 한 모든 걸 하고 싶을 것이다. 단 하나의 버그도 남김 없이 고치고 싶을 것이다. 모든 코드가 아주 깨끗하기를 바랄 것이다. 그런 바람은 칭찬할 만하지만 그러다 보면 조기 최적화가 일어나게 된다. 코드에만 초점을 맞추기보다는 프로젝트를 위해 세운 전체 과정과 모든 정책이 가능한 한 단순하고 명확하게 유

지되도록 하라. 조기 최적화에 쓸 시간을 프로젝트와 정책이 잘 문
서화되는 데 사용하라. 더 단순하고 쉽게 따를 수 있는 과정과 명확
한 문서가 조합되면 사람들이 프로젝트를 사용하고 프로젝트에 기
여하도록 권할 수 있을 뿐 아니라 비교적 단순한 질문에 답하는 시
간을 절약할 수 있다.

간단한 과정과 정책으로 시작한다고 해서 나중에 필요한 복잡성
을 추가하는 일을 배제하지는 않는다. 사실 이전에 구현했던 복잡
한 것보다 단순한 것이 더 쉽게 확장되고 수정될 수 있음을 알게 될
것이다. 단순하면 프로젝트가 기여자 몇 명 수준 이상으로 성장할
때 유연성을 확보할 수 있다. 과정이 간단하면 또한 여러분과 프로
젝트 커뮤니티 멤버에게 지워지는 정신적 부담을 줄일 수 있다. 기
여를 승인할지 결정하기 위해 결정 트리를 처리할 필요가 없기 때
문이다.

물론 복잡성이 필요한 때와 상황이 있지만 프로젝트를 FOSS 세
상에 내놓을 때는 아니다. 단순하게 유지하라. 그렇게 하면 즐거울
것이다.

부담을 미리 나누라

FOSS 담당자들이 탈진해서 프로젝트를 떠난다는 이야기를 듣는
게 이제는 점점 흔한 일이 되고 있다. 이것은 새로운 현상이 아니
다. FOSS 프로젝트가 존재해 온 내내 담당자들은 프로젝트 때문에
탈진해 왔다. 예전과 달라진 점이 있다면 사람들이 탈진이 나쁜 것
이고 억지로 견딜 필요가 없으며 자신의 이야기를 공유하면 다른

사람들이 자신처럼 탈진하지 않도록 도울 수 있음을 깨닫고 있다는 것이다.

프로젝트를 공개하려고 준비하는 지금이 담당자로서 탈진을 피하거나 최소화하는 방법을 생각하기 좋은 때다. 이 장의 많은 조언이 그 일에 도움이 될 것이다. 사용자와 신입 기여자의 질문에 답하는 부담을 줄일 수 있기 때문이다. 여러분의 한계를 정하고 그 한계가 어디까지인지 공유하는 것도 도움이 된다. 예를 들어 격주로 몇 시간만 시간 여유가 있다면 그러한 정보를 CONTRIBUTING 파일에 포함시켜 사람들이 여러분의 대답을 언제 들을 수 있는지 기대치를 설정하라.

문서, 한계, 기타 기대치를 설정하면 탈진을 피하는 데는 도움이 되지만 다른 사람이 여러분을 돕게 하면 더 큰 효과를 거둘 수 있다. 프로젝트를 담당하는 부담을 나눔으로써 프로젝트의 버스 사고 수를 개선해 어느 한 사람에게 주어지는 부담을 줄여서 프로젝트의 수명과 회복력도 나아지게 할 수 있다. 의사소통을 잘하고 품질 높은 기여를 하고 토론에 잘 참여하며 커뮤니티와 관계를 잘 맺는 기여자를 가능한 한 빨리 찾으라. 그런 다음 그 사람들에게 프로젝트의 공동 담당자가 되고 싶지 않은지 물어보라. 당연히 새 파트너와 협업해서 여러분의 특정 프로젝트를 위한 '공동 담당'이 어떤 형태인지 정확히 정리해야 한다. 정리하려면 대화나 이메일로 의견을 교환해야겠지만 세부 사항이 전부 정해졌다면 그것들을 프로젝트 문서로 작성해야 한다. 각 담당자가 프로젝트에서 하는 역할과 협업의 공유가 FOSS를 강력한 운동이자 개발 철학이 되게 하는 요인이다. 개방적인 것이 더 좋다.

의사소통 경로 선택

프로젝트를 FOSS로 공개하는 목표 중 하나가 사용자와 기여자 커뮤니티를 구축하기 시작하는 것이라면 그 사람들과 의사소통을 해야 한다. 어떻게 해야 할까? FOSS 프로젝트를 위한 최고의 의사소통 경로는 무엇일까?

입에 발린 말이지만 "그 커뮤니티가 이미 사용하고 있는 의사소통 경로가 최선의 경로다"가 정확한 답이다. 그런데 여러분은 막 시작했다. 여러분의 커뮤니티가 어떤 의사소통 경로를 사용해야 할지 어떻게 알 수 있을까? 사람들이 의사소통하는 데 가장 쉬운 방법이 무엇인지 모르는데 어떻게 해야 사람들이 커뮤니티에 가입하고 참여하기 쉽게 만들 수 있을까?

잠재적인 프로젝트 사용자와 기여자에게 연락해, 선호하는 의사소통 경로가 무엇인지 물어봐서 실제 사용자와 시장을 조사할 수 있다. 그렇다. 정말 그렇게 할 수 있다. 아니면 지금 결정을 내려도 나중에 프로젝트에서 커뮤니티 참여가 특정 수준에 도달했을 때 상황이 바뀌리라 생각한다면 자신에게 가장 쉬운 합리적인 의사소통 방법을 선택해 시작하는 것도 좋다. 결국 적어도 한동안은 자신이 유일한 커뮤니티 멤버일 가능성이 있기 때문이다. 사용자와 커뮤니티 멤버의 필요가 무엇인지 생각하는 게 절대 시간 낭비는 아니지만 자신에 대해서도 생각해야 한다. FOSS 프로젝트를 담당하는 데는 많은 시간이 들어가므로 도움을 받을 때까지는 일이 자신에게 부담이 덜 되도록 하는 게 좋다.

이메일을 선호하는가? 메일링 리스트를 구성하라. 이슈 트래커로 모든 의사소통을 하는 걸 더 좋아하는가? 괜찮다! 문제없다! 사람들이 이슈를 열기 전에 실시간 대화 시스템으로 여러분에게 연락하기를 바라는가? 훌륭하다. 알아 두면 좋다. 어떤 의사소통 경로나 방법을 선호하든 그 내용을 문서로 작성해, 초기에 커뮤니티와 의사소통에 관한 기대치를 공유하라. 여러분의 선호를 밝히고 사람들이 여러분의 의사소통 기대치를 충족하면서도 각자 목표를 달성하기 쉽게 해 주기만 한다면 여러분이 선호하는 수단을 사용해도 괜찮다.

여러분이 어떤 의사소통 경로를 더 좋아하든 찾기 쉽고 사용하기 쉬운 경로를 선택하면 사람들이 좀 더 쉽게 찾아서 사용한다는 점을 명심하라. 여러분이 좋아하는 의사소통 경로를 사용해도 된다고 권했지만 또한 잠재적인 사용자와 기여자의 필요를 맞추는 것과도 균형을 유지하라고 권하고 싶다. 특별히 훈련받은 비글beagle견이 배달하는 암호화된 메시지를 의사소통 경로로 받아들일 수도 있지만, 그렇게 하면 당연히 아무도 여러분과 귀찮게 의사소통하지도 않고 프로젝트를 사용하지도 않을 것이다.

이슈 트래커는 어떻게 사용해야 할까?

이슈 트래커를 사용하지 않는 FOSS 프로젝트는 드물다. 여러분의 프로젝트도 그 규칙에서 예외는 아닐 것이다. 따라서 이슈 트래커를 사용 중이라면 사람들이 그걸 어떻게 쓰길 바라는가? 어떻게 쓰든 상관없다고 생각할지 모르지만 여러분이 전에는 표현하지 않았던, 좋은 이슈를 쓰는 법에 관한 잠재적인 선호에 맞지 않게 누군가가 이슈를 제출하면 신경 쓰지 않을 수 없게 될 것이다.

프로젝트를 공개하기 전에 잠시 시간을 내서 이슈에서 보고 싶은 내용에 관해 고려해 본 다음 이슈 내용에 관한 가이드라인과 이슈 제출과 관리에 관한 가이드라인을 문서로 작성하라. 이슈가 완료 또는 종료로 가는 과정에서 거치는 단계를 사람들에게 안내하라. 필요하다면 이슈 태그 또는 상태를 설정해서 이슈가 생명 주기 어디쯤에 있는지 나타낼 수 있도록 하라. 그중에서도 검토 대기, 재현, 개발 같은 태그는 이슈가 생명 주기 어디쯤에 있는지 사람들에게 보여 줄 뿐 아니라 보고한 이슈가 어떻게 되고 있는지 사람들이 궁금해할 때 나올 수 있는 질문 수를 줄이는 데 도움이 된다.

깃허브와 깃랩 같은 버전 관리 시스템 호스팅 서비스는 누군가가 새 이슈를 보고할 때마다 보여 줄 템플릿을 정의하는 기능을 지원한다. 이러한 템플릿은 문제를 재현할 때 필요한 정보를 모으는 데 도움이 된다. 예를 들어 플랫폼이나 운영 체제가 프로젝트 성능에 영향을 미치는 요인이라면 이러한 정보를 요구하는 이슈 템플릿을 설정할 수 있다. 템플릿이 필요하지 않더라도 기본적인 걸 설정하면 새로운 프로젝트를 위해 받을 이슈의 품질을 개선하는 데 도움이 될 것이다.

프로젝트에서 어떤 이슈의 생명 주기를 선택하든 가능한 한 단순하게 유지하기를 권한다. 앞서 말했듯이 단순하면 이해하기 쉬울 뿐 아니라 바꾸기도 쉽다. 작은 FOSS 프로젝트에 복잡한 기업 등급의 작업 흐름을 설정해서 조기 최적화 함정에 빠지지 않도록 하라. 사람들이 이슈를 보고하기 어렵고 이슈 작업을 하기 까다롭게 만들었다는 것은 사람들이 애당초 참여하고 싶지 않게 만들었음을 의미한다. 선호하는 방식을 문서로 만들되 지나쳐서는 안 된다. 우선은 가볍게 유지하고 나중에 복잡한 내용을 추가하라(그리고 실제로 필요할 때만 그렇게 하라).

스타일 가이드

프로젝트 참여 방식은 공개 시점에는 가능한 한 단순해야 하지만 스타일 가이드를 추가하면 복잡해질 수도 있다. 스타일 가이드에 대해 아직 그다지 생각해 보지 않았을지 모르지만 사람들은 코드, 문서, 디자인, 사용성, 접근성 또는 프로젝트의 다른 요소가 어떠해야 하는지에 대해 강한 의견이 있다. 사람들이 기여를 시작하기 전에 이러한 선호를 미리 이야기하지 않는다면 여러분이 받은 첫 기여는 칠판을 손톱으로 긁는 것처럼 여러분의 신경을 건드리는 스타일일 것이다. 간단한 스타일 가이드 한두 가지를 써서 그런 상황을 피할 수 있다면 기여자가 자신의 기여 스타일을 뒤늦게 바꿀 필요도 없고 여러분도 신경 쓸 일이 없을 것이다.

물론 핵심은 단순함이다. 스타일 가이드가 꼭 복잡할 필요는 없으며 솔직히 복잡하지 않아야 읽고 따를 가능성이 높다. coding_styleguide.md 또는 documentation_styleguide.md 파일에 들어가는 선호 사항 목록은 만들고 유지 보수하고 사용하기 쉬워야 한다. 예를 들면 다음과 같다.

코딩 스타일 가이드

* 탭이 아니라 스페이스

* 스페이스 네 개로 들여쓰기
* 열고 닫는 중괄호를 들여 쓰지 않고 독립된 줄에 쓰기
* 마지막 쉼표(trailing comma) 사용
* 세미콜론 사용

어떤 스타일을 써야 할지 확실하지 않은 게 있다면 질문과 함께 이슈를 열라.

자신만의 스타일 가이드를 유지 보수하고 싶지 않다면 사용할 수 있는 표준화된 스타일 가이드가 있다. 예를 들어 구글에서 수많은 프로그래밍 언어의 스타일 가이드[4]를 제공한다. 크리에이티브 커먼즈 저작자 표시 라이선스Creative Commons Attribution license에 따라 사용할 수 있으므로 원 저작물의 저작권이 구글에 있음을 표시하는 한 자유롭게 사용, 수정, 재배포할 수 있다. 이 스타일 가이드는 전 세계 소프트웨어 개발 팀에서 흔히 사용되므로 여러분과 잠재적 기여자들도 이미 익숙할 것이다. 이러한 스타일 가이드 중 일부는 통합 개발 환경이나 지속적 통합 시스템에서 가져오거나 사용할 수 있도록 형식이 지정되어 있어서 누군가가 스타일 가이드를 따르지 않은 기여를 프로젝트에 병합하려고 할 때 스타일이 적용되게 할 수 있다.

자신만의 것이든 다른 그룹에서 제공한 것이든 어떤 스타일 가이드를 사용하기로 결정했다면 스타일 가이드를 사용하도록 시행해야 한다. 시행되지 않는 규칙은 규칙이 아니다. 단지 소음이고 그것을 마주치는 모든 사람에게 불필요한 인지적 부담을 더할 뿐이다. 스타일 가이드를 시행할 시간이나 의향이 없다면 FOSS 프로젝트를 출시할 때 포함시키지 말라. 하지만 선호하는 게 있다면 그것들을 앞서 본 예처럼 간단한 스타일 가이드 문서로 작성하라.

라이선스 선택

지금까지 이번 장을 읽으면서 독자들은 다음과 같이 생각했을 것이다. "우리는 라이선스에 대해 정말 관심이 많은데 지은이가 언제 라이선스에 대해 이야기할까? FOSS를 다룰 때는 라이선스에 대해 이야기해야 하는데 말이지." 그 질문에 대한 답은 다음과 같다. 이번 장 마지막 부분인 지금부터 다룬다. 라이선스 선택이 프로젝트를 공개하기 전에 마지막으로 해야 할 일이기 때문이다. 프로젝트에서 사용하는 라이선스는 구성 요소의 라이선스(예를 들어 프로젝트가 카피레프트 또는 호혜적 라이선스로 공개된 어떤 구성 요소에 의존할 경우)에 영향을 받거나 사업적 요구에 영향을 받을 수 있다. 라이선스를 선택하기 전에 고려해야 할 것이 많은데 그 모든 것은 이번 장 앞부분에서 다뤘다. 이제 그 단계들을 마쳤다면 프로젝트를 공개하기 전에 프로젝트에 어떤 라이선스를 적용해야 할지 고려할 준비가 된 것이다.

자신의 프로젝트를 공개하는 데 관심이 있는 신입 기여자나 사람들 또는 FOSS에 처음 참여하는 회사와 이야기를 나눌 때마다 똑같은 질문이 반복해서 나온다. "어떤 FOSS 라이선스가 가장 좋나요? 어느 걸 골라야 할까요?" 이런 질문들에 대한 답은 이 책을 여기까지 읽었다면 짐작할 테고 놀라지도 않을 것이다. 바로 "경우에 따라 달라요"다.

객관적으로 말하자면 '가장 좋은' FOSS 라이선스는 없다. 서로 비교할 때 어떤 맥락이 없이는 순위를 매길 방법이 없다. 가장 좋은 라이선스가 있더라도 개인 또는 프로젝트의 필요, 신념, 선호와 비교하지 않고서는 어떤 의미도 중요성도 없다. 그런 배경에 놓고 봐야 특정 라이선스가 프로젝트가 달성하고자 하는 목적에 잘 맞는지 알아보기 더 쉬워진다.

즉, 라이선스를 선택하기 전에 사람들이 여러분의 프로젝트로 해도 되는 일과 할 수 없는 일을 결정하라. 그게 라이선스가 하는 일, 바로 다른 사람들이 프로젝트를 사용할 때 조건을 정의하는 것이다. 자, 어떤 조건을 부과하고 싶은가? 여러분의 프로젝트를 사용하는 사람에게 여러분의 것과 같은 조건으로 그 사람의 프로젝트를 배포하라고 요구하고 싶은가? 사람들이 호혜적으로 모두 똑같이 공유해야 한다고 믿는가? 다른 사람들에게 네 가지 자유를 지원해 달라고 권하고 싶은가? 여러분의 소프트웨어가 영원히 자유 소프트웨어이기를 바라는가? 그렇다면 GPLv3[5] 같은 카피레프트 라이선스를 사용하고 싶을 것이다. 아니면 전혀 신경 쓰고 싶지 않고 프로젝트를 무슨 라이선스로든 공개하고 싶은가? 저작권자만 표시된다면 프로젝트를 공개한 후 사람들이 프로젝트로 뭘 하든 신경 쓰고 싶지 않은가? 그렇다면 MIT 라이선스[6]나 3항3-clause BSD 라이선스[7]를 쓰고 싶을 것이다. 프로젝트가 집필, 미술 또는 비슷한 창작 작업이라면 크리에이티브 커먼즈[8] 라이선스를 쓰고 싶을 것이다. OSI가 널리 쓰이는 라이선스 목록[9]을 관리하는데 이 목록이 출발점으로 도움이 될 것이다.

'1장 자유 소프트웨어·오픈 소스의 기초와 철학'의 내용을 떠올려 보자. FOSS 라이선스에는 전체 스펙트럼이 있어서 호혜적인 것부터 방임형까지 걸쳐져 있으며 모든 게 그 사이에 분포되어 있다. 사람들이 여러분의 프로젝트를 사용하는 방식을 두고 여러분의 신념과 선호를 반영하는 라이선스를 선택할 수 있도록 시간을 내서 라이선스 선택에 대해 충분히 생각해 보라. 어느 라이선스가 개인 신념에 맞는지 알게 되면 그때부터 공개하는 모든 프로젝트에 그 라이선스를 사용할 수 있으므로 선택 과정은 한 번만 하면 된다.

나는 대개 호혜적인 GPLv3 또는 크리에이티브 커먼즈 저작자 표시 동일 조건 변경 허락Creative Commons Attribution-Share Alike 라이선스를 기본으로 쓰는 걸 선호한다. 대체로 이 라이선스들이 내가 달성하려는 목적에 잘 맞지만 고객이나 다른 사람들과 함께 일할 경우에는 그들의 특정한 요구에 맞는 라이선스가 무엇인지 평가한다. GPLv3를 최종 선택할 때도 있고 아파치 라이선스나 MIT 라이선스를 선택하는 게 더 나을 때도 있다. 어느 라이선스가 자신에게 맞는지 알 수 있는 실질적인 방법은 시간을 들여 충분히 생각해 보는 것뿐이다.

라이선스를 적용하는 방법

라이선스를 선택했으니 라이선스로 무엇을 할까? 라이선스 사용 등록 같은 매우 공식적인 뭔가를 하지 않아도 된다는 사실을 알게 되면 기쁠 것이다. 공식적인 뭔가가 꼭 필요하지는 않지만 프로젝트에 라이선스를 적용한다는 것은 LICENSE 파일을 저장소에 때려 넣고 퇴근하면 되는 간단한 일이 아니다. 기억하라. 라이선스는 법률 문서이고 저작권 및 지적 재산권 관련 법과 긴밀하게 연관되어 있다. 법률 문서와 관련된 일이 실제로 쉽게 진행되리라고 생각하지는 않았을 것이다. 그렇지 않나?

사실 좀 과하게 말했다. FOSS 라이선스를 프로젝트에 적용하는 일은 좀 지루하지만 과정 자체는 대개 단순하다. OSI 승인[10] 라이선스를 사용하는 이점이 여기에 있다. 즉, OSI에서 라이선스를 검토하고 승인하는 사람들이 수많은 법적인 복잡함을 대신 관리해 주는 것이다. 여러분은 그저 하나를 선택해서 라이선스를 적절히 적용하는 데 필요한 약간의 일만 하면 된다.

FOSS 라이선스를 적절히 적용한다는 것은 정확히 무엇인가? 이 이야기를 또 들으면 지겹겠지만 경우에 따라 다르다. 라이선스마다 프로젝트에 적용하는 방식이 다르므로 조사를 좀 해서 자신이 선택한 라이선스에서 어떤 적용 방식을 선호하는지 확인해야 한다.

라이선스마다 적절한 적용을 위한 세부 사항이 다르지만 일반적인 가이드라인은 비슷하다. 다음에 나오는 내용이 그러한 가이드라인인데 적용 과정에 필요한 기초적이고 최소한의 내용에 익숙해지는 데 도움이 되는 것들이다. 이러한 가이드라인은 라이선스를 새로운 프로젝트에 적용한다고 가정하며, 프로젝트 라이선스를 바꾸거나 이미 라이선스가 있는 기존 프로젝트에 라이선스를 추가하는 상황이나 더 복잡한 시나리오는 다루지 않는다. 그런 상황에 있다면 라이선스를 적용하거나 바꾸기 전에 변호사를 찾으라. 기본적인 신규 프로젝트는 다음 가이드라인을 따르면 된다. 하지만 다시 말하지만 자신이 선택한 라이선스의 특정한 선호에 대해 늘 조사해야 한다.

라이선스 파일

어떤 라이선스를 프로젝트에 적용하는 첫 번째 단계는 라이선스 파일을 저장소에 추가하는 것이다. 이 파일의 이름은 보통 LICENSE, LICENSE.TXT, LICENSE.md이거나 이와 비슷한데 GPL 계열 라이선스는 이 파일에 COPYING이라는 이름을 붙이는 걸 더 좋아한다. 뭐라고 부르든 파일에는 똑같은 완전한 라이선스 텍스트의 아스키 또는 유니코드 사본이 반드시 들어 있어야 한다. '똑같은 완전한'의 유일한 예외는 파일을 수정해서 여러분의 저작권 정보를 포함시키는 것이다. 예를 들어 내가 공개하는 프로젝트에 3항 BSD 라이선스를 적용하려고 한다면 다음과 같이 내 저작권 정보를 포함시켜 파일을 업데이트할 것이다.

Copyright 2018, VM(Vicky) Brasseur

다음 조건들을 충족하는 한, 소스 형식과 바이너리 형식을 통한 재배포와 사용은 수정 여부에 관계없이 허용된다.

1. 소스 코드 재배포는 위의 저작권 표시와 여기 나열된 조건들 그리고 아래의 보증 부인 고지를 포함해야 한다.
2. 바이너리 형식으로 재배포할 때는 위의 저작권 표시와 여기 나열된 조건들 그리고 아래의 보증 부인 고지를, 배포할 때 제공되는 문서 및 기타 자료에 포함해야 한다.
3. 사전에 서면으로 허가를 받지 않는 한, 저작권자의 이름이나 기여자의 이름이 본 소프트웨어에서 추출한 제품을 보증하거나 홍보하는 데 사용되어서는 안 된다.

저작권자와 기여자는 이 소프트웨어를 '있는 그대로의' 상태로 제공하며, 상품성 여부나 특정한 목적을 위한 적합성에 대해 암시적 보증을 포함한 어떠한 형태의 보증도 명시적이거나 암시적으로 제공하지 않는다. 손해 가능성을 사전에 알고 있었다 하더라도 저작권자나 기여자는 어떠한 경우에도 이 소프트웨어 사용으로 인해 발생한, 직접적이거나 간접적인 손해, 우발적이거나 결과적 손해, 특수하거나 일반적인 손해에 대해 그 발생 원인이나 책임론, 계약이나 무과실 책임이나 불법 행위(과실 등을 포함)와 관계없이 책임을 지지 않는다. 이러한 조건은 대체 재화나 용역의 구입 및 유용성이나 데이터, 이익 손실 그리고 영업 방해 등을 포함하나 이에 국한되지는 않는다.

앞에 나온 라이선스에서 내가 유일하게 바꾼 부분은 맨 첫 줄이다. 라이선스 파일의 나머지 부분은 손대서는 안 된다.* 기억하라. 이것은 법률 문서다. 지적 재산권 전문 변호사가 아니라면 문서를 바꾸려고 하지 말라(그리고 3항 BSD 라이선스는 확고부동한 라이선스이므로 바꾸지 않기를 권한다).

대부분의 사람들은 프로젝트가 어떤 라이선스로 공개됐는지 보고 싶을 때 저장소에서 라이선스 파일을 봐야 한다는 사실을 알지만 약간만 도와주는 것도 나쁘지 않다. 프로젝트 README 파일에 짧은 라이선스 및 저작권 문구를 더해서 사람들이 해당 정보를 찾기 쉽도록 해 주기를 권한다. 앞서 나온 라이선스 파일처럼 형식적일 필요는 없다(이렇게 하면 라이선스 파일을 찾을 때 실제로 좋다). 간단히 한두 줄이면 된다.

라이선스
이 프로젝트는 VM(비키) 브라수어에게 저작권이 있으며 3항 BSD 라이선스에 따라 사용할 수 있다. 좀 더 자세한 내용은 `LICENSE` 파일을 보기 바란다.

---

* (옮긴이) 독자들의 이해를 돕기 위해 라이선스 문구에 '손을 대서' 원문 대신 번역문을 실었다.

저작권 고지

라이선스 파일을 만들었으니 다 끝났다. 그렇지 않나? 프로젝트의 라이선스가 정해졌으니 다른 작업으로 옮겨 가면 될까? 불행히도 그렇지 않다. 앞서 말했듯이 이 과정은 저장소에 라이선스 파일을 때려 넣는 걸로 끝나는 간단한 과정이 아니다. 다음 단계는 저작권 고지를 추가하는 것이다.

최소한 저작권 고지에는 'Copyright'라는 낱말과 그다음에 저작권자 이름, 저작권 연도, 간단한 라이선스 문구가 들어 있어야 한다. 이 고지는 저장소의 모든 파일에 추가해야 한다.

맞다. 정말이다. 모든 파일에 추가해야 한다.

저장소는 여러 파일로 구성되어 있는데 이는 그런 파일들이 나중에 또 여러 개로 분리될 수도 있다는 의미다. 파일이 분리되었는데 저작권 고지가 각 파일에 추가되지 않으면 파일 수신자는 그 작업의 저작권자가 누구인지 알 수 없다. 간단한 라이선스 문구만 있어도 파일 수신자는 여러분의 작업을 사용할 수 있다는 법적 허가를 받을 수 있는데 말이다. 따라서 모든 파일에 저작권 문구를 반드시 넣어야 한다. 이 작업이 지루할 거다. 그런데 우리는 기술 업계에서 일한다. 수작업으로 하지 않고 스크립트를 만드는 방법을 알 것이다.

이 문구는 모든 파일의 가장 위쪽에 위치해야 하며 적절한 주석 문자로 감싸면 된다. 예를 들면 다음과 같다.

```
<!--
Copyright VM(Vicky) Brasseur, 2018
```

```
3항 BSD 라이선스에 따라 사용 가능.
좀 더 자세한 내용은 LICENSE 파일을 보라.
-->
```

많은 사람이 저작권 고지가 파일 위쪽 공간을 많이 차지한다거나 개발 작업 흐름을 복잡하게 한다고 불평하는데 내 경험으로는 적절히 형식을 갖춘 저작권 고지가 약간의 불편함 이상을 주는 걸 보지 못했고 그런 경우도 드물다. 파일에서 저작권 고지를 보는 게 싫다면 대부분의 편집기와 통합 개발 환경에서 이 텍스트를 '접는' 기능이나 플러그인을 제공하므로 보이지 않게 해서 신경 쓰지 않을 수 있다.

아파치 라이선스 같은 몇몇 라이선스는 저작권 고지에 직접 이름을 쓰기보다는 'Copyright The Authors, 2018'이라는 텍스트를 쓰고 프로젝트 저자 명단을 AUTHORS 파일에 넣기를 권한다. 이는 한 프로젝트 파일에 여러 명이 저작권을 보유하고 있을 경우를 처리하는 데 효율적인 방법이다. 이 접근 방식은 아파치 라이선스를 사용하지 않더라도 유효하므로 프로젝트에 기여자가 여러 명이거나 프로젝트를 공개한 후 곧 기여자가 늘어나리라 예상한다면 사용하는 걸 고려해 볼 수 있다.

저작권 연도에 관한 주의 사항

베른 협약Berne Convention[11] 서명국인 미국이나 기타 국가에서는 저작물을 만들자마자 저작권이 생긴다. 이런 나라들에서는 소송으로 저작권을 행사하려는 경우가 아니라면 저작권을 등록하거나 추적할 필요가 없다.

저작권을 등록할 필요가 없기 때문에 저작권 날짜를 추적할 필요도 없다. 날짜 정보가 있으면 편하지만 대부분의 저작권은 저작권자 사망 후 일정 기간이 지나면 소멸되기 때문에 저작권 생성일이 그다지 중요하지 않다. 그렇지만 저작권 문구와 고지에 날짜를 포함시키는 것이 좋다. 그런데 어떤 날짜를 사용해야 하고 언제 업데이트해야 할까?

가장 일반적인 조언은 특정 파일의 최근 '공개' 연도를 사용하라는 것이다. '공개'가 무엇을 의미하는지 조금 모호할 수도 있다. 파일 새 버전을 저장소에 푸시한 걸 파일 공개로 간주할까? 아니면 기술 업계 사람들이 전체 소프트웨어 패키지의 '새 버전 출시'라고 부르는 것에 파일이 번들되는 걸 공개로 간주할까?

안전하게 하려면 이렇게 해 보라. 파일이 처음 만들어진 해를 파일의 저작권 고지에 적으라. 파일이 특정 연도에 업데이트되면 저작권 고지도 그에 따라 업데이트하라. 파일이 특정 해에 업데이트되지 않으면 그 파일의 저작권 고지 연도도 업데이트할 필요가 없다. 이 방식대로 하면 저작권 고지를 필요할 때 최신으로 유지할 수 있고 해마다 모든 파일의 저작권 고지 연도를 바꾸는 부담을 줄일 수 있다.

프로젝트를 공개하면 다 됐다!

문서를 작성했고 라이선스를 선택해 적용했으며 모든 파일에 저작권 고지를 추가하는 다소 귀찮지만 필요한 작업을 다했다. 이제 남은 과정은 프로젝트를 공개하는 것뿐이다. 자기 프로젝트를 하는 것이므로 깃랩, 깃허브, 비트버킷 같은 공개 코드 호스팅 서비스를 사용하면 된다. 각 서비스는 저마다 프로젝트를 공개하는 데 필요한 특정 단계를 문서로 제공하므로 그에 대해서는 여기서 다루지 않겠다. 적절한 단계를 따라 프로젝트를 공개하고 자신의 작업이 칭찬받기를 기다리라.

그런데 자신을 위해 작업하는 게 아니라면 어떨까? 직장 일의 일부로 FOSS 프로젝트에 기여하고 싶은 수많은 사람 중 한 명이라면 어떨까? 그건 완전히 다른 문제여서 다음 장에서 전부 명확히 정리하겠다.

회사 업무로 기여하기

몇 년 전만 해도 상사에게 회사 업무 시간에 FOSS에 기여해도 되는지 물어보면 상사가 여러분을 제정신이 아닌 사람으로 취급했을 것이다. 특정 경우, 이를테면 데이터베이스나 운영 체제의 경우는 업무에 FOSS를 사용해도 된다고 허락을 받았을 수도 있지만 회사 자원을 이용해 커뮤니티에 기여하는 걸 허가받기는 거의 불가능했다. 다행히도 그런 날은 지나갔다. 이제는 회사에서 직원들에게 자사 제품과 서비스가 의존하는 FOSS 프로젝트에 기여하도록 어느 정도 허락하는 게 좀 더 일반적인 상황이 되어 가고 있지만, 업무 시간 중에 또는 회사 하드웨어나 자료를 사용해 FOSS에 기여하도록 허락하는 수준까지는 아직 가지 않았다.

업무의 일부로 FOSS에 기여하고 싶다면 고려해야 할 요소가 많다. 그런 요소 중 일부를 앞 장에서 이미 배웠지만 이번 장에서는 나중에 한군데서 참고하기 쉽게 그런 정보를 전부 모아서 내용을 확장하려고 한다. 또 이번 장에서는 업무를 위해 FOSS에 기여하는 내용만 다룬다는 점을 염두에 두라. 업무에 FOSS를 사용하는 것은 다루지 않는다. 업무에 FOSS를 사용할 때는 조직마다 다른 종류의 위험 요소가 있기 때문이다. 회사 제품에 FOSS 프로젝트를 통합하기 전에 규정 준수, 보안, 승인된 라이선스에 관련된 회사 정책을 숙지하라. 예를 들어 몇몇 회사에서는 AGPL~Affero GNU Public License~이나 여타 카피레프트 라이선스 사용을 전면 금지한다. 이러한 FOSS 사용 정책은 회사마다 다르므로 이 책에서는 업무를 위해 FOSS를 사용하는 것은 다루지 않는다.

외부 FOSS 프로젝트에 기여하기

나중에 여러분이 일하는 회사에서 출시한 FOSS 프로젝트에 기여하는 방법에 대해 이야기하겠지만 이 장의 내용 대부분은 여러분이 회사 외부 프로젝트에 기여하고 싶어 한다고 가정하고 설명하겠다. 기여하고 싶은 회사 외부 프로젝트 중에는 여러분의 회사에서 제품이나 서비스의 일부로 사용하는 라이브러리나 도구가 있을 것이다. 아니면 어떤 이유에서 여러분이 좋아하는 프로젝트에 기여하고 싶을 수도 있다. 두 카테고리에 같은 팁을 적용할 수 있지만 회사가 계속 운영되는 데 중요한 역할을 하는 프로젝트에 기여하도록 허가받기가 더 쉬울 것이다. 회사 업무 시간에 회사에 영향을 미치지 않는데 여러분에게만 흥미 있는 프로젝트에 기여하려고 한다면 설득하기 어려울 것이다.

지적 재산권법 영향 아래 있는 수많은 복잡한 문제들 때문에 외부 프로젝트에 기여하자고 하면 회사로서는 위험한 제안으로 받아들일 수 있다. 외부 프로젝트에 기여하도록 허가를 받았다면 실수하지 않도록 주의해야 한다. 실수하면 회사가 많은 법적 문제에 휘말릴 수 있고 자신의 경력에도 좋지 않다. 모든 세부 사항을 철저히 확인하고 작은 기여라도 지적 재산과 관련된 책임에 큰 부담이 될 수 있음을 인식하라.

고용 계약을 확인하라

'9장 무언가 잘못되어 갈 때'에서 고용된 상태에서 FOSS에 기여하기가 얼마나 복잡한지 이야기하는 데 많은 시간을 들였다. 짧게 말하자면 고용 계약에 따라 회사 업무 시간에 작업하지 않았더라도 회사 기기로 만든 모든 저작물에 대해 고용주가 저작권을 소유할 수 있다. 이는 개인 시간에 기여하려고 할 때 분명히 문제가 될 뿐 아니라 업무를 위해 기여할 때도 복잡한 문제가 된다. CLA_{contributor license agreement}나 DCO_{developer certificate of origin}에 따라 했든 그렇지 않든 간에 기여를 하려면 기여에 대해 여러분에게 저작권이 있고 그것을 프로젝트에 줄 수 있어야 하기 때문이다. 업무를 위해 기여할 때 여러분의 기여에 대한 저작권을 고용주가 소유한다면 고용주의 허가 없이는 여러분은 그 저작물을 다른 사람에게 줄 수 있는 법적 권리가 없다.

9장에서 본 저작권 소유 표(202쪽을 보라)를 기억하는가? 아직 검토하지 않았다면 고용 계약서 사본을 구해 자세히 읽고 다음과 같은 상황에서 여러분의 저작물에 대한 저작권을 누가 소유하는지 표에 기입해 보라.

- 회사 업무 시간에 회사 기기로
- 회사 업무 시간에 여러분의 기기로
- 개인 시간에 회사 기기로
- 개인 시간에 여러분의 기기로

'회사'라고 표시된 칸에 해당되고 여러분이 만든 것에 대해 여러분이 저작권을 소유할 법한 위치에 있지 않는 이상 회사에 저작권이 있는 저작물을 다른 곳(FOSS 프로젝트)에 기여하려면 회사의 허가를 받아야 할 것이다. 그러한 저작물을 기여할 때 회사에서 저작권을 여러분에게 다시 위임했다고 서면으로 밝히지 않는 이상 기여물의 저작권 소유자를 회사로 적어야 한다. 이렇게 하는 방식은 상황이나 프로젝트에 따라 다르므로 기여를 제출하기 전에 분명히 해두어야 한다.

기존 회사 정책이 있는가?

요즘에는 회사에 FOSS 프로젝트 기여 정책이 있는 경우를 자주 볼 수 있다. 이러한 정책은 소프트웨어 개발 부서의 업무 상황에 기반을 두고 정해지므로 아직 해당 부서에 배치되지 않았다면 해당 부서에 있는 누군가에게 물어봐서 정책에 대해 배워야 한다. 어떤 조건에 따라 어떤 종류의 프로젝트에 어떤 종류의 기여를 할 수 있는지 정책으로 정의하는 회사도 있다. 예를 들어 직원이 승인 목록에 있는 프로젝트에 기여하도록 허가하는 회사도 있고, 프로젝트에 기여를 제출하기 전에 내부 위원회의 검토를 받기만 하면 어느 프로젝트에나 기여할 수 있게 허가하는 회사도 있다. 회사 업무 시간에 회사 기기로 기여 작업을 시작하기 전에 회사의 FOSS 기여 정책에 대해 상사에게 물어보라. 프로젝트와 공유할 수 없는 기여 작업을 하느라 시간을 낭비하는 건 부끄러운 일이다.

상사 이야기가 나왔으니 말인데 회사 정책으로 FOSS 프로젝트에 기여하도록 허가한다고 하더라도 기여 작업을 시작하기 전에 상사에게 확인하라. 상사는 여러분이 업무 중에 시간을 얼마나 쓰는지에 대해 책임이 있고 FOSS 프로젝트 버그 수정보다 우선순위가 더 높은 일을 여러분에게 맡기려 할 수도 있다. 듣고 싶지 않은 이야기겠지만 직장에 관한 엄연한 사실이다. 회사는 여러분의 시간과 전문 지식에 비용을 지불하므로 근무 중에 여러분의 시간과 전문 지식이 어떻게 적용되는지 판단하려 할 것이다. 여러분이 요청하면 상사는 그 시간 중 일부를 쓸 수 있게 해 줄 수도 있지만 해야할 다른 일이 있는데, 여러분이 FOSS에 기여하느라 회사 업무 시간을 많이 쓴다면 상사는 짜증이 날 것이다.

프로젝트에 기여하기 전에 서명해야 할 CLA나 DCO가 있을 경우 회사 정책을 확인하는 게 특히 중요하다. 앞서 언급했듯이 직무상 저작물일 경우 고용주는 고용 계약에 명시된 조건에 따라 여러분이 만든 것에 대해 저작권을 소유하게 되는데, 그러한 조건에 따르면 고용주의 허가 없이는 여러분은 CLA나 DCO에 법적으로 서명할 수 없다. CLA나 DCO에 서명하도록 허가하는 정책도 있고 변호사가 CLA, 프로젝트, 기여를 검토한 후 서명할 수 있게 허가하는 정책도 있으며 아예 서명하지 못하게 하는 정책도 있다. 기여하기 전에 이러한 정책에 대해 분명히 알아 두는 게 매우 중요하다. 지적재산권법이 개인적으로는 그다지 중요하지 않을지 몰라도 여러분에게 급여를 주는 조직에는 매우 중요하다. 단순히 FOSS 기여 때문에 직장을 잃을 위험을 감수하지는 말라.

자신이 일하는 회사의 FOSS 프로젝트에 기여하기

여러분이 일하는 회사에서 어떤 프로젝트를 FOSS로 공개했다면 그 프로젝트에 기여하는 단계도 다른 FOSS 프로젝트에 기여하는 단계와 분명히 비슷할 것이다. 거기에다 회사에서 요구하는 내부 단계와 과정이 추가될 것이다.

여러분이 일하는 회사에서 공개한 프로젝트이기 때문에 단순히 또 다른 제품처럼 취급하고 싶을 것이다. 내부 이해관계자의 지시를 받고 요구받은 개발을 수행하고 나서 제품을 대중에게 출시하는 것 말이다. 그렇게 하지 말라. 일단 프로젝트가 FOSS로 공개되면 그것은 프로젝트를 공개한 회사의 독점적이고 배타적인 영역을 벗어나 프로젝트를 둘러싸고 형성된 커뮤니티에 속하게 된다. 회사에서 여전히 프로젝트 로드맵에 대해 이야기하겠지만 회사는 이제 모두에게 혜택을 주는 방향으로 프로젝트를 발전시키기 위해 협업해야 하는 여러 이해관계자 중 하나일 뿐이다. 회사는 자사의 의지를 무조건 강요할 수 없고 평판이 좋은 커뮤니티 멤버로 남아야 한다. 독재를 하려고 하면 커뮤니티 멤버들이 프로젝트를 포크해서 여러분의 회사가 아무런 영향을 미칠 수 없는 새로운 프로젝트를 시작할 수도 있다. 회사는 FOSS 프로젝트를 공개한 이점을 모두 잃고 나쁜 평판을 얻을 것이다.

대신 회사가 다른 커뮤니티 멤버와 똑같은 방식으로 프로젝트에서 모든 일을 하는 게 중요하다. 같은 도구를 사용하고 같은 로드맵에 따라 개발하고 개방적으로 일하고 협업해야 한다. 커뮤니티를 자원 봉사 개발자로 대하지 말고 커뮤니티와 동등하게 관계를 맺어야 한다. 실제로 어떻게 될지는 회사, 프로젝트, 커뮤니티에 따라 다르다. 때로는 회사에서 프로젝트를 공개하지만 커뮤니티를 구성하지 못하거나 구성하려고 하지 않거나 회사 밖에서 프로젝트가 채택되지 못하기도 한다. 이런 경우 자연히 다른 협업자가 없게 되고 회사는 적합하다고 생각하는 대로 프로젝트 방향을 자유롭게 정할 수 있다. 어떤 때는 회사에서 프로젝트를 공개하자 커뮤니티가 만들어지고 경쟁사에서 기여자로 참여하기도 한다. 이런 상황에서는 회사에서 프로젝트와 그 저작권을 외부 비영리 재단에 넘겨서 프로젝트 운영 방식에 대한 편견을 없앨 수 있다.

이러한 문제와 다른 여러 잠재적인 복잡성 때문에 회사에서 FOSS 프로젝트를 공개하고 관리할 때는 전문적인 자문을 받고 시행하는 방식이 흔히 권장된다. 그렇게 하면 회사는 소프트웨어를 공개하는 모든 이점을 누릴 수 있으면서 건강한 커뮤니티와 프로젝트 생태계를 구축하고 유지할 수 있다.

FOSS를 지원하도록 고용주를 설득하기

이번 장의 남은 부분에서는 FOSS 프로젝트와 커뮤니티를 지원하도록 고용주를 설득하는 방법을 다룰 것이다. 자주 듣는 질문이라 이 내용을 포함시키지 않는다면 부주의하다는 소리를 들을 것이다. 여기서 '설득'한다는 말은 고용주가 FOSS를 지원하게 하기 위해 강요하거나 감언이설로 속이거나 협박하거나 우는 소리를 하는 것 등을 의미하지 않는다는 점에 주의하라. 발을 동동 구르며 무언가를 하라고 회사에 요구하면 원하는 결과를 얻지 못할 것이다. 대신 회사의 관점을 이해하고 FOSS를 지원하는 게 커뮤니티뿐 아니라 회사에도 이익이 되는 이유를 회사가 이해하도록 도와야 한다.

지원의 종류

여러분이 FOSS에 기여하도록 허가하는 것도 회사에서 지원할 수 있는 한 가지 방법이긴 하지만 유일한 방법은 아니다. 몇몇 회사에서는 FOSS에 투자하는 것보다 여러분의 시간을 더 가치 있게 여길지도 모른다. 모든 가능성을 고려해 보면 회사의 마음에 들면서도 커뮤니티에도 도움이 되는 지원 형태를 발견할 수 있을지도 모른다. 회사가 FOSS 프로젝트와 커뮤니티를 도울 수 있는 몇 가지 방법은 다음과 같다.

- 돈: 회사에서 FOSS에 할 수 있는 가장 분명하고 쉬운 투자 형태가 자금을 제공하는 것이다. 알다시피 자원자들이 자기 시간을 내서 개발하는 프로젝트가 대부분이므로 프로젝트가 성공하는 데 필요한 모임, 콘퍼런스, 티셔츠, 스티커, 네트워크 대역과 호스팅 또는 여타 부수적인 것에 쓸 여유 자금이 없다. 프로젝트 커뮤니티에 재정을 지원하는 게 빠르고 쉬우며 기여에 따르는 지적 재산 위험이 따르지 않는다.
- 기여: 위험이 따르지만 기여는 회사에서 FOSS 프로젝트를 지원하는 여전히 좋은 방법이다. 특히 회사 제품과 서비스가 의존하

는 프로젝트일 경우 더욱 그렇다. 문서 작성, 개발, 디자인, 테스트, 마케팅, 여타 기여를 제공하면 지원이 없을 때보다 프로젝트가 더 빨리 발전하는 데 도움이 된다.

• 직원: 기여 스펙트럼의 가장 끝은 회사에서 프로젝트 전담 인원을 배정하는 것이다. 프로젝트가 회사 제품의 근본적인 핵심 요소라면 이렇게 하는 게 특히 유용하다. 회사 직원을 커뮤니티에 전담 개발자로 심어 놓으면 필수적인 소프트웨어와 관련 커뮤니티가 항상 건강하게 발전하는 데 도움이 될 수 있다.

회사가 얻는 이득

여러분이 개인적으로 FOSS 지원에 대해 어떻게 느끼든 간에 고용주는 회사를 위한 뭔가가 없다면 어떤 종류의 투자도 하고 싶지 않을 수 있다. 결국 고용주는 사업을 할 때 회사와 이해관계자의 이익을 위해 일해야 할 책임이 있다. 따라서 FOSS 지원에 대해 회사와 논의하기 전에 회사가 얻을 수 있는 이득을 고려하라. 지원을 제공함으로써 얻을 수 있는 가치 있는 사업적 이득은 다음과 같다.

• 입소문 마케팅: 어느 마케팅 부서나 기적의 도구로 여기는 입소문 마케팅은 사람들이 회사에 대해 좋은 이야기를 하는 것이다. 회사는 광고나 브랜딩에 한 푼도 쓸 필요가 없다. 고객이 회사를 위해 모든 이야기를 해 주기 때문이다. 물론 이는 고객이 친구에게 해당 회사에 대해 말하고 싶을 만큼 회사를 좋아해야 가능하므로 회사는 고객이 중시하는 가치에 호소하면서 좋은 제품, 서비스, 지원을 제공해야 한다.

- 채용: 회사 제품과 서비스에서 사용하는 FOSS 프로젝트를 지원하는 것은 회사에서 새로운 직원을 찾고 고용하는 데 쓸 수 있는 훌륭한 방법이다. 채용 후보자들이 이미 회사에서 사용하는 기술에 익숙해서 적응 기간을 줄일 수 있고, 새 직원이 프로젝트에 익숙하지 않은 직원보다 좀 더 빨리 생산적이 될 수 있다.
- 고객 지원: 프로젝트를 사용하면서 문제가 있을 경우 회사는 커뮤니티에 질문을 할 수 있다. 물론 프로젝트 사용자라면 누구나 자유롭게 질문할 수 있지만 회사가 평판이 좋은 커뮤니티 멤버라면 즉각적인 응답을 받을 뿐 아니라 필요한 잠재적인 수정을 할 수 있는 좋은 위치에 자리할 수 있게 된다.
- 연구 개발: 회사가 의존하는 프로젝트와 협업함으로써 회사(그리고 다른 모든 커뮤니티 멤버)는 스스로 기능을 전부 개발할 때보다 새로운 기능과 버그 수정을 좀 더 자주, 효율적으로, 확실하게 받을 수 있다. 커뮤니티 멤버들은 서로의 노력에 힘을 더해 주고 새로운 기능이 시장에 출시되는 데 걸리는 시간을 줄여 준다.
- 프로젝트 영향력: 이런 예에서 얻을 수 있는 혜택은 그다지 이타적이지 않다. 다만 FOSS 프로젝트와 커뮤니티를 지원하면 회사가 프로젝트에 영향력을 미치고 회사의 필요에 가장 잘 맞는 방향으로 프로젝트를 이끌 힘을 지닐 수 있다는 점을 부인할 수 없다. 슬기롭게 사용하면 이러한 영향력이 단지 회사뿐 아니라 전체 커뮤니티에도 혜택을 줄 수 있다. 어리석게 사용하면 회사가 만들어 내는 건 FOSS 커뮤니티 내외부의 나쁜 평판뿐이다.

이것들은 회사가 FOSS 프로젝트와 커뮤니티를 지원해서 얻을 수 있는 이득 중 몇 가지일 뿐이다. 모든 회사가 모든 혜택을 경험할 수도 없고 모든 혜택이 모든 회사에 가치 있지도 않다. 어떤 혜택이 자신의 고용주에게 가장 좋을까? FOSS 프로젝트 지원에 관한 이야기를 꺼내기 전에 대답해야만 하는 질문이다. 이득이 크거나 극적일 필요는 없다. 회사가 프로젝트에 하려는 투자에 상응하거나 회사가 기꺼이 투자하고 싶은 만큼 가치 있으면 된다. 어떤 이득이 회사 상황에 가장 잘 맞는지 시간을 두고 생각해 보라.

계획이 필요하다

FOSS를 지원해서 회사가 얻을 수 있는 이득이 무엇인지 생각해 보았으니 이제 회사에서 FOSS를 지원하도록 제안할 계획을 세워 보라. 무작정 돌진해서 사람들을 괴롭힐 수도 있지만 먼저 계획을 세운다면 성공할 확률이 높아질 것이다. 여러분이 하고 있는 일은 본질적으로 기업에 투자하라고 요청하는 것이다. 그것은 사업상 거래이므로 사업적인 방식으로 접근하면 여러분의 아이디어가 받아들여질 가능성이 더 높아진다. 이는 회사의 관점을 고려해야 할 뿐아니라 회사의 언어로 이야기해야 함을 의미한다. 그게 파워포인트와 스프레드시트를 의미한다면 파워포인트와 스프레드시트를 쓰면 되지만 FOSS 지원에 대규모 투자를 제안하려는 계획이 아닌한 그렇게까지 할 필요는 없다. 그래도 주장할 때 무엇을 말해야 할지 알면 전체 과정이 좀 더 부드럽게 진행될 것이다.

앞서 생각한 혜택을 재검토해 보고 사업에 초점을 둔 결정을 내리는 사람들이 좀 더 쉽게 이해할 수 있도록 그것들을 목록으로 만들고 형식을 갖추라. 유행어만 늘어놓지 말라. 믿기 어렵겠지만 대부분의 사업가들은 이러한 잠재력 있는 유망한 기회를 활용하는 일에 대해 생각하느라 자신의 시간을 따로 정해 놓고 쓰지 않는다. 그들도 여러분 같은 사람들이다. 단지 일상 업무에서 여러분과 우선순위가 다를 뿐이다. 그러한 우선순위를 고려해 혜택 목록을 만들고 분명하고 간결하게 말하라. 예를 들어 다음해에 팀 인원을 늘릴 계획이라면 "지원을 하면 채용이 쉬워질 겁니다"라고 말하기보다는 "FOSS를 지원하면 우리 기술에 이미 익숙하고 자질이 뛰어난 후보군에 접근하기 쉬워지고 팀원을 늘리기도 더 쉬워집니다"라고 말하라. "커뮤니티에서 좋은 평판을 얻을 겁니다"라고 말하기보다는 "커뮤니티에 참여하면 우리 업계에서 인맥이 넓고 영향력 있는 사람들 그룹에서 회사 평판을 쌓는 데 도움이 됩니다"라고 말해 보라. 이런 언어로 프레임을 다시 짜는 데 익숙하지 않다면 이 분야에서 좀 더 경험이 많은 친구나 동료의 도움을 주저하지 말고 구하라.

모든 혜택이 좋지만 거저 얻을 수 있는 것은 없다. FOSS를 지원하자고 주장할 때 회사에 어떤 종류의 투자를 하라고 요청할지 분명히 해야 한다. 다시 말해 "어떤 비용이 들어가는가?"를 분명히 해야 한다. 여러분의 이야기를 듣는 사람들이 이 질문에 대한 답을 먼저 듣고 싶어 할 수도 있는데 가능하다면 혜택을 먼저 다뤄서 전체적인 아이디어를 좋아하도록 하라. 일단 그렇게 했다면 회사가 그러한 혜택을 얻는 데 필요한 투자가 어느 정도인지 잠시 설명하라. 다음과 같이 간단하게 말할 수 있다. "이 FOSS 콘퍼런스에 2000달러를 후원한다면 웹 사이트와 행사 배너에 회사 로고가 올라갈 뿐 아니라 기조연설 중에 개발자 500명 앞에서 5분간 이야기를 할 수 있습니다." 아니면 복잡하지만 예산을 매월 지출로 세분화해 이야기할 수 있다. 잠재적인 비용을 모두 나열해야 하며 그것들이 모두 금전적인 것이 아닐 수도 있음을 인지해야 한다. 현물 기여(예를 들어 회사 제품과 서비스 기증)와 직원 시간 투입은 모두 투자의 일부분이고 간과해서는 안 된다.

계획의 마지막 부분은 구체적인 실행 계획이다. 매우 구체적인 단계, 시기, 이정표, 투자 이행뿐 아니라 일을 실행할 책임자와 모든 게 잘 진행되는지 판단할 지표를 나열하라. 투자 규모가 작으면 실행을 위해 할 일이 많지 않을 수도 있다. 예를 들어 콘퍼런스 후원이라면 송금, 로고 전달, 짧은 회사 소개 외에는 별다른 활동이나 협업을 할 일이 많지 않을 것이다. 아니면 행사 전후로 투자 덕분에 브랜드 인지도가 바뀌었는지 브랜드 인지도 연구를 할 수도 있다. 모든 건 여러분이 회사에 제안하는 투자를 정당화하거나 회사에서 기대하는 혜택을 받을 수 있음을 증명하기 위해 회사에서 무엇을 필요로 하는지에 달려 있다. 미리 구체적인 실행을 고려하면 회사는 여러분이 충분히 생각했고 FOSS 프로젝트를 지원한다는 말도 안 되는 계획을 실행하는 방법에 관한 실제적인 아이디어 없이 그냥 투자를 요청하는 게 아님을 알 것이다. 그렇게 하면 회사의 투자가 커뮤니티뿐 아니라 회사에도 큰 이익을 줄 수 있다고 안심하는 데 도움이 된다.

긴 게임

고용주가 FOSS 프로젝트와 커뮤니티를 지원하도록 설득하려는 목표를 이루려면 작은 계획부터 시작하는 게 좋다. 작은 계획은 실천하기도, 잘된다는 걸 증명하기도 더 쉽고 자신이 스스로 무슨 말을 하는지 알고 있음을 증명할 수도 있다. 대체로 이러한 특징 덕분에 작은 성공을 이뤄낸 후 나중에 더 큰 형태의 지원을 이끌어 낼 수 있다. 마찬가지로 중요한 점은 작은 계획은 실패해도 회사에서 그다지 나쁘게 생각하지 않는다는 것이다. 측정할 만한 혜택을 많이 제공하지 않는 소규모 투자는 대규모 투자 실패보다 무시하기 더 쉽다. 예를 들어 장기 목표가 회사에서 중요한 유틸리티를 FOSS 프로젝트로 공개하는 것이라면 회사에서 제품이나 서비스에 사용하는 라이브러리 또는 유틸리티에 버그나 문서 수정 기여를 하는 과정을 개발하는 것으로 시작하면 좋다. 이렇게 하면 회사에서 FOSS에 기여하기 쉬워지는 효과가 있을 뿐 아니라 회사가 자사의 프로젝트를 공개하는 데 필요한 과정과 정책을 위한 토대를 놓을 수 있다.

회사에서 개발 시간, 현물 기여, 행사 후원으로 커뮤니티를 지원하게 하는 의욕적인 계획을 가지고 뛰어들고 싶겠지만, 그런 계획은 성사하기 더 어렵고 사람들에게 중요한 프로젝트에 버그 수정을 제출하도록 허가하는 것 이상으로 회사 자원을 상당히 많이 투자해야 한다. 의욕적인 계획이 실패하면 대체로 FOSS 프로젝트와 커뮤니티에 추가 투자를 할 수 없게끔 급격하게 실패한다. 자신의 웅장한 계획에 여러 종류의 투자와 참여가 포함되어 있더라도 더 작게 나누어 그것들 중 하나로 시작해서 계획이 성공할 가능성을 높이라.

계획은 크든 작든 결과를 보기까지 시간이 걸린다. 회사에서 작은 FOSS 커뮤니티 콘퍼런스를 후원하는 비교적 작은 일도 계획을 제안하고 결과를 보기까지 몇 달이 걸릴 수 있다. 의욕적인 계획이라면 더 오래 걸릴 것이다. 계획을 세울 때 이처럼 긴 기간을 고려해서 실행 이정표를 만들라. 이렇게 함으로써 가치 있더라도 회사가 투자 수익을 보기까지는 시간이 걸린다는 기대치를 설정할 수 있다. 먼저 기대치를 설정하면 결과가 바로 전달되어야 한다는 압력을 최소화할 수 있다.

변호사 및 회계사와 의논하라

고용주가 FOSS에 하기를 바라는 투자의 종류에 따라 계획 수립 과정에서 회사 변호사 및 회계사와 의논을 하는 게 좋다. 승인 후에 법적 문제나 규제 문제 때문에 놀라기보다는 미리 의논을 하는 게 현명하다. 회사에서 전업으로 이러한 역할을 맡는 사람이 없다면 의논을 하기가 불가능할 수도 있다. 몇몇 회사에는 의뢰비를 주는 변호사와 회계사가 있지만 여러분이 그 사람들에게 접근할 수는 없을 것이다. 괜찮다. 미리 그 사람들과 의논하는 게 필수는 아니다. 그들의 조언이 도움이 된다고 생각할 경우 계획에 기록해 두기만 해도 사람들에게 여러분이 모든 가능성을 고려하고 있음을 알리기에 충분하다.

변호사와 상담하는 게 현명한 상황으로는 회사 지적 재산을 비롯해 회사 업무 시간이나 기기로 한 FOSS 기여도 포함된다. 염두에 두고 있는 지원에 회사 서비스나 제품 같은 현물 기여가 포함되어 있다면 회사가 기여로 인해 잠재적인 책임이나 위험을 떠맡게 되지 않는지 확인하는 편이 도움이 될 것이다. 예를 들어 회사에서 FOSS 프로젝트에 저장소와 호스팅을 기증했는데 프로젝트가 해킹을 당해 회사 서비스에 저장된 모든 사적 데이터가 도난당한다면 회사가 책임을 져야 할 것인가? 회사에서 FOSS 지원 프로그램을 시작하기 전에 이 같은 질문에 대한 답을 확실히 알아 두는 게 좋다.

회계사는 돈 문제가 생길 때마다 움직이는데 특히 회사에서 FOSS 프로젝트에 제공하는 지원과 관련된 잠재적인 세금 문제를 이해하는 데 도움이 된다. 몇몇 FOSS 프로젝트들은 법적 등록 절차를 거친 자체적인 비영리 조직(예: LLVM 재단)이거나 비영리 재단 소속(예: 아파치 재단 소속 FOSS들)이다. 회사에서 이러한 비영리 조직에 지원을 하면 세금 공제가 되거나 추가 혜택을 받을 수 있다. 반면에 회사가 지원을 하면서 세금 부담을 져야 하는 상황도 있다. 회사에서 프로젝트 핵심 기여자에게 급여를 주는데 그 사람이 회사와 같은 지역에 있지 않다면 기여자가 사는 곳에 따라 회사에 추가 세금이 부과될 수 있다. 이는 불행한 일이므로 FOSS 지원 계획을 완성하기 전에 회사 재무 팀에 있는 친구와 의논해 보는 게 좋다.

계획을 세울 때 항상 변호사나 회계사와 상담할 필요는 없지만 앞서 살펴본 간단한 사례는 할 수도 있는 위험할 수도 있는 FOSS 지원 프로그램을 시작하자고 회사에 제안하기 전에 약간의 주의를 기울이는 게 얼마나 가치 있는지 보여 준다.

잠재적인 위험

FOSS 프로젝트와 커뮤니티를 지원하자고 고용주를 설득했더라도 일이 예상대로 되지 않을 수도 있다. 사실 회사에서 계획대로 FOSS에 투자했는데 전체 계획이 실패할 수 있다. 실패를 피하려는 명백한 이유 외에도 이러한 실패의 부작용으로 회사가 FOSS 지원에서 손을 뗄 수 있다. FOSS는 계속 사용하겠지만 일단 한 번 데였으므로 FOSS 커뮤니티에 투자하는 위험을 다시 무릅쓰지 않으려 할 것이다.

이러한 실패는 아무 원인 없이 갑자기 일어나지 않는다. 그리고 실패를 대비할 줄 알기만 하면 미리 알 수도 있다. 회사에서 FOSS 지원에 실패하는 가장 일반적인 이유는 다음과 같다.

- 준비 부족: 다음과 같은 상투적인 문구가 있다. "준비하는 데 실패한다면 실패를 준비하는 것이다." 썰렁한 말이고 영감을 주는 포스터에도 들어가지 못하지만 여전히 정확한 생각이 담겨 있다. 내가 본 실패한 대부분의 FOSS 지원 노력은 커뮤니티에 대한 적절한 지식이나 회사 참여에 대한 목표 없이 뛰어든 사람들에 의해 야기됐다. 이러한 것들에 대해 시간을 두고 충분히 생각한다면 지원 노력을 성공으로 이끄는 데 도움이 된다.
- 지표 부족: FOSS 프로젝트나 커뮤니티를 지원하는 데 투자하자고 회사에 요청했다. 그런데 회사가 거기에서 실제로 뭔가를 얻을 수 있을지 없을지 어떻게 설명할 것인가? 의도가 좋아서 이러한 노력이 효과를 거두더라도 회사의 투자 수익을 보여 줄 수 없다면 FOSS 지원 프로젝트는 예산이 깎일 때 가장 먼저 깎일 프로젝트가 될 것이다.
- 잘못됐거나 지나치게 많은 지표: 기술 세계에서 우리가 잘하는 한 가지가 있다면 바로 데이터를 모으는 것이다. 못하는 한 가지가 있다면 데이터를 사용하는 것이다. FOSS 지원 프로젝트를 시작할 때 회사에서 무엇을 원하는지 확실히 알아 두라. 이러한 정보 없이는 지원 노력에서 얻는 모든 데이터로부터 나오는 잡음에서 의미 있는 신호를 찾기가 불가능하다.
- 불충분한 시간: 회사가 FOSS 프로젝트나 커뮤니티를 지원하기

시작했다가 투자 수익을 보지 못해 몇 달 만에 그만두는 경우가 너무 많다. 이러한 회사들은 FOSS 프로젝트나 커뮤니티를 지원해서 혜택을 받는 데 시간이 얼마나 걸리는지 이해하지 못하므로 당연히 실망한다. 혜택을 받는 데 대한 기대치를 더 잘 설정하고 지원 노력의 이정표에 대해 공개적으로 분명히 하면 이러한 실망을 막는 데 도움이 된다.

확실히 FOSS 지원 노력이 실패하는 데는 여러 가지 요인이 있지만 그중 몇 가지는 공통적이다. 요점은 회사에서 계획한 FOSS 지원 노력을 부진하게 만드는 다양한 실패 양상을 모두 나열하는 게 아니라 마주칠지도 모르는 장애물을 알려 주는 것이다. 진지하게 지원 노력을 하고 싶다면 그 과정이 어떻게 진행되는지 주의를 기울여 목표에 도달하기 전(또는 최소한 도중)에 장애물이 있다면 치우도록 하라. 약간의 통찰만 있어도 도움이 될 것이다.

개인 기여자로서 얻는 혜택과 회사가 얻는 혜택은 많이 다르지만 둘 다 실제적인 것이다. 잠재적인 위험이 있지만 시간을 두고 그러한 혜택을 충분히 생각하고 회사의 FOSS 지원 실행 계획을 잘 세운다면 회사와 커뮤니티 모두 상생하는 상황이 될 수 있다.

미래를 연마하라

지금까지 280여 쪽을 읽으며 FOSS 프로젝트에 기여하는 방법을 배우는 긴 여정의 끝에 다다랐다. 기여에 대해 아직 모든 내용을 알지는 못하겠지만 기여를 시작하고 유능한 기여자와 커뮤니티 멤버가 되는 데 충분한 내용을 성공적으로 배웠다. 이 책이 기술적인 내용일 것이라고 생각하며 읽기 시작했다가 그렇지 않아서 놀랐을지도 모른다. 하지만 이제 여러분은 기술적 지식과 실력이 FOSS에 기여하는 데 필요하지만 인간에 관한 지식과 사람을 대하는 능력이 성공하는 데 더 중요함을 배웠을 것이다.

공감과 의사소통 같은 인간 관계 기술은 기술적 실력보다 더 중요할 뿐 아니라 습득하기도 더 어렵다. 그런데 필요한 기술적 실력은 프로젝트마다 다르지만 인간 관계 기술은 모든 프로젝트에 똑같이 적용됨을 알게 될 것이다. 이러한 기술을 습득하면 훌륭한 FOSS 기여자가 될 수 있을 뿐 아니라 업무, 취미 또는 사람들 사이에서 상호 작용이 필요한 일에서도 뛰어난 역량을 발휘할 수 있을 것이다. 이런 식으로 FOSS에 기여하면 자신의 미래를 연마하는 데 진정으로 도움이 될 것이다.

용어 해설

부록에 실린 용어에는 여러 가지 의미와 정의가 있지만 이 책에서
는 FOSS 프로젝트, 커뮤니티, 기여 상황에서 쓰이는 의미와 정의를
가리킨다.

개발자 원천 증명(developer certificate of origin)

DCO라고도 한다. 개발자가 자신의 기여를 프로젝트와 공유할 권리가 있음
을 입증하는 확인confirmation이다. 개발자는 깃 커밋 시에 -s 플래그를 사용하
여 자신의 기여에 '서명'함으로써 확인을 제공한다. DCO는 CLA의 대안으로
종이가 필요 없고 덜 번거롭다. 커밋에 서명을 하는 데 깃을 사용해야 하기
때문에 DCO는 깃 버전 관리 시스템을 사용하는 프로젝트와 버전 관리 시스
템으로 추적되는 기여에만 사용할 수 있다.

고용 계약(employment agreement)

개인이나 조직에 고용되어 일하기 시작할 때 서명하거나 동의하는 것이다.
고용 계약은 급여, 휴가, 특히 근무 시간에 고용주의 기기로 만든 것에 대한
저작권 소유 같은 FOSS 기여에 관한 세부 사항을 정의한다.

기능 브랜치(feature branch)

토픽 브랜치라고도 한다. 다른 브랜치에서 하는 것처럼 만들고 사용하고 망가뜨리는 브랜치다. 기능 브랜치인 이유는 한 가지 기능을 작업하기 위해 특별히 만들기 때문이다. 기능이 완료되어 버전 관리 시스템의 주 브랜치에 병합되면 기능 브랜치는 지워도 된다.

기여(contribution)

FOSS 프로젝트를 돕는 문서 작성, 테스트, 디자인, 프로그래밍, 행사 조직 또는 기타 활동

기여자 라이선스 협약(contributor license agreement)

CLA라고도 한다. 이 협약은 기여를 공유하는 사람에게 기여를 공유할 권리가 있고 기여가 받아들여지면 프로젝트는 적합하다고 판단되는 경우 그 기여를 변경하거나 배포하거나 관리할 수 있는 자격이 있음을 증명하는 법적 문서다. CLA는 기여 저작권을 기여자로부터 프로젝트나 프로젝트 조직 주체로 이전하기도 한다. CLA의 의도는 소프트웨어 배포 과정에서 생길지도 모르는 법적 분쟁 가능성을 최소화하려는 것이다.

놀람 최소화 원칙(Principle of Least Astonishment)

소프트웨어 및 시스템 디자인 원칙. 예상하지 못한 인터페이스나 결과로 사람들이 놀라게 되는 디자인을 했다면 그 디자인은 버리고 사람들이 놀라지 않을 디자인을 하는 것이 좋다는 원칙이다. 보통 소프트웨어 개발과 사용자 인터페이스 디자인에 적용되지만 사람들이 무방비로 당할지도 모르는 모든 상황에도 통한다. 예를 들어 커뮤니티에 새 규칙과 정책을 시행하고 싶다면 그냥 사람들에게 툭 내놓는 것보다 새로운 규칙 또는 정책과 그것을 시행하려는 이유를 먼저 이야기하는 것이 좋다.

단위 테스트(unit test)

소프트웨어 시스템의 개별 부분 테스트. 테스트하는 단위는 전체 소프트웨

어에서 가장 작은 기능 부분, 예를 들어 메서드나 함수여야 한다.

디자인 패턴(design pattern)

특정한 소프트웨어 디자인 문제를 푸는 데 인정받은 모범 사례. 디자인 패턴은 문제를 가장 잘 푸는 방법에 대한 보편적인 설명이다. 설명의 보편성 덕분에 서로 다른 프로그래밍 언어와 애플리케이션에 적용할 수 있다.

라이선스(license 또는 licence)

지적 재산을 사용할 수 있는 조건 조항을 명시한 법적 문서다. 라이선스는 FOSS의 중추다. OSI 승인을 받은 라이선스가 없는 FOSS 프로젝트는 '오픈 소스'로 여겨지지 않는다. 라이선스가 전혀 없이 소프트웨어를 쓴다면 불법이고 지적 재산 법률을 위반한 것이다.

로드맵(roadmap)

FOSS 프로젝트 개발을 위한 정리된 계획. 로드맵에는 보통 기능과 버그 수정 목록이 들어가고 느슨한 출시 일정도 포함된다. 로드맵이 있으면 FOSS 프로젝트는 개발에 필요한 자원과 시간을 계획할 수 있고 동시에 프로젝트 사용자를 위한 기능 전달 기대치를 세울 수 있다.

리스트서브(listserv)

메일링 리스트라고도 한다. 최초의 메일링 리스트 소프트웨어 이름이 LIST-SERV(모두 대문자)였는데 여전히 활발히 개발되고는 있지만 이제는 FOSS 프로젝트에서 잘 쓰이지 않는다. 이 소프트웨어의 이름이 모든 메일링 리스트에 쓰이는 일반적인 용어가 되었다.

린팅(linting)

일반적이거나 잠재적인 에러를 찾아내는 코드 정적 분석(코드를 실행할 필요는 없다). 대부분의 프로그래밍 언어에는 자동 린팅 도구가 있다. 린팅은 테스트 프로세스의 일부분으로 실행되기도 한다. FOSS 프로젝트에서는 CI/

CD 시스템의 일부분으로 린터_{linter}를 넣어서 저장소에 각 커밋이 병합되기 전에 린팅을 하기도 한다.

메일링 리스트(mailing list)

특정 주제에 관한 이메일 그룹. 대부분의 FOSS 프로젝트는 의사소통 경로로 메일링 리스트(리스트서브라고도 한다)를 사용하는데 몇몇 FOSS 프로젝트는 다른 의사소통 형식보다 메일링 리스트를 더 좋아한다.

모임(meetup)

대체로 비공식적인 모임. FOSS 커뮤니티는 전 세계에 흩어져 있기 때문에 모여서 협업하기 쉽지 않다. 전 세계적인 대규모 모임보다는 가까운 곳에 사는 커뮤니티 멤버들이 서로 모여서 FOSS 프로젝트에 관해 이야기를 나누고 서로를 알아가는 경우가 많다. 모임이 커질 때도 있지만 보통은 수십 명을 넘어가지는 않는다(그보다 규모가 작을 때가 많다).

무분별한 범위 확대(scope creep)

기능이나 버그 수정은 요구 사항 몇 개로 작게 시작했다가 시간이 흐르면서 요구 사항이 쌓이다 보면 기능이나 버그 수정 범위가 크게 늘어나게 된다(그만큼 위험도 커지고 완료 시간도 늘어난다). 무분별한 범위 확대는 소프트웨어 개발에서 안티패턴이고 어떻게 해서라도 피해야 한다.

방임형 라이선스(permissive license)

소프트웨어를 변경해서 재배포하는 사람에게 새로운 배포본(파생 저작물이라고도 한다)을 사용할 수 있도록 조항을 변경할 수 있게 허가해 주는 오픈 소스 라이선스 유형이다. 다시 말해 파생 저작물을 원 저작물과 다른 라이선스로 출시할 수 있다. 심지어 사유 라이선스도 가능하다. 아파치 라이선스와 MIT 라이선스가 잘 알려진 방임형 오픈 소스 라이선스다.

버그(bug)

시스템에서 제대로 동작하지 않는 어떤 것. 대개 버그는 소프트웨어에서 발견되지만 이 용어는 사람 사이의 상호 작용이나 FOSS 운영 방식 또는 FOSS 개발의 다른 측면에도 적용된다.

버스 사고 수(bus factor)

팀원 중 몇 명이 버스에 치었을 때 프로젝트가 위험에 처하는지 나타내는 수. 최악은 1이다. 프로젝트를 잘 아는 사람이 한 사람뿐인데 그 사람이 어떤 이유로 사라진다면 그 프로젝트는 매우 골치 아픈 상황에 처하게 된다.

버전 관리(version control)

버전 관리 시스템, 소스 관리라고도 한다. 수정된 파일 모음을 추적하고 유지 보수하는 프로세스와 도구다. 버전 관리는 소스 코드, 환경 구성 파일, 문서, 디자인 결과물, 여타 디지털 파일에 사용할 수 있다. 버전 관리 시스템에 올라간 파일은 여러 사람이 때로는 동시에 편집할 수 있고 모든 편집 결과는 파일의 정본canonical version에 병합할 수 있다. 이 글을 쓰는 현재 FOSS 프로젝트에서 가장 인기 있는 버전 관리 시스템은 깃이다. 다른 버전 관리 시스템의 예로는 서브버전, 머큐리얼, 퍼포스Perforce, CVS가 있다.

병합 요청(merge request)

풀 요청pull request 항목을 보라.

복도 트랙(hallway track)

FOSS 커뮤니티 콘퍼런스나 모임의 정규 세션 이외의 장소(대개 복도다)에서 이뤄지는 학습. 어느 콘퍼런스에서나 가장 유익한 시간은 복도 트랙이라고 생각하는 사람이 많다.

복제(clone)

저장소의 독립적인 사본 또는 저장소를 복사하는 과정

분야 지식(domain knowledge)

어떤 주제, 산업, 관심 분야에 대한 전문 지식. 해당 분야 바깥의 사람들은 이러한 지식을 잘 알지 못한다. 예를 들어 뜨개질에는 뜨개질 패턴 읽는 법, 바늘 종류, 실에 쓰이는 섬유 종류에 대한 지식이 있다. 분야 지식은 특정 분야 프로젝트의 디자인과 설계에 대한 판단을 할 때 중요하다. 관련 분야 지식이 있는 사람들을 주제 전문가subject matter expert라고도 한다.

브랜치(branch)

버전 관리 시스템에서 브랜치는 저장소에서 새로운 방향으로 개발을 시작하기 위한 특정 커밋을 가리킨다. 브랜치에서 작업하면 저장소의 다른 부분과 격리된 채로 개발할 수 있어서 해당 브랜치와 관련 없는 기능이나 코드에 영향을 끼칠 위험 없이 일할 수 있다.

빈칸(whitespace)

스페이스와 탭 문자. 몇몇 프로그래밍 언어의 경우 코드에서 빈칸 수가 소프트웨어 동작 방식에 큰 영향을 미친다. 좀 더 자세한 내용은 '의미 있는 빈칸significant whitespace' 항목을 보라.

빌드(build)

FOSS 프로젝트의 배포 가능 버전을 만드는 과정 또는 배포 가능 버전 자체를 가리킨다. 빌드 프로세스는 프로젝트마다 다를 수 있다. 코드 컴파일이나 테스트 스위트 실행 또는 여타 단계를 필요로 한다. 빌드 프로세스에서 에러를 일으키는 것을 '빌드를 깬다'고 표현한다.

사유 라이선스(proprietary license)

OSI에서 승인받지 않은 소프트웨어 라이선스. 대부분의 사유 라이선스는 제품이나 서비스 제공의 일부분으로 출시해 판매하는 소프트웨어를 만드는 회사나 조직이 작성한 것으로 소프트웨어 사업에서 중요한 부분이다.

상단 쓰기(top posting)

이메일에 답장을 쓸 때 답장을 메시지 상단에 두고 원래 메시지를 건드리지 않는 것. 몇몇 FOSS 커뮤니티에서는 메일링 리스트에 답장을 쓸 때 상단 쓰기 방식을 더 좋아한다.

선별(triage)

문제를 이해했는지, 재현할 수 있는지, 이미 다른 데서 고쳐진 게 아닌지 확인하기 위해 이슈를 검토하는 것. 이슈 선별은 당장은 시간이 걸리지만 이슈 수정 코드를 구현하면서 시간을 절약할 수 있다. 몇몇 FOSS 프로젝트에서는 경험 많은 기여자가 이슈를 선별하는 것을 더 좋아하지만 다른 프로젝트에서는 새로운 이슈가 나왔을 때 경험이 부족한 사람들이 첫 응답자로 도와주는 것을 좋아한다.

소스 관리(source control)

버전 관리_{version control} 항목을 보라.

스쿼시(squash)

일련의 커밋을 하나의 커밋으로 만드는 것. 몇몇 FOSS 프로젝트에서는 기여를 제출하기 전에 커밋을 통합해 달라고 요청한다.

스크롤백(scrollback)

실시간 대화 시스템에서 대화 세션에서 나가 있는 동안 벌어진 대화. 몇몇 시스템에서는 자동으로 저장해 두기도 하지만 IRC 같은 시스템에서는 특별한 설정을 해야 스크롤백을 저장해서 볼 수 있다.

실시간 대화(real-time chat)

사람들이 텍스트 및 이미지 기반 메시징을 이용해 실시간으로 대화할 수 있게 해 주는 온라인 서비스. 대부분의 FOSS 커뮤니티는 몇 가지 실시간 대화 시스템을 소통 경로로 사용한다. IRC, 매터모스트_{Mattermost}, 텔레그램_{Telegram},

디스코스_{Discourse}, Rocket.chat이 FOSS 커뮤니티에서 사용하는 유명한 실시간 대화 옵션이다.

언콘퍼런스(unconference)

세션 일정을 참가자들이 만들고 정하는 형식의 콘퍼런스. 각 세션 자료도 참가자들이 제공한다. 전체 콘퍼런스를 참가자가 주도한다. 몇 달 앞서 결정되는 정규 콘퍼런스 일정과 달리 언콘퍼런스의 자유로운 일정 덕분에 FOSS 커뮤니티는 필요한 때에 관련 있는 주제를 토론할 수 있다.

업스트림(upstream)

FOSS 프로젝트의 주 저장소. 주 저장소의 모든 복제본은 다운스트림이다. 다운스트림 저장소의 변경 사항을 업스트림으로 푸시해서 FOSS 프로젝트 기여자로서 공유하는 것이 모범 사례다.

오픈 소스 소프트웨어(open source software)

OSI의 검토를 거친 라이선스에 따라 출시되고 오픈 소스 정의에 기술된 오픈 소스의 모든 자유를 제공한다고 보증된 소프트웨어. OSI 승인을 받지 못한 라이선스로 출시된 소프트웨어는 정의상 '오픈 소스'가 될 수 없다. 오픈 소스 정의에 따른 자유를 제공한다고 보장하지 못하기 때문이다.

운영 방식(governance)

FOSS 프로젝트와 커뮤니티가 돌아가고 운영되는 방식. 여기에는 프로젝트에서 역할(핵심 기여자, 기여자, 사용자), 의사 결정과 소통 방식, 특정 역할을 위한 선거 여부, 선거 수행 방식, 프로젝트와 커뮤니티가 지속적으로 부드럽게 운영되는 데 필요한 사회·정치적 구조 등이 포함된다.

원자적 커밋(atomic commit)

단일한(대개 작은) 토픽, 수정, 기능을 처리하는 버전 관리 커밋. 원자적 커밋은 통제하기 어려운 대규모 커밋에 비해 안전하다고 여겨진다. 원자적 커밋은 크기와 규모가 비교적 작아 좀 더 쉽게 속속들이 검토할 수 있고 무언가 잘못됐을 때 더 쉽게 되돌릴 수 있다. 검토와 쉬운 롤백 덕분에 프로젝트에 치명적인 버그가 유입되는 위험을 완화할 수 있다.

의미 있는 빈칸(significant whitespace)

프로그래밍 언어에서 코드를 쓸 때 의미적이고 문법적인 의미를 지닌 빈칸(스페이스나 탭 문자). 빈칸을 잘못 쓰면 프로그램이 돌아가지 않는다는 것을 의미한다(또는 예상대로 동작하지 않을 것이다). 파이썬은 의미 있는 빈칸을 사용하는 가장 유명한 프로그래밍 언어다. 해스켈과 YAML도 유명하다.

이슈 트래킹(issue tracking)

이슈 모음을 관리하고 모니터하는 과정. 이슈 트래킹은 대개 이슈에 대해 주석, 태그, 플래그를 달고 이슈를 닫는(해결하는) 방법이다. 거의 모든 FOSS 프로젝트에서 이슈 트래킹을 사용하고 많은 코드 호스팅 서비스에 이슈 트래킹 기능이 들어 있다.

이슈(issue)

티켓이라고도 한다. FOSS 프로젝트와 관련된 모든 버그 보고, 기능 요청, 지원 질문에서 일반적으로 쓰이는 용어다.

인라인 답장(inline reply)

이메일에 답장을 쓸 때 답장을 원 메시지 본문 안에 집어넣는 것을 말한다. 응답하려는 부분 바로 밑에 답장을 쓰고 답장에서 언급할 필요가 없는 원래 메시지 부분은 지울 수도 있다. 몇몇 FOSS 커뮤니티에서는 사람들이 메일링 리스트 메시지에 인라인 답장을 쓰기를 더 좋아한다.

인터페이스(interface)

인터페이스는 사람이나 시스템이 소프트웨어와 상호 작용하는 방법이다.

UI$_{user\ interface}$, GUI$_{graphical\ user\ interface}$, CLI$_{command\ line\ interface}$, API$_{application\ programming}$

interface를 들 수 있다. 인터페이스는 잘 만드는 게 중요하다. 인터페이스가 까다로우면 그 소프트웨어를 사용하고 싶지 않을 것이다.

입소문 마케팅(word of mouth marketing)

개인이나 조직이 시작하는 마케팅 활동이지만 자기 의견을 공유하는 방식으로 독립적으로 실행된다는 점이 특징이다. 즉 '친구와 동료에게 자신이 좋아하는 것을 알려 주는 행동'이다. 입소문 마케팅은 긍정적인 브랜드를 만드는 데 매우 효과적이다. 많은 회사에서 FOSS 프로젝트와 커뮤니티에 참여하고 후원해서 커뮤니티 멤버들 사이에서 좋은 평판을 얻어 후원을 제공하는 훌륭한 회사라는 평이 퍼지게 하려고 한다.

자유 소프트웨어(free software)

네 가지 자유를 제공하는 소프트웨어. 모든 사람이 예속과 압제, 학대에서 자유로워야 하듯이 모든 소프트웨어도 살펴보고 사용하고 재사용하고 배포하는 데 제한이 없어야 한다고 자유 소프트웨어 지지자들은 생각한다. 자유 소프트웨어 지지자들에게 소프트웨어의 자유는 도덕적인 문제다. 거의 모든 자유 소프트웨어는 오픈 소스 소프트웨어이기도 하다.

잠수(lurking)

FOSS 프로젝트에서 사용하는 실시간 대화방, 메일링 리스트, 다른 의사소통 채널에 들어가서 대화에 참여하기보다는 듣기만 하는 것을 말한다. 잠수는 FOSS 프로젝트 커뮤니티 분위기가 어떤지, 이를테면 어떻게 대화하는지, 주요 개발자가 누구인지, 새 기여자를 환영하는지 등을 파악하는 좋은 방법이다.

저작권(copyright)

저작물 창작자가 다른 사람들과 조직이 저작물을 어떻게 그리고 어떤 조건으로 사용하게 할지 결정할 수 있는 권리. 대부분의 나라에서 창작자는 저작물이 만들어지자마자 저작권을 자동으로 받는다. 그런데 베른 조약_{Berne}

Convention에 서명하지 않은 몇몇 나라에서는 창작자가 자신의 저작물에 저작권을 신청해야 할 수도 있다.

저장소(repository)

'repo'로 줄여 쓰기도 한다. 저장소에서 코드, 문서, 이미지 그리고 FOSS 프로젝트 운영에 필요한 파일의 버전을 관리한다. 저장소에는 대개 단일한 중앙 소스가 있다. 중앙 소스의 각 사본(복제본)도 저장소라고 부르지만 중앙 소스와 구분하기 위해 로컬 저장소라고 부른다.

접근성(accessibility)

가능한 한 많은 사람이 소프트웨어에 접근할 수 있게 하는 작업. 색각 이상인 사람들에게 도움이 될 색 배합을 제공하거나 스크린 리더screen reader로 소프트웨어를 사용할 수 있게 하거나 오디오 콘텐츠에 대체 텍스트를 제공하는 등 더 많은 사람이 소프트웨어를 사용할 수 있도록 행동을 취하는 것을 의미한다.

정보 보안(information security, infosec)

개인 정보와 데이터 및 시스템의 보안을 유지하는 활동으로 비인가 접근 방지, 더 이상 필요 없는 데이터 안전 삭제, 우선 필요한 데이터와 접근에 주의 기울이기 등을 포함한다.

조기 최적화(premature optimization)

어떤 개선이 필요한지 여부를 알기도 전에 무언가를 개선하려고 많은 시간과 노력을 들이는 것. 조기 최적화는 귀중한 시간을 잡아먹어서 소프트웨어 개발에서 나쁜 사례로 여겨진다.

주제 세션(breakout session)

그냥 세션이라고도 한다. FOSS 콘퍼런스 일정에 들어 있는 교육 행사다. 각 세션은 한 명 또는 그 이상의 발표자들이 청중에게 정보를 전달한다. 때로는 세션에서 패널들이 사회자의 질문에 대답을 하기도 한다.

주제 전문가(subject matter expert)

SME라고도 한다. 좀 더 자세한 내용은 분야 지식_{domain knowledge} 항목을 보라.

지속적 배포(continuous deployment)

CI/CD의 CD. 좀 더 자세한 내용은 CI/CD 항목을 보라.

지속적 통합(continuous integration)

CI/CD의 CI. 좀 더 자세한 내용은 CI/CD 항목을 보라.

지적 재산(intellectual property)

사람의 정신(지성)을 사용해 나온 결과물. 집필, 그림, 기술적 발명, 음악, 여타 창작 작업 등이 지적 재산으로 인정받을 수 있다. 지적 재산은 특허, 상표권, 저작권 등으로 보호받는다. FOSS를 만드는 데 들어가는 작업 역시 저작권을 가지고 있을 수 있기 때문에 지적 재산은 FOSS에서 매우 중요하다.

카피레프트(copyleft)

호혜적 라이선스 항목을 보라.

커뮤니티(community)

공통 관심사나 흥미를 공유하는 사람들의 자발적 모임. 많은 FOSS 프로젝트에는 프로젝트와 연관된 커뮤니티가 있다.

커밋 메시지(commit message)

버전 관리 시스템에 커밋할 때 무엇이 바뀌거나 고쳐졌는지 설명하는 텍스트. 커밋 메시지는 자세하게 적어야 하며 무엇이 바뀌고 왜 바뀌었는지를 기록한 내용도 포함해야 한다. 커밋 작업이 이슈와 관련되어 있다면 커밋 메시지에 이슈 번호도 함께 적어야 한다.

커밋 비트(commit bit)

커밋 비트가 있다는 것은 프로젝트 버전 관리 시스템에 변경 사항을 통합할 권한이 있다는 의미다. 실제로 비트가 있지는 않다. 이는 오래된 버전 관리 시스템의 접근 제어 시스템에서 유래한 문구인데 옛날에는 이진수(비트)값으로 커밋 접근을 제어했기 때문이다. 그런 비트는 사라졌지만 커밋 비트라는 용어는 남아 있다.

커밋(commit)

변경 사항을 버전 관리 시스템에 제출하는 과정 또는 변경 그 자체

코드 호스팅 서비스(forge)

FOSS 프로젝트 소스 파일을 호스팅하는 웹 기반 서비스다. 코드 호스팅 서비스는 대개 접근 제어, 버전 관리, 이슈 트래커 같은 기능을 제공한다. 몇몇 코드 호스팅 서비스는 소스 파일의 온라인 편집, 위키, CI/CD 서비스 그리고 소프트웨어 개발에 관련된 여타 기능도 제공한다. 깃랩, 깃허브, 비트버킷이 유명한 코드 호스팅 서비스다.

테스트 스위트(test suite)

소프트웨어가 예상대로 정확히 동작하는지 확인하기 위해 실행하는 단위·통합·기타 테스트 모음. 테스트 스위트 실행은 일반적으로 CI/CD에서 중요한 단계다.

토픽 브랜치(topic branch)

기능 브랜치_{feature branch} 항목을 보라.

통합 테스트(integration test)

시스템의 개별 부분을 통합했을 때 예상대로 동작하는지 판단하는 테스트. 예를 들어 자동차 통합 테스트를 하는데, 바퀴가 개별적으로는 잘 굴러 가지만 차대_{chassis}에 부착해서 다시 테스트해 보면 바퀴가 너무 작거나 잘 돌아

가지 않는다는 것을 발견할 수도 있다.

티켓(ticket)

이슈$_{issue}$ 항목을 보라.

패치(patch)

풀 요청$_{pull\ request}$ 항목을 보라. FOSS 프로젝트에 기여하는 데 사용할 수 있는 패치 파일을 만드는 데 쓰는 patch 유틸리티를 가리키기도 한다.

팩맨 규칙(Pac-Man Rule)

둥글게 앉거나 서서 대화를 나눌 때 원 사이에 간격을 두는 것이다. 이 간격을 위에서 보면 팩맨 비디오 게임 캐릭터처럼 보이는데, 이렇게 하면 다른 사람들에게 대화에 참여할 기회를 제공할 수 있다. 팩맨 규칙은 자신감이 부족해서 기존 인간 관계 속으로 들어오지 못하는 사람들을 품어서 커뮤니티를 강화하는 효과적인 방법이다.

페이스트빈(pastebin)

긴 일반 텍스트를 붙여 넣어 공유하는 웹 기반 서비스. 페이스트빈을 쓰면 이메일, 이슈, 실시간 대화를 좀 더 가독성 있게 유지하는 데 도움이 된다. 예를 들어 긴 로그 파일을 이메일에 붙여 넣기보다 그 로그를 페이스트빈에 붙여 넣고 나서 링크를 이메일로 공유하면 된다. 페이스트빈으로 긴 일반 텍스트를 공유하는 건 FOSS 커뮤니티에서 모범 사례다.

포크(fork)

짧은 낱말이지만 FOSS 세계에서는 엄청난 부담과 책임이 따르는 일이다. FOSS 맥락에서 이 낱말의 원래 주된 의미는 기존 프로젝트의 사본을 만들어 이름을 바꿔서 새 프로젝트와 커뮤니티를 시작하는 것이다. 또한 그러한 전체 과정을 일컫는 동사로 쓰이기도 한다. 이러한 포크는 기술적 작업(버전 관리, 이름 바꾸기 등)을 필요로 하지만 본질적으로 사회적 행위다. FOSS 세계에서 이 용어의 기존 용법이 있었는데 2008년 깃허브에서 git clone 명령의 동작을 나타내는 낱말로 복제 대신 포크를 사용하기로 결정했다. 포크는 이제 프로젝트 사본을 만들어 새 프로젝트와 커뮤니티를 시작한다는 뜻뿐 아니라 단순히 프로젝트를 살펴보고 작업하기 위해 프로젝트를 복사(복제)한다는 의미도 지니게 됐다.

풀 요청(pull request)

병합 요청 또는 패치라고도 한다. FOSS 프로젝트 기여의 한 종류다. 기여를 제출할 때 그것을 주 저장소에 병합해 달라고 프로젝트에 요청하게 된다. 풀 요청은 코드, 문서, 디자인 또는 프로젝트 버전 관리 시스템에 저장할 수 있는 무엇이나 가능하다.

프로젝트(project)

소프트웨어, 사람, 정책 그리고 소프트웨어를 만들고 유지 보수하는 데 필요한 모든 절차의 모음. 소프트웨어가 OSI 승인 라이선스로 출시된다면 이 프로젝트는 오픈 소스 프로젝트라 부를 수 있다.

플랫폼(platform)

소프트웨어가 실행되는 환경. 플랫폼에는 운영 체제, 브라우저, 칩셋, 시스템의 여타 관련 컴포넌트가 포함된다. 관련 컴포넌트는 실행되는 소프트웨어에 따라 다르다. 예를 들어 웹 기반 자바스크립트 애플리케이션의 경우 사용자 브라우저, 브라우저 버전, 운영 체제만이 관련 컴포넌트인 데 반해 컴파일된 소프트웨어라면 칩 아키텍처와 운영 체제가 가장 관련 있는 플랫폼 컴포넌트다.

핑(ping)

실시간 대화 시스템에서 누군가를 언급하는 것. 몇몇 실시간 대화 클라이언트에서 언급된 사람에게 소리나 시각적 신호로 알려 주기 때문에 그렇게 부른다. 누군가에게 연락을 취한다는 뜻으로 쓰일 때도 있다. "프로덕션 서버에서 부하가 많이 걸려서 이오아나에게 핑 보냈어."

핵심 기여자(core contributor)

FOSS 프로젝트에 해박한 지식과 경험을 지닌 사람. 핵심 기여자는 대개 프로젝트에서 비공식적이지만 지도적 위치에 있다. 그들은 프로젝트 품질을 유지하는 데 책임이 있고 프로젝트 개발 로드맵을 안내한다.

호혜적 라이선스(reciprocal license)

카피레프트 라이선스라고도 한다. 호혜적 라이선스로 출시된 저작물은 해당 라이선스에 따라 사용자에게 부여된 원래 권리와 자유를 어떤 식으로든 없애거나 약화시키는 어떤 라이선스로 다시 출시할 수 없게 보장하는 것이 호혜적 라이선스의 조항이다. 호혜적 라이선스로 재배포되거나 파생된 저작물은 사용자가 해당 저작물로 작업할 때 새로운 제한을 가해서는 안 된다. 이렇게 함으로써 일단 자유롭게 발표된 저작물은 영원히 자유로울 수 있게 보장할 수 있다. 호혜적 라이선스는 또한 호혜적 라이선스로 라이선스된 저작물이 재배포된 파생 저작물에 포함되어 있을 경우 파생 저작물 역시 호혜적 라이선스로 된 저작물과 같은 조건과 조항으로 출시할 것을 요구한다. 이것이 이러한 라이선스의 호혜적 특성이다. 자신의 창작이 호혜직 라이선스로 된 저작물의 혜택을 받았다면 자신의 창작물을 손에 넣은 누구라도 같은 혜택을 누려야 한다는 것이다. GPL GNU General Public License이 가장 일반적인 호혜적 라이선스다. LGPL GNU Lesser General Public License과 MPL Mozilla Public License도 호혜적 라이선스라고 할 수 있다.

환경(environment)

FOSS 맥락에서 환경은 나무나 바다 같은 것을 가리키지 않는다. FOSS에서 환경은 FOSS 프로젝트가 운영되는 소프트웨어와 하드웨어의 조합을 가리킨다. FOSS 프로젝트를 개발하고 있다면 랩톱, 로컬에 설치된 소프트웨어, 통합 개발 환경이나 텍스트 편집기로 구성된 개발자 환경이 있을 것이다. 개발을 다하면 제한된 네트워크와 간단한 데이터베이스를 갖춘 클라우드 서버에서 실행되는 테스트 환경에 프로젝트를 설치하게 된다. 테스트가 끝난 후에는 많은 사람이 접근해서 대형 데이터베이스에 읽고 쓰는 대규모 클라우드 기반 서버군에서 실행되는 프로덕션 환경에 프로젝트를 설치할 것이다.

ad hominem

라틴어로 '사람에게'를 의미한다. 즉, 누군가의 기여 품질보다는 그 사람의 능력에 대해 이야기하는 것이다. 예를 들어 "그렇게 생각하다니 멍청하군요"라고 말한다면 해당 인물을 사적으로 공격하는 것으로 보이기에 충분하다. "좋은 아이디어가 아니네요"라고 말한다면 그 아이디어를 제안한 사람보다는 그 개념에 대해 이야기하는 것이다. FOSS 프로젝트와 커뮤니티에서 의사소통할 때 인신ad hominem 공격성 발언은 피해야 한다.

API

애플리케이션 프로그래밍 인터페이스application programming interface. API는 밖으로 드러나 있는 소프트웨어의 '조작 면'이다. 인터페이스에는 소프트웨어와 프로그래밍을 통해 통신하는 방법이 설명되어 있으며 인터페이스를 통해 서로 다른 소프트웨어 패키지가 연결되어 상호 작용할 수 있다.

BDFL

자비로운 종신 독재자benevolent dictator for life. BDFL은 FOSS 세계에서 드물지만 존재한다. 예를 들어 귀도 판 로섬Guido van Rossum은 파이썬 BDFL이었고, 드리스 바위타르트Dries Buytaert는 드루팔Drupal BDFL이다. BDFL은 대체로 프로젝트 창시자다. 그들은 프로젝트에 관련된 모든 결정에 최종 결정권이 있고 거부권을 행사할 수도 있지만 이러한 힘을 사용하는 경우는 드물다. 대개 BDFL은 '자비로운'이란 말에 걸맞게 합의를 추구하고 프로젝트와 커뮤니티에 최선의 결과를 내기 위해 항상 노력한다.

BoF(birds of a feather)

오픈 스페이스_{Open Space}라고도 한다. BoF는 비슷한 주제에 관심 있는 사람들의 비공식 모임이다. 많은 FOSS 콘퍼런스와 행사에서 BoF 모임 공간이 제공되므로 참가자들이 모여 특정 주제로 토론을 할 수 있다.

CI/CD

지속적 통합·지속적 배포_{continuous integration/continuous deployment}. CI/CD 프로세스에서 커밋을 저장소에 병합하면 전체 테스트 스위트가 자동으로 시작된다. 모든 테스트가 통과하면 저장소(새로 병합된 변경 포함) 코드가 테스트 또는 프로덕션 시스템에 자동으로 배포된다.

diff

두 파일(또는 같은 파일의 두 버전) 간의 차이점을 보여 주는 특수한 형식의 출력 또는 출력을 만드는 과정 또는 출력을 만드는 유틸리티. 기여에 대한 대화 중에 쓰이기도 한다. "커밋하기 전에 디프했어?"나 "디프 보면 빈칸만 바뀌었어"처럼 말한다.

DRY

반복 금지_{Don't Repeat Yourself}. DRY는 소프트웨어 개발에서 따라야 할 모범이다. 코드, 디자인 요소, 다른 컴포넌트를 재사용해야 하는 상황일 때 DRY는 그러한 것을 재사용할 수 있는 부분(함수, 메서드, 파일 또는 타당한 어떤 것으로든)으로 뽑아내라고 권장한다. 이런 식으로 하면 변경이 필요할 때 일련의 반복되는 컴포넌트가 아니라 한군데만 고치면 된다. 이렇게 하면 코드에 버그가 들어올 가능성이 줄어든다.

FOSS

자유·오픈 소스 소프트웨어_{Free and Open Source Software}. 비슷한 개념인데 F/LOSS-_{Free/Libre and Open Source Software}, OSS_{Open Source Software}, OS_{Open Source}로 줄여서 쓰는 것도 볼 수 있다. 이 책에서는 FOSS를 사용한다.

'free'의 뜻

FOSS 세계에서 시간을 보내다 보면 'free'의 뜻을 설명하는 문구를 볼 수 있을 것이다. 가장 흔히 볼 수 있는 세 가지 형태가 "'자유' 발언", "'공짜' 맥주", "'공짜' 강아지"다. "'자유' 발언"과 "'공짜' 맥주"는 리처드 스톨먼이 쓴 표현인데 영어에서 free가 다양한 의미를 지니고 있음을 나타낸다. '자유' 발언은 제약을 받지 않는다는 뜻이고 '공짜' 맥주는 비용이 들지 않는다는 의미다. '공짜' 강아지 역시 무료이지만 살아 숨쉬는 생명체가 자신의 삶으로 들어오면 예기치 못한 복잡함이 더해지게 된다. 즉 소프트웨어(또는 강아지)에 돈을 쓰지 않더라도 소프트웨어 유지 보수와 강아지 보호에 매이게 된다는 뜻이다. 당장 지불할 비용은 없더라도 시간이 지나면서 비용을 쓰게 된다.

IDE

통합 개발 환경integrated development environment. 다른 소프트웨어를 개발하는 데 사용하는 복잡한 소프트웨어다. 대부분의 통합 개발 환경에는 텍스트 편집기, diff 도구, 디버거, 관련 소프트웨어 개발 도구가 들어 있다. 비주얼 스튜디오와 Xcode가 유명한 통합 개발 환경이다.

IRC

인터넷 릴레이 챗Internet Relay Chat. 1988년 발명된 실시간 대화 시스템으로 FOSS 프로젝트와 커뮤니티에서 널리 사용된다. IRC가 FOSS 세계에서 인기 있는 소통 방법이기는 하지만 수많은 실시간 대화 옵션 중 하나일 뿐이다.

RTFM

"'삐'(음향 처리) 매뉴얼 좀 읽어Read The F'ing Manual"의 준말. '삐'(음향 처리)의 뜻은 독자들이 상상하기 바란다. 이 준말은 FOSS 프로젝트에서 의사소통 중에 쓰이는데 질문을 하기 전에 문서를 읽어야 한다고 사람들에게 상기시키는 그다지 친절하지 못한 표현이다. 바라는 주의를 끌 수는 있겠지만 대화에서 RTFM을 쓰면 무례하고 도움이 되지 않는다. 적절한 문서 링크를 보내는 게 훨씬 효과적이다.

UX

사용자 경험User eXperience. FOSS 프로젝트 및 커뮤니티와의 소통은 프로젝트에 대한 사용자 경험에 영향을 준다. 긍정적인 사용자 경험을 최적화하는 것이 프로젝트 사용자 기반과 커뮤니티를 키우는 최선의 방법이다.

WSL

리눅스용 윈도우 하위 시스템Windows Subsystem for Linux. 리눅스 유틸리티와 프로그램을 마이크로소프트 윈도우 운영 체제에서 실행하는 수단이다. WSL은 FOSS 프로젝트에 기여하고 싶지만 리눅스나 맥OS를 실행하는 컴퓨터에 접근할 수 없는 사람들에게 중요한 도구다. 대부분의 FOSS 프로젝트는 기여자들이 윈도우를 쓰지 않는다고 가정하고 기여 과정을 윈도우용으로 최적화하지 않기 때문이다.

주석

머리말

1. https://en.wikipedia.org/wiki/Whac-A-Mole#Colloquial_usage
2. https://pragprog.com/titles/vbopens/errata
3. https://webchat.freenode.net/?channels=%23fossforge
4. https://opensource.com/life/16/6/irc-quickstart-guide

1장

1. https://octoverse.github.com
2. https://www.fsf.org
3. https://sfconservancy.org
4. https://opensource.org
5. https://www.spi-inc.org
6. https://fsfe.org/index.en.html
7. https://opensourceprojects.eu
8. https://linux.org.au
9. http://opensource.asia
10. https://fossasia.org
11. http://www.fossfa.net

12. https://africaopendata.org
13. https://softwarelivre.org
14. https://flisol.info
15. https://www.softwarelibre.org.pe
16. https://wikipedia.org
17. https://creativecommons.org
18. https://okfn.org/about
19. https://archive.org
20. https://osseeds.org
21. https://en.wikipedia.org/wiki/Richard_Stallman
22. https://en.wikipedia.org/wiki/GNU_Project
23. https://en.wikipedia.org/wiki/GNU_Manifesto
24. https://www.fsf.org
25. https://en.wikipedia.org/wiki/Christine_Peterson
26. https://opensource.org
27. https://opensource.org/osd
28. https://opensource.org/osd-annotated
29. https://opensource.org/licenses
30. https://about.gitlab.com/2017/12/18/balanced-piaa
31. https://github.com/blog/2337-work-life-balance-in-employee-intellectu al-property-agreements
32. https://opensource.org/licenses
33. https://opensource.org/licenses/Apache-2.0
34. https://opensource.org/licenses/MIT
35. https://opensource.org/licenses/gpl-license
36. https://opensource.org/licenses/lgpl-license
37. https://opensource.org/licenses/MPL-2.0

3장

1. http://gplv3.fsf.org
2. https://opensource.org/licenses

3. https://httpd.apache.org/dev

4. https://github.com/vmbrasseur/Public_Speaking

5. https://www.contributor-covenant.org

6. https://where.coraline.codes

7. https://github.com/google/styleguide

8. https://docs.openstack.org/doc-contrib-guide/writing-style/general-writing-guidelines.html

9. https://www.gnu.org/software/make

10. https://opensource.com/life/16/6/irc

11. https://matrix.org

12. https://rocket.chat

13. https://about.mattermost.com

14. https://developercertificate.org

4장

1. https://www.blender.org

2. https://www.gimp.org

3. https://www.kde.org

4. https://www.gnome.org

5. https://www.drupal.org

6. https://moodle.org

7. https://code.visualstudio.com

8. https://iterm2.com

9. https://unity3d.com

10. https://github.com

11. https://gitlab.com

12. https://bitbucket.org

5장

1. https://notepad-plus-plus.org

2. https://www.sublimetext.com

3. https://atom.io
4. https://kate-editor.org
5. https://www.geany.org
6. https://code.visualstudio.com
7. https://developer.apple.com/xcode
8. https://www.eclipse.org/home
9. https://www.apstylebook.com
10. http://a11y-style-guide.com
11. https://www.python.org
12. https://opensource.com/article/17/12/fork-clone-difference
13. https://git-scm.com/book/en/v2/Git-Branching-Branches-in-a-Nutshell
14. https://travis-ci.org
15. https://circleci.com
16. https://git-scm.com/docs/git-diff
17. https://git-scm.com/docs/git-request-pull
18. https://chris.beams.io/posts/git-commit/
19. https://git-scm.com/book/en/v2/Git-Tools-Rewriting-History
20. https://git-scm.com/book/en/v2/Git-Branching-Branches-in-a-Nutshell
21. https://code.visualstudio.com
22. https://blogs.msdn.microsoft.com/wsl

6장

1. https://webaim.org
2. https://webaim.org/resources/evalquickref

7장

1. https://en.wikipedia.org/wiki/Linus_Torvalds
2. https://en.wikipedia.org/wiki/Larry_Wall
3. https://en.wikipedia.org/wiki/Tim_Berners-Lee
4. https://en.wikipedia.org/wiki/Pastebin
5. https://www.xkcd.com/386/

6. https://opensource.com/life/16/6/irc

8장

1. https://meetup.com
2. http://ericholscher.com/blog/2017/aug/2/pacman-rule-conferences

9장

1. https://opensource.com/article/17/12/fork-clone-difference
2. ibid.

10장

1. https://producingoss.com
2. https://communityroundtable.com
3. https://www.feverbee.com
4. https://github.com/google/styleguide
5. https://www.gnu.org/licenses/gpl-3.0.en.html
6. https://opensource.org/licenses/MIT
7. https://opensource.org/licenses/BSD-3-Clause
8. https://creativecommons.org/choose
9. https://opensource.org/licenses
10. ibid.
11. https://en.wikipedia.org/wiki/Berne_Convention

참고 문헌

[BBFV01] Roy F. Baumeister, Ellen Bratslavsky, Catrin Finkenauer, and Kathleen D. Vohs. Bad Is Stronger Than Good. *Review of General Psychology*. 323-370, 2001.

[Del17] Laura Delizonna. High-Performing Teams Need Psychological Safety. Here's How to Create It. *Harvard Business Review*. https://hbr.org/2017/08/high-performing-teams-need-psychological-safety-heres-how-to-create-it, 2017.

[Sca07] Walt Scacchi. Role Migration and Advancement Processes in OSSD Projects: A Comparative Case Study. *29th International Conference on Software Engineering (ICSE'07)*. 2007.

[YK03] Y. Ye and K. Kishida. Towards an Understanding of the Motivation of Open Source Software Developers. *25th International Confererence on Software Engineering (ICSE'03)*. 419-429, 2003.

찾아보기